宋十行本論語注疏解經

第一册

三國魏 何晏集解 宋 邢昺疏

宋刻元明遞修本

山東人民出版社·濟南

圖書在版編目（CIP）數據

宋十行本論語注疏解經 /（三國魏）何晏集解；（宋）邢昺疏 . — 濟南：山東人民出版社，2024.3

（儒典）

ISBN 978-7-209-14330-1

Ⅰ. ①宋… Ⅱ. ①何… ②邢… Ⅲ. ①《論語》- 注釋 Ⅳ. ① B222.22

中國國家版本館 CIP 數據核字（2024）第 037129 號

項目統籌：胡長青

責任編輯：呂士遠

裝幀設計：武　斌

項目完成：文化藝術編輯室

宋十行本論語注疏解經

〔三國魏〕何晏集解　〔宋〕邢昺疏

主管單位　山東出版傳媒股份有限公司

出版發行　山東人民出版社

出 版 人　胡長青

社　　址　濟南市市中區舜耕路517號

郵　　編　250003

電　　話　總編室（0531）82098914

　　　　　市場部（0531）82098027

網　　址　http://www.sd-book.com.cn

印　　裝　山東華立印務有限公司

經　　銷　新華書店

規　　格　16開（160mm×240mm）

印　　張　28

字　　數　224千字

版　　次　2024年3月第1版

印　　次　2024年3月第1次

ISBN　978-7-209-14330-1

定　　價　68.00圓（全二册）

#《儒典》選刊工作團隊

學術顧問　杜澤遜　李振聚　徐　泳
項目統籌　胡長青
責任編輯　劉　晨　劉嬌嬌　張艷艷
　　　　　吕士遠　趙　菲　劉一星

前言

中國是一個文明古國、文化大國，中華文化源遠流長，博大精深。在中國歷史上影響較大的是孔子創立的儒家思想，因此整理儒家經典、注解儒家經典，爲儒家經典的現代化闡釋提供权威、典范、精粹的典籍文本，是推進中華優秀傳統文化創造性轉化、創新性發展的奠基性工作和重要任務。

中國經學史是中國學術史的核心，歷史上創造的文本方面和經解方面的輝煌成果，大量失傳了。西漢是經學的第一個興盛期，除了當時非主流的《詩經》毛傳以外，其他經師的注釋後來全部失傳了。東漢的經解祇有鄭玄、何休等少數人的著作留存下來，其餘也大都失傳了。南北朝至隋朝興盛的義疏之學，其成果僅有皇侃《論語疏》幸存於日本。五代時期精心校刻的《九經》、北宋時期國子監重刻的《九經》以及校刻的單疏本，也全部失傳。南宋國子監刻的單疏本，我國僅存《周易正義》、《爾雅疏》、《春秋公羊疏》（三十卷殘存七卷）、《春秋穀梁疏》（十二卷殘存七卷），日本保存了《尚書正義》、《毛詩正義》、《禮記正義》（七十卷殘存八卷）、《周禮疏》（日本傳抄本）、《春秋公羊疏》（日本傳抄本）、《春秋正義》（日本傳抄本）。南宋兩浙東路茶鹽司刻八行本，我國保存下來的有《周禮疏》、《禮記正義》、《春秋左傳正義》（紹興府刻）、《論語注疏解經》（二十卷殘存十卷）、《孟子注疏解經》（存臺北「故宫」），日本保存有《周易注疏》《尚書正義》（凡兩部，其中一部被清楊守敬購歸）。南宋福建刻十行本，我國僅存《春秋穀梁注疏》、《春秋左傳注疏》（六十卷，一半在大陸，一半在臺灣），日本保存有《毛詩注疏》《春秋左傳注疏》。從這些情况可以看出，經書代表性的早期注釋和早期版本國内失傳嚴重，有的僅保存在東鄰日本。

鑒於這樣的現實，一百多年來我國學術界、出版界努力搜集影印了多種珍貴版本，但是在系統性、全面性和準確性方面都還存在一定的差距。例如唐代開成石經共十二部經典，石碑在明代嘉靖年間地震中受到損害，明代萬曆初年西安府學等學校師生曾把損失的文字補刻在另外的小石上，立於唐碑之旁。近年影印出版唐石經拓本多次，都是以唐代石刻與明代補刻割裂配補的裱本爲底本。由於明代補刻采用的是唐碑的字形，這種配補本難以區分唐刻與明代補刻，不便使用，亟需單獨影印唐碑拓本。

爲把幸存於世的、具有代表性的早期經解成果以及早期經典文本收集起來，系統地影印出版，我們規劃了《儒典》編纂出版項目。

《儒典》出版後受到文化學術界廣泛關注和好評，爲了滿足廣大讀者的需求，現陸續出版平裝單行本。共收録一百十一種元典，共計三百九十七册，收録底本大體可分爲八個系列：經注本（以開成石經、宋刊本爲主。開成石經僅有經文，無注，但它是用經注本删去注文形成的）、經注附釋文本、纂圖互注本、單疏本、八行本、十行本、宋元人經注系列、明清人經注系列。

《儒典》是王志民、杜澤遜先生主編的。本次出版單行本，特請杜澤遜、李振聚、徐泳先生幫助酌定選目。特此説明。

二〇二四年二月二十八日

目録

第一册

第二册

論語註疏解經序

翰林侍講學士朝請大夫守國子祭酒上柱國賜紫金魚袋臣邢昺等奉　勑校定

序解

疏　正義曰案漢書藝文志云論語者孔子應荅弟子時人及弟子相與言而接聞於夫子之語也當時弟子各有所記夫子既卒門人相與輯而[redacted]纂故謂之論語然則夫子既終微言已絕弟子恐離居已後各生異見而聖言永滅故相與論撰因採時賢及古明王之語合成一法謂之論語也鄭玄云仲弓子游子夏等撰定論者綸也輪也理也次也撰也以此書可以經綸世務故曰綸也圓轉無窮故曰輪也蘊含萬理故曰理也篇章有序故曰次也羣賢集定故曰撰也鄭玄周禮註云荅述曰語以此書所載皆仲尼應荅弟子及時人之辭故曰語而在論下者必經論撰然後載之以示非妄謬也以其口相傳授故經焚書而獨存也漢興傳者則有三家魯論語者魯人所傳即今所行篇次是也常山都尉龔

舊長信少府夏侯勝丞相韋賢及子（玄）成魯扶卿太子太傅夏侯建前將軍蕭望之並傳之各自名家齊論者齊人所傳別有問王知道二篇凡二十一篇其二十篇中章句頗多於魯論昌邑中尉王吉少府朱畸琅邪王卿御史大夫貢禹尚書令五鹿充宗膠東庸生並傳之唯王吉名家古論語者出自孔氏壁中凡二十一篇有兩子張篇次不與齊魯論同孔安國為傳後漢馬融亦註之安昌侯張禹受魯論于夏侯建又從庸生王吉受齊論擇善而從號曰張侯論最後而行於漢世禹以論授成帝後漢包咸周氏並為章句列於學官鄭（玄）就魯論張包周之篇章考之齊右為之註焉魏吏部尚書何晏集孔安國包咸周氏馬融鄭（玄）陳羣王肅周生烈之說并下已意為集解正始中上之盛行於世今以為主焉序者何晏次序傳授訓説之人乃已集解之意序為論語而作故曰論語序

敘曰漢中壘校尉劉向言魯論語二十篇皆孔子弟子記諸善言也太子太傅夏侯勝前將軍蕭望之丞相韋賢及子（玄）成等傳之（疏）叙曰至傳之○

正義曰此敘魯論之作及傳授之人也敘與序音義同曰者
發語辭也案漢書百官公卿表云中壘校尉掌北軍壘門內
外掌西域顏師古曰掌北軍壘門之內而又外掌西域劉向
者高祖少弟楚元王之後辟彊之孫德之子字子政本名更
生成帝即位更名向數上疏言得失以向為中壘校尉向為
人簡易專精思於經術成帝詔校經傳諸子詩賦每一書已
向輒條其篇目撮其指意錄而奏之著別錄新序此言魯論
語二十篇皆孔子弟子記諸善言也蓋出於彼故何晏引之
對文則直言曰言答述曰語散則言語可通故此論夫子之
語而謂之善言也表又云太子太傅古官秩二千石傳云夏
侯勝字長公東平人少好學為學精熟善說禮服徵為博士
宣帝立大后省政勝以尚書授太后遷長信少府坐議廟樂
事下獄繫再更冬會赦出為諫大夫上知勝素直復為長信
少府遷太子太傅受詔撰尚書論語說賜黃金百斤年九十
卒官賜冢塋葬平陵太后賜錢二百萬為勝素服五日以報
師傅之恩儒者以為榮始勝每講授常謂諸生曰士病不明
經術經術苟明其取青紫如俛拾地芥耳學經不明不如歸
耕表又云前後左右將軍皆周末官秦因之位上卿金印紫
綬漢不常置或有前後或有左右皆掌兵及四夷傳云蕭望
之字長情東海蘭陵人也好學齊詩事同縣后倉又從夏侯

勝問論語禮服以射策甲科為郎累遷諫大夫後代丙吉為
御史大夫左遷為太子太傅及宣帝寢疾選大臣可屬者引
至禁中拜望之為前將軍元帝即位為弘恭石顯等所害飲
鴆自殺天子聞之驚拊手為之卻食涕泣哀慟左右長子伋
嗣為關內侯表又云相國丞相皆秦官金印紫綬掌丞天子
助理萬機應劭曰丞承也相助也秦有左右高帝即位置一
丞相十一年更名相國綠綬孝惠高后置左右丞相文帝三
年一丞相哀帝元壽二年更名大司徒傳曰韋賢字長孺魯
國鄒人也質為人質朴少欲篤志於學兼通禮尚書以詩教
授號稱鄒魯大儒徵為博士給事中進授昭帝詩稍遷光祿
大夫及宣帝即位以先帝師甚見尊重本始三年代蔡義為
丞相封扶陽侯年七十餘為相五歲地節三年以老病乞骸
骨賜黃金百斤罷歸加賜第一區丞相致仕自賢始年八十
二薨謚曰節侯少子玄成字少翁復以明經歷位至丞相鄒
魯諺曰遺子黃金滿籝不如一經玄為相七
年建昭三年薨謚曰共侯此四人皆魯論語齊論語二
十二篇其二十篇中章句頗多於魯論琅邪王
卿及膠東庸生昌邑中尉王吉皆以教授 齊論

至教授○正義曰此敘齊論語之興及傳授之人也齊論語凡二十二篇其二十篇篇名與魯論正同其篇中章句則頗多於魯論篇者積章而成篇徧也言出情鋪事明而徧者也積句以成章章者明也摠義包體所以明情者也句必聯字而言句者局也聯字分疆所以局言者也瑯邪膠東郡國名王卿天漢元年由濟南太守為御史大夫庸生名譚生蓋古謂有德者也昌邑中尉者表云諸侯王高帝初置金璽盭綬掌治其國有太傅輔王內史治國民中尉掌武職丞相統眾官景帝中五年改丞相曰相成帝綏和元年省內史更名相治民如郡太守中尉如郡都尉傳云王吉字子陽瑯邪皋虞人也少好學明經以郡吏舉孝廉為郎補若盧右丞遷雲陽令舉賢良為昌邑中尉此三人皆以齊論語教授於人也

故有魯論有齊論（疏）故有魯論有齊論○正義曰既敘魯論齊論之作及傳述之人乃以此言結之也

魯共王時嘗欲以孔子宅為宮壞得古文論語（疏）魯共至論語○正義曰此敘得古論之所由也嘗曾也壞毀也言魯共王時嘗欲以孔子宅為宮乃毀之於壁中故得此古文論語也傳曰魯共王餘景帝子程姬所生以孝景前二年立為淮陽王前三年徙王

魯二十八年薨謚曰共王初好治宮室壞孔子舊宅以廣其宮聞鍾磬琴瑟之音遂不敢復壞於其壁中得古文經傳鄭謂此論語及孝經爲傳也故漢武帝謂東方朔云傳曰時然後言人不厭其言又成帝賜翟方進策書云傳曰高而不危所以長守貴也是漢世通謂論語孝經爲傳以論語孝經非先王之書是孔子所傳說故謂之傳所以異於先王之書也言古文者科斗書也所謂倉頡本體周所用之以今所不識是古人所爲故名古文形多頭麤尾細狀腹團圓似水蟲之科斗故曰科斗也

齊論有問王知道多於魯論二篇古論亦無此二篇分堯曰下章子張問以爲一篇有兩子張凡二十一篇篇次不與齊魯論同

疏齊論至魯論同○正義曰此辨三論篇章之異也齊論有問王知道多於魯論二篇所謂齊論語二十二篇也古論亦無此問王知道二篇非但魯論無之古論亦無也古論亦無此二篇而分堯曰下章子張問以爲一篇有兩子張凡二十一篇齊淳曰分堯曰篇後子張問何如可以從政以下爲篇名曰從政其篇次又不與齊魯論同新論云文異者四百餘字

宴

昌侯張禹本受魯論兼講齊說善者從之號曰安昌
張侯論爲世所貴包氏周氏章句出焉疏侯全
出焉○正義曰此言張禹擇齊魯論之善者從之爲世所重
包周二氏爲章句訓說此張侯論語也傳曰張禹字子文河
内軹人也從沛郡施讎受易王陽庸生問論語既皆明習舉
爲郡文學义之試爲博士初元中立皇太子令禹授太子論
語由是遷光祿大夫數歲出爲東平内史成帝即位徵禹以
師賜爵關内侯給事中領尚書事河平四年代王商爲丞相
封安昌侯爲相六歲乞骸就第建平二年薨謚曰節侯禹本
受魯論於夏侯建又從庸生王吉受齊論故兼講齊說也傳
又云始魯扶卿及夏侯勝王陽蕭望之韋玄成皆說論語篇
第或異禹先事王陽後從庸生采獲所安最後出而尊貴諸
儒爲之語曰欲不爲論念張文由是學者多從張氏餘家浸
微是其善者從之號曰張侯論爲世所貴之事後漢儒林傳
云包成字子良會稽曲阿人也少爲諸生習魯詩論語舉孝
廉除郎中建武中入授皇太子論語又爲其章句拜諫議大
夫永平五年遷大鴻臚周氏不詳何人章句者訓解科段之
名包氏周氏就張侯論爲之章句訓解以出其義理焉不言

名而言氏者蓋爲章句之時義在謙退不欲顯題其名但欲
傳之私族故直云氏而已若杜元凱集解春秋謂之杜氏也
或曰以何氏諱咸故沒其
名但言包氏連言周氏耳古論唯博士孔安國爲之
訓解而世不傳至順帝時南郡太守馬融亦爲
之訓說【疏】古論至訓說○正義曰此叙訓說古文論語之人也史記世家安國孔子十一世孫爲武帝博
士時魯共王壞孔子舊宅壁中得古文虞夏商周之書及傳
論語孝經悉還孔氏故安國承詔作書傳又作古文孝經傳
亦作論論語訓解釋詁云訓道也然則道其義釋其理謂之訓
解以傳述言之曰傳以釋理言之曰訓解其實一也以武帝
末年遭巫蠱事經籍道息故世不傳自此安國之後至後漢
順帝時有南郡太守馬融亦爲古文論語訓說案後漢紀孝
順皇帝諱保安帝之子也地理志云南郡秦置高帝元年更
爲臨江郡五年復故景帝二年復爲臨江郡中二年復故屬
荆州表云郡守秦官掌治其郡秩二千石景帝中二年更名
太守傳云馬融字季長扶風茂陵人也爲人美辭貌有俊才
博通經籍永初中爲校書郎陽嘉二年拜議郎梁商表爲從
事中郎轉武都太守三遷爲南郡太守註孝經論語詩易尚

書三禮年八十八

延壽九年卒於家漢末大司農鄭玄就魯論篇章

考之齊古爲之註疏漢末至之註○正義曰言鄭玄亦

爲論語之註也鄭玄字康成北海

高密縣人師事馬融大司農徵不起居家教授當後漢靈

時故云漢末註易尚書三禮論語尚書大傳五經緯候箋毛

詩作毛詩譜破許慎五經異義針何休左氏膏肓發公羊墨

守起廢疾可謂大儒作註之時就魯論篇章謂二十篇

也復考校之以齊論古論擇其近故司空陳羣太常

善者而爲之註註與注音義同

王肅博士周生烈皆爲義說疏近故至義說○正義

曰此敘魏時註說論

語之人也作出未遠人已歿故是近故也司空古官三公也

表云奉常秦官掌宗廟禮儀景帝中六年更名太常博士秦

官掌通古今魏志云陳羣字長文潁川許昌人也太祖辟羣

爲司空西曹屬文帝即位遷尚書僕射明帝即位進封潁陰

侯頃之爲司空青龍四年薨王肅字子邕東海蘭陵人魏衛

將軍太常蘭陵景侯甘露元年薨註尚書禮喪服論語孔子

家語述毛詩註作聖證論難鄭玄周生烈燉煌人七録云字

文逸本姓唐魏博士侍中此二人皆爲論語義說謂作註而

說其義故云義說

前世傳授師說，雖有異同，不爲訓解。中閒爲之訓解，至于今多矣。所見不同，互有得失。

【疏】前世至得失○正義曰：將作論語集解，故須言先儒有得失不同之說也。據今而道往古，謂之前世。上數下曰傳，下承上曰受。謂張禹以上至夏侯勝以來，但師資講說而已，雖說有異者同者，皆不著篇簡以爲傳注訓解。中閒爲之訓解，謂自古至今中閒，包氏、周氏等爲此論語訓解，有二十餘家，故云至于今多矣。以其趣舍各異，故得失互有也。

今集諸家之善，記其姓名，有不安者，頗爲改易，名曰論語集解。

【疏】今集至集解○正義曰：此敘集解之體例也。今，謂何晏時。諸家，謂孔安國、包咸、周氏、馬融、鄭玄、陳羣、王肅、周生烈也。集此諸家所說善者而存之，示無勦說，故各記其姓名。註言包曰、馬曰之類是也。註皆記其姓，而此連言名者，以著其姓所以名其人，非謂名字之名也。有不安者，謂諸家之說於義有不安者也。頗爲改易者，言諸家之善則存而不改，其不善者頗多爲改易之。註首不言包曰、馬曰及諸家說，下言一曰者，皆是何氏自下己意改易先儒者也名曰論語集解者何氏註解既畢乃自題之也杜氏註春秋左氏傳謂之集解者謂聚集經傳爲之作解也此乃聚集諸家義理以解論語言同而意異也

光祿大夫關内侯臣孫邕

光祿大夫臣鄭沖散騎常侍中領軍安鄉亭侯臣曹羲侍中臣荀顗尚書駙馬都尉關内侯臣何晏等上

【疏】光祿至等上○正義曰此叙同集解之人也表云大夫掌論議有太中大夫中大夫諫大夫皆無員多至數十人太初元年更名中大夫爲光祿太夫秩比二千石無印綬爵級十九曰關内侯顏師古曰言有侯號而居京畿無國邑孫邕字宗儒樂安青州人也晉書鄭沖字文和滎陽開封人也起自寒微卓爾立操魏文帝爲太子命爲文學累遷尚書郎出補陳留太守曹爽引爲從事中郎轉散騎常侍光祿勲表又云侍中散騎中常侍皆加官應劭曰入侍天子故曰侍中晉灼曰魏文帝合散騎中常侍爲散騎常侍也又曰所加或列侯將軍卿大夫將都尉尚書太醫太官令至郎中亡員多至數十人如淳曰將謂郡部都尉以下也自列侯下至郎中皆得有散騎及中常侍也又曰侍

中中常侍得入禁中散騎並乘輿車顏師古曰並音步浪反
騎而散從無常職也此言中領軍者表無文安鄉亭侯者不
在爵級二十之數蓋漢末及魏置亭侯列侯之綸也曹羲沛
國譙人魏宗室曹爽之弟荀顗字景倩荀彧之子謚之穆也
咸熙中爲司空表又云少府秦官屬官有尚書成帝建始四
年初置尚書員五人駙馬都尉掌駙馬武帝初置秩比二千
石顏師古曰駙副也非正駕車皆爲副馬一曰駙近也疾也
何晏字平叔南陽宛人也何進之孫咸之子曹爽秉政以晏爲
尚書又尚公主著述凡數十篇正
始中此五人共上此論語集解也

論語注疏解序終

論語註疏解經卷第一

學而第一　何晏集解　邢昺疏

（疏）正義曰自此至堯曰是魯論語二十篇之名及第次也當弟子論撰之時以論語爲此書之大名學而以下爲當篇之小目其篇中所載各記舊聞意及則言不爲義例或亦以類相從此篇論君子孝弟仁人忠信道國之法主友之規聞政在乎行德曰禮貴於用和無求安飽以好學能自切瑳而樂道皆人行之大者故爲諸篇之先既以學爲章首遂以名篇言人必須學也爲政以下諸篇所次先儒不無意焉當篇各言其指此不煩說第順次也一數之始也言此篇於次當一也

子曰學而時習之不亦說乎馬曰子者男子之通稱謂孔子也王曰時者學者以時誦習之誦習以時學無廢業所以爲說懌有朋自遠方來不亦樂乎包曰同門曰朋人不知而不慍不亦君子乎慍怒也凡人有所不知君子不怒

疏「子曰學而」至「君子乎」。○正義曰：此章勸人學爲君子也。子者，古人稱師曰子。子，男子之通稱，此言子者，謂孔子也。曰者，說文云：詞也，從口，乙聲，亦象口氣出也。然則曰者，發語詞也。以此下是孔子之語，故以子曰冠之。或言孔子曰者，以記非一人，各以意載，無義例也。白虎通云：學者，覺也，覺悟所未知也。孔子曰：學者而能以時誦習其經業，使無廢落，不亦說懌乎？覺業稍成，能招朋友，有同門之朋從遠方而來，與已講習，不亦樂乎？既有成德，凡人不知而不慍之，不亦君子乎？言誠君子也。君子之行非一，此其一行耳，故云亦也。○注「馬曰子者」至「悅懌」。○正義曰：云「子者，男子之通稱」者，經傳凡敵者相謂皆言吾子，或直言子，稱師亦曰子。是子者，男子有德之通稱也。云「謂孔子」者，嫌爲他師，故辨之。公羊傳曰：子沈子曰。何休云：沈子稱子冠氏上者，著其爲師也。不但言子曰者，辟孔子也。其不冠子者，他師也。然則書傳直言子曰者，皆指孔子，以其聖德著聞，師範來世，不須言其氏，人盡知之，故也。若其他傳受師說，後人稱其先師之言，則以子冠氏上，所以明其爲師也，子公羊子、子沈子之類是也。若非己師而稱他有德者，則不以子冠氏上，直言某子，若高子、孟子之類是也。云「時者，學者以時誦習之」者，皇氏以爲凡學有三時：一、身中時。學記云：發然後禁，則扞格而不勝；時過然後學，則勤苦

而難成故內則云十年出就外傅居宿於外學書計十有三
年學樂誦詩舞勺十五成童舞象是也二年中時王制云春
秋教以禮樂冬夏教以詩書鄭玄云春夏陽也詩樂者聲聲
亦陽也秋冬陰也書禮者事事亦陰也互言之者皆以其術
相成又文王世子云春誦夏弦秋學禮冬讀書鄭玄云誦謂
歌樂也弦謂以絲播時陽用事則學之以聲陰用事則學之
以事因時順氣於功易也三曰中時學記云故君子之於學
也藏焉脩焉息焉遊焉是日日所習也言學者以此時誦習
所學篇簡之文及禮樂之容日知其所亡月無忘其所能所
以為說懌也譙周云悅深而樂淺也一曰在內曰說在外曰
樂言亦者凡外境適心則人心說樂可說可樂之事其類非
一此學而時習有朋自遠方來亦說樂之事耳故云亦猶易
云亦可醜也亦可喜也○註包曰同門曰朋○正義曰鄭玄
註大司徒云同師曰朋同志曰友然則同門者同在師門以
授學者也朋即羣黨之謂故子夏曰吾離羣而索居鄭玄註
云羣謂同門朋友也此言有朋自遠方來者即學記云三年
視敬業樂羣也同志謂同其心意所趣鄉也朋疏而友親朋
來既樂友即可知故略不言也○註慍怒至不怒○正義曰
云凡人有所不知君子不怒者其說有二一云古之學者為
己己得先王之道含章內映而他人不見不知而我不怒也

一云君子易事不求備於一人故爲教誨之道若有人鈍根不能知解者君子恕之而不慍怒也

有子曰孔子弟子有若其爲人也孝弟而好犯上者鮮矣鮮少也上謂凡在己上者言孝弟之人必恭順好欲犯其上者少也不好犯上而好作亂者未之有也君子務本本立而道生本基也基立而後可大成孝弟也者其爲仁之本與先能事父兄然後仁道可大成

疏有子曰至本與○正義曰此章言孝弟之行也弟子有若曰其爲人也孝於父母順於兄長而好陵犯凡在己上者少矣言孝弟之人性必恭順故好欲犯其上者少也既不好犯上而好欲作亂爲悖逆之行者必無故云未之有也是故君子務脩孝弟以爲道之基本基本既立而後道德生焉恐人未知其本何謂故又言孝弟也者其爲仁之本歟禮尚謙退不敢質言故云與也○註孔子弟子有若○正義曰史記弟子傳云有若少孔子四十三歲鄭玄曰魯人○註鮮少也○正義曰釋詁云鮮罕也故得爲少皇氏熊氏以爲上謂君親犯謂犯顏諫爭今案註云上謂凡在己上者則皇氏熊氏違背註意其義恐非也

子曰

巧言令色鮮矣仁包曰巧言好其言語令色善其顏色皆欲令人說之少能有仁也

【疏】子曰巧言令色鮮矣仁○正義曰此章論仁者必直言正色其若巧好其言語令善其顏色欲令人說愛之者少能有仁也

曾子曰馬曰弟子曾參吾日三省吾身為人謀而不忠乎與朋友交而不信乎傳不習乎言凡所傳之事得無素不講習而傳之

【疏】曾子曰至習乎○正義曰此章論曾子省身慎行之事曾子曽參嘗曰吾每日三自省察己身為人謀事而得無不盡忠心乎與朋友結交而得無不誠信乎凡所傳授之事得無素不講習而妄傳乎以謀貴盡忠朋友主信傳惡穿鑿故曾子省慎之○注馬曰弟子曾參○正義曰史記弟子傳云曾參南武城人字子輿少孔子四十六歲孔子以為能通孝道故授之業作孝經死於魯

子曰道千乘之國馬曰道謂為之政教司馬法六尺為步步百為畝畝百為夫夫三為屋屋三為井井十為通通十為成成出革車一乘然則千乘之賦其地千成居地方三百一十六里有畸唯公侯之封乃能容之雖大國之賦亦不是過焉○包曰道治也千乘之國者百里之國

也古者井田方里為井十井為乘百里之國適千乘也融依周禮包依王制孟子義疑故兩存焉**敬事而信**包曰為國者舉事必敬慎與民必誠信**節用而愛人**包曰節用不奢侈國以民為本故愛養之**使民以時**包曰作使民必以其時不妨奪農務

【疏】子曰道至以時○正義曰此章論治大國之法也馬融以為道謂為之政教千乘之國為公侯之國方五百里四百里者也言為政教以治公侯之國者舉事必敬慎與民必誠信省節財用不奢侈而愛養人民以為國本作事使民必以其時不妨奪農務此其為政治國之要也包氏以為道治也千乘之國百里之國也夏即公侯殷周惟上公也餘同○註馬曰道至存焉○正義曰以下篇子曰道之以政故云道謂為之政教史記齊景公時有司馬田穰苴善用兵周禮司馬掌征伐六國時齊威王使大夫追論古者兵法附穰苴於其中凡一百五十篇號曰司馬法此六尺曰步至成出革車一乘皆彼文也引之者以證千乘之國為公侯之大國也云然則千乘之賦其地千成者以成出一乘千乘故千成云居地方三百一十六里有畸者以方百里者一為方千里者百方三百里者三三而九則為方百里者九合成方十里者九百謂九百乘也計千乘猶少百乘方百里者一也

不以此方百里者一六分破之每分得廣十六里長百里引
而接之則長六百里廣十六里也半折之各長三百里將埤
前三百里南西兩邊是方三百一十六里也然西南角猶缺
方十六里者一也方十六里者一為方一里者二百五十六
然鄉割方百里者為六分餘方一里者四百今以方一里者
二百五十六埤西南角猶餘方一里者一百四十四又復破
而埤三百一十六里兩邊則每邊不復得半里故云三百一
十六里有畸也云唯公侯之封乃能容之者案周禮大司徒
云諸公之地封疆方五百里諸侯之地封疆方四百里諸伯
之地封疆方三百里諸子之地封疆方二百里諸男之地封
疆方百里此千乘之國居地方三百一十六里有畸伯子男
自方三百而下則莫能容之故云唯公侯之封乃能容之云
雖大國之賦亦不是過焉者坊記云制國不過千乘然則地
雖廣大以千乘為限故云雖大國之賦亦不是過焉司馬注
兵車一乘甲士三人步卒七十二人計千乘有七萬五千人
則是六軍矣周禮大司馬序官凡制軍萬有二千五百人為
軍王六軍大國三軍次國二軍小國一軍魯頌閟宮云公車
千乘明堂位云封周公於曲阜地方七百里革車千乘及坊
記與此文皆與周禮不合者禮天子六軍出自六鄉萬二千
五百家為鄉萬二千五百人為軍地官小司徒云凡起徒役

無過家一人是家出一人鄉為一軍此則出軍之常也天子六軍既出六鄉則諸侯三軍出自三鄉閟宫云公徒三萬者謂鄉之所出非千乘之衆也千乘者自謂計地出兵非彼三軍之車也二者不同故數不相合所以必有二法者聖王治國安不忘危故令所在皆有出軍之制若從王伯之命則依國之大小出三軍二軍一軍也若其前敵不服用兵未已則盡其境内皆使從軍故復有此計地出軍之法但鄉之出軍是正故家出一人計地所出則非常故成出一車以其非常故優之也包曰道治也者以治國之法不惟政教而已下云道之以德謂道德故易之但云道治也云千乘之國百里之國也者謂夏之公侯殷周上公之國也云古者井田方里為井者孟子云方里而井井九百畝是也云十井為乘百里之國適千乘也者此包以古之大國不過百里以百里賦千乘故計之每十井為一乘是方一里者十為一乘則方一里者百為十乘開方之法方百里者一為方十里者百每方十里者一為方一里者百其賦十乘方十里者百則其賦千乘地與乘數適相當故曰適千乘也云融依周禮包依王制孟子者馬融依周禮大司徒文以為諸公之地方五百里侯四百里以下也包氏依王制云凡四海之内九州州方千里州建百里之國三十七十里之國六十五十里國百有二十凡二

百一十國也又孟子云天子之制地方千里公侯之制皆方百里伯七十里子男五十里包氏據此以爲大國不過百里不信周禮有方五百里四百里之封也馬氏言名包氏不言名者包氏避其父名也云義疑故兩存焉者以周禮者周公致太平之書爲一代大典王制者漢文帝令博士所作孟子者鄒人也名軻師孔子之孫子思治儒術之道著書七篇亦命世亞聖之大才也今馬氏包氏各以爲據難以質其是非莫敢去取於義有疑故兩存其説也○包曰作使至農務○正義曰云作使民必以其時者謂築都邑城郭也以都邑者人之聚也國家之藩衛百姓之保鄣不固則敗不脩則壞故雖不臨寇必於農隙備其守禦無妨農務春秋莊二十九年左氏傳曰凡土功龍見而畢務戒事也註云謂今九月周十一月龍星角亢晨見東方三務始畢戒民以土功事火見而致用註云大火心星次角亢見者致築作之物水昏正而栽註云謂今十月定星昏而中於是樹板幹而興作日至而畢註云日南至微陽始動故土功息若其門戶道橋城郭牆塹有所損壞則特隨壞時脩之故僖二十年左傳曰凡啓塞從時是也王制云用民之力歲不過三日周禮均人職云凡均力政以歲上下豐年則公旬用三日焉中年則公旬用二日焉無年則公旬用一日焉是皆重民之力而不妨奪農務也

子曰弟子入則孝出則悌謹而信汎愛衆而親仁行有餘力則以學文馬曰文者古之遺文〔疏〕子曰弟子至學文○正義曰此章明人以德爲本學爲末男子後生爲弟言爲人弟與子者入事父兄則當孝與弟也出事公卿則當忠與順也弟順也入不言弟出不言忠者互文可知也下孔子云出則事公卿入則事父兄孝經云事父孝故忠可移於君事兄弟故順可移於長是也謹而信者理兼出入言恭謹而誠信也汎愛衆者汎者寬博之語君子尊賢而容衆或博愛衆人也而親仁者有仁德者則親而友之能行已上諸事仍有閑暇餘力則可以學先王之遺文若徒學其文而不能行上事則爲言非行僞也註言古之遺文者則詩書禮樂易春秋六經是也子夏曰賢賢易色孔曰子夏弟子卜商也言以好色之心好賢則善事父母能竭其力事君能致其身孔曰盡忠節不愛其身與朋友交言而有信雖曰未學吾必謂之學矣〔疏〕子夏曰至學矣○正義曰此章論生知美行之事賢賢易色者上賢謂好尚之

也下賢謂有德之人易改也色女人也女有姿色男子悅之故經傳之文通謂女人為色人多好色不好賢者能改易好色之心以好賢則善矣故曰賢賢易色也事父母能竭其力者謂小孝也言為子事父雖未能不匱但竭盡其力服其勤劳也事君能致其身者言為臣事君雖未能将順其美匡救其悪但致盡忠節不愛其身若童汪錡也與朋友交言而有信者謂與朋友結交雖不能切磋琢磨但言約而每有信也雖曰未學吾必謂之學矣者言人生知行此四事雖曰未嘗從師伏膺學問然此為人行之美矣雖學亦不是過故吾必謂之學矣○註孔曰子夏弟子卜商○正義曰案史記仲尼弟子傳云卜商字子夏衛人也少孔子四十四歲孔子既没居西河教授為魏文侯師

子曰君子不重則不威學則不固孔曰固蔽也一曰言人不能敦重既無威嚴學又不能堅固識其義理主忠信無友不如己者過則勿憚改鄭曰主親也憚難也

疏子曰至憚改○正義曰此章勉人為君子也君子不重則不威學則不固者其說有二孔安國曰固蔽也言君子當須敦重若不敦重則無威嚴又當學先王之道以致博聞強識則不固蔽也一曰固謂堅固言人不能敦重既

無威嚴學又不能堅固識其道理也明須敦重也主忠信者主猶親也言凡所親狎皆須有忠信者也無友不如己者言無得以忠信不如己者為友也過則勿憚改者勿無也憚猶難也言人誰無過過而不改是謂過矣過而能改善莫大焉故苟有過無得難於改也

曾子曰慎終追遠民德歸厚矣孔曰慎終者喪盡其哀追遠者祭盡其敬君能行此二者民化其德皆歸於厚也

疏曾子曰至厚矣○正義曰此章言民化君德也慎終者終謂父母之喪也以死者人之終故謂之終執親之喪禮須謹慎盡其哀也追遠者遠謂親終既葬日月已遠也孝子感時念親追而祭之盡其敬也民德歸厚矣者言君子行此慎終追遠二者民化其德皆歸厚矣言不偷薄也

子禽問於子貢曰夫子至於是邦也必聞其政求之與抑與之與鄭曰子禽弟子陳亢也子貢弟子姓端木名賜亢怪孔子所至之邦必與聞其國政求而得之耶抑人君自願與之為治

子貢曰夫子温良恭儉讓以得之夫子之求之也其諸異乎人之求之與

鄭曰言夫子行此五德而得之與人求之異明人君自與之【疏】子禽至求之○正義曰此章明夫子由其有德與聞國政之事子禽問於子貢曰夫子至於是邦也必聞其政求之與抑與之與者子禽疑怪孔子所至之邦必與聞其國之政事故問子貢曰此是孔子求於時君而得之與抑人君自願與夫子為治與抑與皆語辭子貢曰夫子溫良恭儉讓以得之夫子之求之也其諸異乎人之求之與者此子貢荅辭也【注】敦柔潤澤謂之溫行不犯物謂之良和從不逆謂之恭去奢從約謂之儉先人後己謂之讓言夫子行此五德而得與聞國政他人則就君求之夫子則脩德人君自願與之為治故曰夫子之求之也其諸異乎人之求之與諸與皆語辭○註鄭曰至為治○正義曰云子禽弟子陳亢子貢弟子姓端木名賜者家語七十二弟子篇云陳亢陳人字子禽少孔子四十歲史記弟子傳云端木賜字子貢少孔子三十一歲云求而得之邪者邪未定之辭

子曰父在觀其志父沒觀其行孔曰父在子不得自專故觀其志而已父沒乃觀其行三年無改於父之道可謂孝矣孔曰孝子在喪哀慕猶若父存無所改於父之道【疏】子曰至孝矣○正義曰此章論孝子

之行父在觀其志者在心爲志父在子不得自專故觀其志而已父沒觀其行者父沒可以自專乃觀其行也三年無改於父之道可謂孝矣者言孝子在喪三年哀慕猶若父存無所改於父之道可謂爲孝也

有子曰禮之用和爲貴先王之道斯爲美小大由之有所不行知和而和不以禮節之亦不可行也

馬曰人知禮貴和而每事從和不以禮爲節亦不可行

疏　有子曰至行也○正義曰此章言禮樂爲用相須乃美禮之用和爲貴者和謂樂也樂主和同故謂樂爲和夫禮勝則離謂所居不和也故禮貴用和使不至於離也先王之道斯爲美者斯此也言先王治民之道以此禮貴和美禮節民心樂和民聲樂至則無怨禮至則不爭揖讓而治天下者禮樂之謂也是先王之美道也小大由之有所不行者由用也言每事小大皆用禮而不以樂和之則其政有所不行也知和而和不以禮節之亦不可行也者言人知禮貴和而每事從和不以禮爲節亦不可行也

有子曰信近於義言可復也

復猶覆也義不必信信非義也以其言可反覆故曰近義

恭近於禮

遠恥辱也恭不合禮非禮也以其能遠恥辱故曰近禮也因不失其親亦可宗也孔曰因親也言所親不失其親亦可宗敬疏有子曰至宗也○正義曰此章明信與義恭與禮不同及人行可宗之事信近於義言可復也者復猶覆也人言不欺爲信於事合宜爲義若爲義事不必守信而信亦有非義者也言雖非義以其言可反復不欺故曰近義恭近於禮遠恥辱也者恭惟卑巽禮貴會時若巽在牀下是恭不合禮則非禮也恭雖非禮以其能遠恥辱故曰近禮因不失其親亦可宗也者因親也所親不失其親言義之與比也既能親仁比義不有所失則有知人之鑒故可宗敬也言亦者人之善行可宗敬者非一於其善行可宗之中此爲一行耳故云亦也○註義不必信信非義也正義曰云義不必信者若春秋晉士匄帥師侵齊聞齊侯卒乃還春秋善之是合宜不必守信也云信非義也者史記尾生與女子期於梁下女子不來水至不去抱柱而死是雖守信而非義也子曰君子食無求飽居無求安鄭曰學者之志有所不暇敏於事而慎於言就有道而正焉可謂好學也已

孔曰敏疾也有道有道德者正謂問事是非疏子曰君子至也已○正義曰此章述好學之事君子食無求飽
居無求安者言學者之志樂道忘飢故不暇求其安飽也敏於事而慎於言者敏疾也言當敏疾於所學事業則有成功
說命曰敬遜務時敏厥脩乃來是也學有所得又當慎言說之就有道而正焉者有道謂有道德者正謂問其是非言學
業有所未曉當就有道德之人正定其是之與非易文言曰問以辨之是也可謂好學也已者摠結之也言能行在上諸
事則可謂之爲好學也子貢曰貧而無諂富而無驕何如子
曰可也孔曰未足多未若貧而樂富而好禮者也鄭曰樂謂
志於道不以貧爲憂苦子貢曰詩云如切如磋如琢如磨其
斯之謂與孔曰能貧而樂道富而好禮者能自切磋琢磨子曰賜也始可與
言詩已矣告諸往而知來者孔曰諸之也子貢知引詩以成孔子義善
取類故然之往告之以貧而樂道來荅以切磋琢磨疏子曰至來者○正義曰此章言貧之與富皆當樂道自脩

也貧而無諂富而無驕何如者乏財曰貧佞說爲諂多財曰富傲逸爲驕言人貧多佞說富多傲逸若能貧無諂佞富不驕逸子貢以爲善故問夫子曰其德行何如子曰可也者此夫子答子貢也時子貢富志怠於學故發此問意謂不驕而爲美德故孔子抑之云可也言未足多未若貧而樂富而好禮者也者樂謂志於善道不以貧爲憂苦好謂閑習禮容不以富而倦略此則勝於無諂無驕故云未若言不如也子貢曰詩云如切如磋如琢如磨其斯之謂與者子貢知師勵己故引詩以成之此衛風淇奧之篇美武公之德也治骨曰切象曰磋玉曰琢石曰磨道其學而成也聽其規諫以自脩如玉石之見琢磨子貢言貧而樂道富而好禮其此能切磋琢磨之謂與子曰賜也始可與言詩已矣者子貢知引詩以成孔子義善取類故呼其名而然之告諸往而知來者者此言可與言詩之意諸之也謂告之往以貧而樂道富而好禮則知來者切磋琢磨所以可與言詩也

子曰不患人之不己知患不知人也（疏）子曰不患人之不己知患不知人也○正義曰此章言人當責己而不責人凡人之情多輕易於知人而患人不知己故孔子抑之云我則不耳不患人之不己知但患己不能知人也

論語註疏解經卷第一

論語註疏解經卷第二

何晏集解　邢昺疏

爲政第二

疏　正義曰左傳曰學而後入政故以前篇也此篇所論孝敬信勇爲政之德也聖賢君子爲政之人也故以爲政冠於章首遂以名篇

子曰爲政以德譬如北辰居其所而衆星共之

包曰德者無爲猶北辰之不移而衆星共之

疏　子曰至共之○正義曰此章言爲政之要爲政以德者言爲政之善莫若以德德者得也物得以生謂之德淳德不散無爲化清則政善矣譬如北辰居其所而衆星共之者譬況也北極謂之北辰北辰常居其所而不移故衆星共尊之以況人君爲政以德無爲清靜亦衆人共尊之也○註包曰至共之正義曰案爾雅釋文云北極謂之北辰郭璞曰北極天之中以正四時然則極中也辰時也以其居天之中故曰北極以正四時故曰北辰漢書天文志曰中宮太極星其一明者泰一之常居也旁三星三公環之匡衛十二星藩臣皆曰紫宮

比斗七星所謂琁璣玉衡以齊七政斗爲帝車運於中央臨制四海分陰陽建四時均五行移節度定諸紀皆繫於斗是衆星共之也

子曰詩三百孔曰篇之大數**一言以蔽之**包曰蔽猶當也**曰思無邪**包曰歸於正

疏子曰至無邪。正義曰此章言爲政之道在於去邪歸正故舉詩要當一句以言之詩三百者言詩篇之大數也一言以蔽之者蔽猶當也古者謂一句爲一言詩雖有三百篇之多可舉一句當盡其理也曰思無邪者此詩之一言魯頌駉篇文也詩之爲體論功頌德止僻防邪大抵皆歸於正故此一句可以當之也。註孔曰篇之大數。正義曰案今毛詩序凡三百一十一篇內六篇亡今其存者有三百五篇今但言三百篇故曰篇之大數

子曰道之以政孔曰政謂法教**齊之以刑**馬曰齊整之以刑罰**民免而無恥**孔曰免苟免**道之以德**包曰德謂道德**齊之以禮有恥且格**格正也

疏子曰至且格。正義曰此章言爲政以德之效也道之以政者政謂法教道謂化誘言化誘於民以法制教命也齊之以刑者齊謂齊整刑謂刑罰言道之以政而民不服者則齊整之以刑罰也

民免而無恥者免苟免也言君上化民不以德而以法制刑罰則民皆巧詐苟免而心無愧恥也道之以德齊之以禮有恥且格者德謂道德格正也言君上化民必以道德民或未從化則制禮以齊整使民知有禮則安失禮則恥如此則民有愧恥而不犯禮且能自脩而歸正也

子曰吾十有五而志于學三十而立有所成也四十而不惑孔曰不疑惑五十而知天命孔曰知天命之終始六十而耳順鄭曰耳聞其言而知其微旨七十而從心所欲不踰矩馬曰矩法也從心所欲無非法

疏子曰至踰矩○正義曰此章明夫子隱聖同凡所以勸人也吾十有五而志于學者言成童之歲識慮方明於是乃志於學也三十而立者有所成立也四十而不惑者志強學廣不疑惑也五十而知天命者命天之所稟受者也孔子四十七學易至五十窮理盡性知天命之終始也六十而耳順者順不逆也耳聞其言則知其微旨而不逆也七十而從心所欲不踰矩者矩法也言雖從心所欲而不踰越法度也孔子輒言此者欲以勉人志學而善始令終也

孟懿子問孝孔曰魯大夫仲孫何忌諡

謚也子曰無違樊遲御子告之曰孟孫問孝於我我對曰無違鄭曰恐孟孫不曉無違之意將問於樊遲故告之樊遲弟子樊須樊遲曰何謂也子曰生事之以禮死葬之以禮祭之以禮（疏）孟懿至以禮。正義曰此章明孝必以禮孟懿子問孝者魯大夫仲孫何忌問孝道於孔子也子曰無違者此夫子荅辭也言行孝之道無得違禮也樊遲御者弟子樊須爲夫子御車也子告之曰孟孫問孝於我我對曰無違者孟孫即懿子也孔子恐孟孫不曉無違之意而懿子與樊遲友善必將問於樊遲故夫子告之樊遲曰何謂也者樊遲亦未達無違之旨故復問曰何謂也子曰生事之以禮死葬之以禮祭之以禮者此夫子爲言無違之事也生事之以禮謂冬溫夏凊昏定晨省之屬也死葬之以禮謂爲之棺椁衣衾而擧之卜其宅兆而安措之之屬也祭之以禮謂春秋祭祀以時思之陳其簠簋而哀戚之之屬也不違此禮是無違之理也不即告孟孫者初時意在簡略欲使思而得之必告樊遲者恐孟孫以爲從父之令是無違故旣荅別後更爲樊遲將使復告孟孫也。註孔子曰至謚也。正義曰春秋定六年經書仲孫何忌如晉傳曰孟懿子往是知孟懿子即仲孫何忌也謚法曰温柔賢善曰懿○註鄭曰至樊須正義曰案史記弟子傳曰樊須字子遲齊人少孔子三十六歲也

孟武伯問孝子曰父母唯其疾之憂馬曰武伯懿子之子仲孫彘武謚也言孝子不妄爲非唯疾病然後使父母憂

【疏】孟武伯問孝子曰父母唯其疾之憂○正義曰此章言孝子不妄爲非也武伯懿子之仲孫彘也問於夫子爲孝之道夫子荅之曰子事父母唯其疾病然後可使父母憂之疾病之外不得妄爲非法貽憂於父母也○註馬曰至父母憂○正義曰案春秋懿子以哀十四年卒而武伯嗣哀公十七年左傳曰公會齊侯於蒙孟武伯相武伯問於高柴曰諸侯盟誰執牛耳季羔曰鄫衍之役吳公子姑曹發陽之役衛石魋武伯曰然則彘也是武伯爲懿子之子仲孫彘也謚法剛強直理曰武

子游問孝孔曰子游弟子姓言名偃子曰今之孝者是謂能養至於犬馬皆能有養不敬何以別乎包曰犬以守禦馬以代勞皆養人者一曰人之所養乃至於犬馬不敬則無以別孟子曰食而不愛豕交之愛而不敬獸畜之

疏「子游至別乎」○正義曰此章言爲孝必敬子游問孝者弟子子游問行孝之道於孔子也子曰今之孝者是謂能養者此下孔子爲子游說須敬之事今之人所謂孝者是唯謂能以飲食供養者也言皆無敬心至於犬馬皆能有養不敬何以別乎者此爲不敬之人作譬也其說有二一曰犬以守禦馬以代勞皆能有以養人者但畜獸無知不能生敬於人若人唯能供養於父母而不敬則何以別於犬馬乎一曰人之所養乃至於犬馬同其饑渴飲之食之皆能有以養之也但人養犬馬資其爲人用耳而不敬此犬馬也人若養其父母而不敬則何以別於犬馬乎言無以別明孝必須敬也○註孔曰子游弟子姓言名偃○正義曰史記弟子傳曰言偃吳人字子游少孔子四十五歲○註包曰至畜之○正義曰云孟子曰者案孟子盡心篇孟子曰食而不愛豕交之也愛而不敬獸畜之也趙岐註云人之交接但食之而不愛若養豕也愛而不敬若人畜禽獸但愛而不能敬也引之以證孝必須敬彼言豕交之此作豕畜之者所見本異或傳寫誤

子夏問孝子曰色難包曰色難者謂承順父母顏色乃爲難有事弟子服其勞有酒食先生饌馬曰先生謂父兄饌飲食也曾

是以爲孝乎 馬曰孔子喻子夏服勞先食汝謂此爲孝乎未孝也承順父母顏色乃爲孝也 疏 子夏問至孝乎○正義曰此章言爲孝必須承順父母顏色也子夏問孝者弟子子夏問於孔子爲孝之道也子曰色難者荅之也言承順父母顏色乃爲難也有事弟子服其勞有酒食先生饌曾是以爲孝乎者孔子又喻子夏服勞先食不爲孝也先生謂父兄饌飲食也曾猶則也言若家有勞辱之事或弟或子服其勤勞有酒有食進與父兄飲食汝則謂是以爲孝乎言此未孝也必須承順父母顏色乃爲孝也

子曰吾與回言終日不違如愚 孔曰回弟子姓顏名回字子淵魯人也不違者無所怪問於孔子之言默而識之如愚

退而省其私亦足以發回也不愚 孔曰察其退還與二三子說釋道義發明大體知其不愚 疏 子曰至愚○正義曰此章美顏淵之德子曰吾與回言終日不違如愚者回弟子顏淵也違猶怪問也愚無智之稱孔子言我與回言終竟一日亦無所怪問於我之言默而識之如無知之愚人也退而省其私亦足以發回也不愚者言回既退還而省察其在私室與二三子說釋道義亦足以發明大體乃知其回也不愚○註孔曰至

愚。正義曰史記弟子傳云顏回者魯人也字子淵少孔子三十歲年二十九髮盡白蚤死**子曰視其所以**以用也言視其所行用**觀其所由**由經也言觀其所經從**察其所安人焉廋哉人焉廋哉**孔曰廋匿也言觀人終始安所匿其情

〔疏〕子曰至廋哉。正義曰此章言知人之法也視其所以者以用也言視其所以行用觀其所由者由經也言觀其所經從察其所安者言察其所安處也人焉廋哉人焉廋哉者廋匿也焉安也言知人之法但觀察其終始則人安所隱匿其情哉再言之者深明情不可隱也

子曰溫故而知新可以為師矣溫尋也尋繹故者又知新者可以為人師矣

〔疏〕子曰溫故而知新可以為師矣。正義曰此章言為師之法溫尋也言舊所學得者溫尋使不忘是溫故也素所未知學使知之是知新也既溫尋故者又知新者則可以為人師矣。註溫尋也。正義曰案中庸云溫故而知新鄭註云溫讀如燖溫之溫謂故學之熟矣後時習之謂之溫案左傳哀十二年公會吳于橐皋太宰嚭請尋盟子貢對曰盟可尋也亦可寒也賈逵註云尋溫也又有司徹云乃熱尸俎是燖為溫也言人

舊學已精熟在後更習之猶若溫燖故食也子曰君子不器包曰器者各周其用至於君子無所不施疏子曰君子不器。正義曰此章明君子之德也器者物象之名形器既成各周其用若舟楫以濟川車輿以行陸反之則不能君子之德則不如器物各守一用言見幾而作無所不施也子貢問君子子曰先行其言而後從之孔曰疾小人多言而行之不周疏子貢問君子子曰先行其言而後從之。正義曰此章疾小人多言而行之不周也子貢問於夫子曰君子之德行何如夫子荅之曰君子先行其言而後以行從之言行相副是君子也子曰君子周而不比孔曰忠信爲周阿黨爲比小人比而不周疏子曰君子周而不比小人比而不周。正義曰此章明君子小人德行不同之事忠信爲周阿黨爲比言君子常行忠信而不私相阿黨小人則反是。註曰忠信爲周。正義曰魯語文也子曰學而不思則罔包曰學不尋思其義則罔然無所得思而不學則殆不學而思終卒不得使人精神疲殆疏子曰至則殆。正義曰此章言教學法也學而不思則罔者言爲學之法既從師學則自思其餘蘊若雖從師學而不尋思其義則罔然無所得也思而不學則殆者言但自尋思而不往從師學縱卒不得其義則徒使人精神疲勞倦殆

子曰攻乎異端斯害也已攻治也善道有統故殊塗而同歸異端不同歸也

疏子曰攻乎異端斯害也已。正義曰此章禁人雜學攻治也異端謂諸子百家之書也言人若不學正經善道而治乎異端之書斯則爲害之深也以其善道有統故殊塗而同歸異端則不同歸也。註攻治至同歸。正義曰云善道有統故殊塗而同歸者正經是善道也皆以忠孝仁義爲本是有統也四術爲教是殊塗也皆以去邪歸正是同歸也異端之書則或粃糠堯舜戕毀仁義是不同歸也殊塗同歸是易下繫辭文也

子曰由誨汝知之乎孔曰弟子姓仲名由字子路**知之爲知之不知爲不知是知也**

疏子曰至知也。正義曰此章明知也由誨汝知之乎者孔子以子路性剛好以不知爲知故此抑之呼其名曰由我今教誨汝爲知之乎此皆語辭知之爲知之不知爲不知是知也者此誨辭也言汝實知之事則爲知之實不知之事則爲不知此是真

知也若其知之反隱曰不知及不知妄言我知皆非知也○註孔曰至子路○正義曰史記弟子傳云仲由字子路卞人也少孔子九歲子路性鄙好勇力志抗直冠雄雞佩豭豚陵暴孔子孔子設礼稍誘子路子路後儒服委質因門人請為弟子

子張學干祿鄭曰弟子姓顓孫名師字子張干求也祿祿位也子曰多聞闕疑慎言其餘則寡尤包曰尤過也疑則闕之其餘不疑猶慎言之則少過多見闕殆慎行其餘則寡悔包曰殆危也所見危者闕而不行則少悔言寡尤行寡悔祿在其中矣鄭曰言行如此雖不得祿亦同得祿之道

【疏】子張至中矣○正義曰此章言求祿之法子張學干祿者干求也弟子子張師事孔子學求祿位之法子曰多聞闕疑慎言其餘則寡尤者此夫子教子張求祿之法也尤過也寡少也言雖博學多聞疑則闕之尤須慎言其餘不疑者則少過也多見闕殆慎行其餘則寡悔者殆危也言雖廣覽多見所見危者闕而不行尤須慎行其餘不危者則少悔恨也言寡尤行寡悔祿在其中矣者言若少過行又少悔必得祿位設若言行如此雖愚不得祿亦同得祿之道○註鄭曰至位也

正義曰史記弟子傳云顓孫師陳人字子張少孔子四十八歲哀公問曰何爲則民服包曰哀公魯君謚孔子對曰舉直錯諸枉則民服包曰錯置也舉正直之人用之廢置邪枉之人則民服其上舉枉錯諸直則民不服

疏哀公至不服○正義曰此章言治國使民服之法哀公問曰何爲則民服者哀公魯君也問於孔子曰何所云爲則萬民服從也時哀公失德民不服從哀公患之故有此問孔子對曰舉直錯諸枉則民服者此孔子對以民服之法也錯置也舉正直之人用之廢置諸邪枉之人則民服其上也舉枉錯諸直則民不服者舉邪枉之人用之廢置諸正直之人則民不服上也於時群邪秉政民心厭棄故以此對之也○註包曰哀公魯君謚○正義曰魯世家云哀公名蔣定公之子周敬王二十六年即位謚法云恭仁短折曰哀

季康子問使民敬忠以勸如之何孔曰魯卿季孫肥康謚子曰臨之以莊則敬包曰莊嚴也君臨民以嚴則民敬其上孝慈則忠包曰君能上孝於親下慈於民則民忠矣舉善而

教不能則勸包曰舉用善人而教不能者則民勸勉疏季康至則勸○正義曰此章明使民敬忠勸善之法季康子問使民敬忠以勸如之何者季康子魯執政之上卿也時以僭濫故民不敬忠勸勉故問於孔子曰欲使民人敬上盡忠勸勉爲善其法如之何子曰臨之以莊則敬者此荅之也自上涖下曰臨莊嚴也言君臨民以嚴則民敬其上孝慈則忠者言君能上孝於親下慈於民則民作忠舉善而教不能則勸者言君能舉用善人置之禄位教誨不能之人使之材能如此則民相勸勉爲善也於時魯君蠶食深宮季氏專執國政則如君矣故此荅皆以人君之事言之也○註魯卿季孫肥康謚○正義曰知者據左傳及世家文也謚法云安樂撫民曰康

或謂孔子曰子奚不爲政包曰或人以爲居位乃是爲政子曰書云孝乎惟孝友于兄弟施於有政是亦爲政奚其爲爲政包曰孝乎惟孝美大孝之辭友于兄弟善於兄弟施行也所行有政道與爲政同疏或謂至爲政○正義曰此章言孝友與爲政同或謂孔子曰子奚不爲政者奚何也或有一人亡其姓名謂孔子曰子既多才多藝何不居官爲政或

人以爲居位乃是爲政也子曰書云孝乎惟孝友于兄弟施於有政者此周書君陳篇文引之以荅或人爲政之事彼云王若曰君陳惟爾令德孝恭惟孝友于兄弟克施有政孔安國云言其有令德善事父母行已以恭言善事父母者必友于兄弟能施有政令其言與此小異此云孝乎惟孝者美此孝之辭也友于兄弟者言善於兄弟也施行也行於此二者即有爲政之道也是亦爲政奚其爲爲政者此孔子語也是此也言此孝友亦爲政之道此外何事其爲爲政乎言所行有政道即與爲政同不必居位乃是爲政

子曰人而無信不知其可也孔曰言人而無信其餘終無可大車無輗小車無軏其何以行之哉包曰大車牛車輗者轅端横木以縛軛小車駟馬車軏者轅端上曲鉤衡

【疏】子曰至之哉○正義曰此章明信不可無也人而無信不知其可也者言人而無信其餘雖有他才終無可也大車無輗小車無軏其何以行之哉者此爲無信之人作譬也大車牛車輗轅端横木以縛軛駕牛領者也小車駟馬車軏者轅端上曲鉤衡以駕兩服馬領者也大車無輗則不能駕牛小車無軏則不能駕馬其車何以得行之哉言必不能行也以喻人而無信亦不可行也○注包曰至

鉤衡。正義曰云大車平車者冬官考工記車人爲車大車崇九尺鄭註云大車平地載任之車轂長半柯者也其駕牛故酒誥曰肇牽車牛遠服賈用故曰大車牛車也說文云輗大車轅端持衡者軏轅前也是輗者轅端横木以縛軛者也云小車駟馬車者考工記兵車田車乘車也皆駕駟馬故曰駟馬車也說文云軏車轅端持衡者考工記云國馬之輈深四尺有七寸註云馬高八尺兵車乘車軹崇三尺有三寸加軫與轐七寸又并此輈深則衡高八尺七寸也除馬之高則餘七寸爲衡頸之間是輈在衡上也轅從軫以前稍曲而上至衡則居衡之上而嚮下鉤之衡則横居輈下是轅端上曲鉤衡者名軏也

子張問十世可知也。孔曰文質禮變 子曰殷因於夏禮所損益可知也周因於殷禮所損益可知也馬曰所因謂三綱五常所損益謂文質三統 其或繼周者雖百世可知也物類相召世數相生其變有常故可預知

疏 子張至知也。正義曰此章明創制革命因沿損益之禮子張問十世可知也者弟子子張問於孔子夫國家文質禮變設若相承至於十世世數既遠可得知其禮乎子曰殷因於夏禮所

損益可知也周因於殷禮所損益可知也者此夫子答以可知之事言殷承夏后因用夏礼謂三綱五常不可變革故因之也所損益者謂文質三統夏尚文殷則損文而益質夏以十三月爲正爲人統色尚黑殷則損之益以十二月爲正爲地統色尚白也其事易曉故曰可知也周因於殷礼所損益可知也者言周代殷立而因用殷礼及所損益事事亦可知也其或繼周者雖百世可知也者言非但順知既往兼亦預知將來時周尚存不敢斥言故曰其或言設或有繼周而王者雖多至百世以其物類相召勢數相生其變有常故皆可頊知也○註馬曰至三統○正義曰云三綱五常者白虎通云三綱者何謂謂君臣父子夫婦也君爲臣綱父爲子綱夫爲妻綱大者爲綱小者爲紀所以張理上下整齊人道也人皆懷五常之性有親愛之心是以綱紀爲化若羅綱有紀綱之而百目張也所以稱三綱何一陰一陽之謂道陽得陰而成陰得陽而序剛柔相配故人爲三綱法天地人君臣法天取象日月屈信歸功也父子法地取法五行轉相生也夫婦取象人合陰陽有施君羣也羣下之所歸心臣牽也事君也象屈服之形也父者矩也以度教子子者孳也孳孳無已也夫者扶也以道扶接婦者服也以礼屈服也云五常者仁義礼智信也白虎通云五性者何謂仁義礼智信也仁者不忍

好生愛人義者宜也斷決得中也禮者履也履道成文智者知也或於事見微知著信者誠也專一不移故人生而應八卦之體得五氣以爲常仁義禮智信是也云損益謂文質三統者白虎通云王者必一質一文者何所以承天地順陰陽陽道極則陰道受陰道極則陽道受明一陽二陰不能繼也質法天文法地而已故天爲質地受而化之養而成之故爲文尚書大傳曰王者一質一文據天地之道禮三正記曰質法天文法地帝三始起先質後文者順天地之道本末之義先後之序也事莫不先其質性乃後有其文章也夏尚黑殷尚白周尚赤此之謂三統故書傳略說云天有三統物有三變故正色有三天有三生三死故士有三王王特一生死又春秋緯元命包及樂緯稽耀嘉云夏以十三月爲正息卦受泰註云物之始其色尚黑以寅爲朔殷以十二月爲正息卦受臨註云物之牙其色尚白以雞鳴爲朔周以十一月爲正息卦受復其色尚赤以夜半爲朔又三正記云正朔三而改文質再而復以此推之自夏以上皆正朔三而改也鄭註尚書三帛高陽氏之後用赤繒高辛氏之後用黑繒其餘諸侯用白繒如鄭此意卻而推之舜以十一月爲正尚赤堯以十二月爲正尚白故曰其餘諸侯用白繒高辛氏以十二月爲正尚黑故云高辛氏之後用黑繒高陽氏以十一月爲正尚

赤故云高陽氏之後用赤繒有少皞以十二月爲正尚白黃
帝以十三月爲正尚黑神農以十一月爲正尚赤女[illegible]以十
二月爲正尚白伏羲以上未有聞焉易說卦云帝出乎震則
伏羲也建寅之月又本之始其三正當從伏羲以下文質再
而復者文質法天地文法天質法地周文法地而爲天正殷
質法天而爲地正者正朔文質不相須正朔以三而改文質以
二而復各自爲義不相須也建子之月爲正者謂之天統以
天之陽氣始生爲百物得陽氣微稍動變故爲天統建丑之
月爲統者以其物已吐牙不爲天氣始動物又未出不得爲
人所施功唯在地中含養萌牙故爲地統建寅之月爲統者
以人物出於地人功當須脩理故謂之人統統者本也謂天
地人之本然王者必以此三月爲正者以其此月物生細微
又是歲之始生王者繼天理物含養微細又取其歲初爲正
朔之始既天地人之三者所繼不同故各改正朔不相襲也
所尚既異符命亦隨所尚而來故禮緯稽命徵云其天命以
黑故夏有玄圭天命以赤故周有赤雀銜書天命以白故殷
有白狼銜鉤是天之所命亦各隨人所尚符命雖逐所尚不
必皆然故天命禹觀河見白面長人洛子命云湯觀於洛沉
璧而黑龜與之書黃魚雙躍泰誓言武王伐紂而白魚入[illegible]
王舟是符命不皆逐正色也鄭康成之義自古以來皆改正

朔若孔安國則改正朔殷周二代故註尚書湯承堯舜禪代
之後革命創制故正易服是從湯始改正朔也○註物類至
預知○正義曰物類相召者謂三綱五常各以類相召因而
不改也云世數相生者謂文質三統及五行相次周而復始
而其世運有數相生變革也子曰非其鬼而祭之諂也鄭曰人神曰鬼非其
祖考而祭之者是諂求福見義不爲無勇也孔曰義所宜爲而不能爲是無勇

疏

子曰至勇也○正義曰此章言祭必已親勇必爲義也非其
鬼而祭之諂也者人神曰鬼言若非已祖考而輒祭他鬼者
是諂媚求福也見其義不爲無勇也者義宜也言義所宜爲
而不能爲者是無勇之人也○註鄭曰至求福○正義曰云
人神曰鬼者周礼大宗伯之職掌建邦之天神人鬼地示之
禮是人神曰鬼也左傳曰神不歆非類民不祀非族故非其
祖考而祭之者是諂求福也○註孔子曰至無勇○正義曰
若齊之田氏弒君夫子請討之是義所宜爲也而魯君不能
爲討是無勇也

論語註疏解經卷第二

論語註疏解經卷第三

八佾第三　何晏集解　邢昺疏

疏正義曰前篇論爲政爲政之善莫善禮樂禮以安上治民樂以移風易俗得之則安失之則危故此篇論禮樂得失也

孔子謂季氏八佾舞於庭是可忍也孰不可忍也馬曰孰誰也佾列也天子八佾諸侯六卿大夫四士二八人爲列八八六十四人魯以周公故受王者禮樂有八佾之舞季桓子僭於其家廟舞之故孔子譏之

疏孔子至忍也○正義曰此章論魯卿季氏僭用禮樂之事孔子謂季氏八佾舞於庭者謂者評論之稱季氏魯卿於時當桓子也佾列也舞者八人爲列八八六十四人桓子用此八佾舞於家廟之庭故孔子評論而譏之是可忍也孰不可忍也者此孔子所譏之語也孰誰也人之僭禮皆當罪責不可容忍季氏以陪臣而僭天子最難容忍故曰若是可容忍他人更誰不可忍也○註馬曰至譏之○正義曰孰誰釋詁

文佾列書傳通訓也云天子八佾諸侯六大夫四士二者隱
五年左傳文也云八人爲列八八六十四人者杜預何休說
如此其諸侯用六者六六三十六人大夫四四十六人士
二二四人服虔以用六爲六八四十八人大夫四爲四八
三十二人士二爲二八十六人今以舞勢宜方行列既減即
每行人數亦宜減故同何杜之說天子所以八佾者案隱五
年左傳考仲子之宫將萬焉公問羽數於衆仲對曰天子用
八諸侯用六大夫四士二夫舞所以節八音而行八風故自
八以下杜預云唯天子得盡物數故以八爲列諸侯則不得
用八所謂八音者金石土革絲木匏竹也鄭玄云金鍾鎛也
石磬也土塤也革鼓鼗也絲琴瑟也木柷敔也匏笙也竹管
簫也所謂八風者服虔以爲八卦之風乾音石其風不周坎
音革其風廣莫艮音匏其風融震音竹其風明庶巽音木其
風清明離音絲其風景坤音土其風涼兌音金其風閶闔又
易緯通卦驗云立春調風至春分明庶風至立夏清明風至
夏至景風至立秋涼風至秋分閶闔風至立冬不周風至冬
至廣莫風至是則天子之舞所以節八音而行八風故八佾
也云魯以周公之故受王者禮樂有八佾之舞者此釋季氏
所以得僭之由由魯得用之也案禮記祭統云昔者周公旦
有勳勞於天下成王康王賜之以重祭朱干玉戚以舞大武

八佾以舞大夏此天子之樂也重周公故以賜魯又明堂位曰命魯公世世祀周公以天子之礼樂是魯王者礼樂也然王者礼樂唯得於文王周公廟用之若用之他廟亦爲僭也故昭二十五年公羊傳稱昭公謂子家駒曰吾何僭哉荅曰朱干玉戚以舞大夏八佾以舞大武此皆天子之礼也是昭公之時僭用他廟也云季桓子僭於家廟舞之故孔子譏之者案經但云季氏知是桓子者以孔子與桓子同時親見其事而譏之故知桓子也何休云僭齊也下効上之辭季氏陪臣也而効君於上故云僭也大夫稱家祭法大夫三廟此經又言於庭魯之用樂見於經傳者皆據廟中祭祀時知此亦僭於其家廟舞之故孔子譏之也

三家者以雍徹 馬曰三家謂仲孫叔孫季孫雍周頌臣工篇名天子祭於宗廟歌之以徹祭今三家亦作此樂

子曰相維辟公天子穆穆奚取於三家之堂 包曰辟公謂諸侯及二王之後穆穆天子之容貌雍篇歌此者有諸侯及二王之後來助祭故也今三家但家臣而已何取此義而作之於堂邪

【疏】三家至之堂○正義曰此章譏三家之僭也三家者以雍徹者此弟子之言將論夫子所譏之語故先設此文以爲首引三家謂仲孫叔孫季孫雍周頌臣工

篇名天子祭於宗廟歌之以徹祭今三家亦作此樂以徹祭
故夫子譏之子曰相維辟公天子穆穆奚取於三家之堂者
此夫子所譏之語也先引詩文後言其不可取之理也相維
辟公天子穆穆者此雍詩之文也相助也維辭也辟公謂諸
侯及二王之後穆穆天子之容貌雍篇歌此者有諸侯及二
王之後來助祭故也今三家但家臣而已何取此義而作之
於堂乎○註馬曰至此樂○正義曰三孫同是魯桓公之後
桓公適子莊公爲君庶子公子慶父公子叔牙公子季友仲
孫是慶父之後叔孫是叔牙之後季孫是季友之後其後子
孫皆以其仲叔季爲氏故有此氏並是桓公子孫故俱稱孫
也至仲孫氏後世改仲曰孟孟者庶長之稱也言已是庶不
敢與莊公爲伯仲叔季之次故取庶長爲始也云雍周頌臣
工篇名者即周頌臣工之什第七篇也天子祭於宗廟歌之
以徹祭者案周礼樂師云及徹帥學士而歌徹鄭玄云徹者
歌雍案小師云徹歌鄭云於有司徹而歌雍是知天子祭於
宗廟歌之以徹祭也今三家亦作此樂故夫子譏之也○註
包曰至堂耶○正義曰云辟公謂諸侯及二王之後者此與
毛傳同鄭玄以辟爲卿士公謂諸侯爲異餘亦同也云穆穆
天子之容貌者曲礼云天子穆穆爾雅釋詁云穆穆美也是
天子之容貌穆穆然美也云雍篇歌此者有諸侯及二王之

後來助祭故也者將言無諸侯及二王之後助祭則不可歌也云今三家但家臣而已何取此義而作之於堂邪者鄭大夫稱家家臣謂家相邑宰之屬來助祭耳何取此雍詩之義而奏作於堂邪邪語辭魯用天子礼樂以雍徹由是三家僭之也

子曰人而不仁如禮何人而不仁如樂何包曰言人而不仁必不能行礼樂

疏子曰至樂何○正義曰此章言礼樂資仁而行也人而不仁如礼何人而不仁如樂何者如奈也言人而不仁奈此礼樂何謂必不能行礼樂也

林放問禮之本鄭曰林放魯人

子曰大哉問禮與其奢也寧儉喪與其易也寧戚包曰易和易也言礼之本意失於奢不如儉喪失於和易不如哀戚

疏林放至寧戚○正義曰此章明礼之本意也林放魯人也問於夫子礼之本意如何子曰大哉問者夫子將答礼本先嘆美之也礼之末節人尚不知林放能問其本其意非小故曰大哉問也礼與其奢也寧儉喪與其易也寧戚者此夫子所答礼本也奢汰後也儉約省也易和易也戚哀戚也與猶等也奢與儉易與戚等俱不合礼但礼不欲失於奢寧失於儉喪不欲失於

易寧失於戚言礼之本意礼失於奢不如儉喪失於和易不如哀戚子曰夷狄之有君不

如諸夏之亡也包曰諸夏中國亡無也疏子曰夷狄之有君不如諸夏之亡也○正

義曰此章言中國礼義之盛而夷狄無也舉夷狄則戎蠻可知諸夏中國也亡無也言夷狄雖有君長而無礼義中國雖

偶無君若周召共和之年而礼義不廢故曰夷狄之有君不如諸夏之亡也○註包曰諸夏中國○正義曰此及閔元年

左氏傳皆言諸夏襄四年左傳魏絳云諸夷必叛華夏皆謂中國而謂之華夏者夏大也言有礼儀之大有文章之華也

季氏旅於泰山子謂冉有曰女弗能救與馬曰旅祭名也

礼諸侯祭山川在其封内者今陪臣祭泰山非礼也冉有弟子冉求時仕於季氏救猶止也對曰不能

子曰嗚呼曾謂泰山不如林放乎包曰神不享非礼林放尚知問礼泰

山之神反不如林放邪欲誣而祭之疏季氏至放乎○正義曰此章譏季氏非礼祭泰山也季氏旅於泰山者旅

祭名也礼諸侯祭山川在其封内者今陪臣祭泰山非礼也子謂冉有曰女弗能救與者冉有弟子冉求時仕於季氏救

謂止也夫子見季氏非禮而祭泰山故以言謂弟子冉有曰汝既臣於季氏知其非禮即合諫止女豈不能諫止與與語辭對曰不能者言季氏僭濫已不能諫止也子曰嗚呼曾謂泰山不如林放乎者孔子歎其失礼故曰嗚呼曾之言則也夫神不享非礼林放尚知問礼況泰山之神豈反不如林放乎而季氏欲誣罔而祭之也言泰山之神必不享季氏之祭若其享之則是不如林放也○註馬曰至止也○正義曰云旅祭名者周礼太宗伯職云國有大故明旅上帝及四望鄭註云故謂凶烖旅陳也陳其祭事以祈焉礼不如祀之備也故知旅祭名也云礼諸侯祭山川在其封内者王制云諸侯祭名山大川之在其地者是也云今陪臣祭泰山非礼也者陪重也諸侯既爲天子之臣故謂諸侯之臣爲陪臣泰山在魯封内故魯得祭之今季氏亦祭故云非礼云冉有弟子冉求者史記弟子傳云冉求字子有少孔子二十九歲鄭玄曰魯人

子曰君子無所爭必也射乎孔曰言於射而後有爭揖讓而升下而飲王曰射於堂升及下皆揖讓而相飲其爭也君子馬曰多筭飲少筭君子之所爭

疏 子曰至君子○正義曰此章言射礼有君子之風也君子無所爭者言君子之人謙卑自牧無

所競爭也必也射乎者君子雖於他事無爭其或有爭必也於射禮乎言於射而後有爭也揖讓而升下而飲者射禮於堂將射升堂及射畢而下勝飲不勝其耦皆以禮相揖讓也其爭也君子者射者爭中正鵠而已不同小人厲色援臂故曰其爭也君子○註孔曰言於射而後有爭○正義曰鄭註射義云飲射爵者亦揖讓而升降勝者袒決遂執張弓不勝者襲說決拾卻左手右加弛弓於其上而升飲君子恥之是以射則爭中是於射而後有爭○註王曰至相飲○正義曰云射於堂升及下皆揖讓而相飲者儀禮大射云耦進上射在左並行當階北面揖及階揖升堂揖皆當其物北面揖及物揖射畢北面揖揖如升射是射時升降揖讓也大射又云飲射爵之時勝者皆袒決遂執張弓不勝者皆襲說決拾卻左手右加弛弓于其上遂以執弣揖如始升射及階勝者先升升堂少右不勝者進北面坐取豐上之觶立卒觶坐奠於豐下興揖不勝者先降是飲射爵之時揖讓升降也○註馬曰多至所爭○正義曰云多筭飲少筭者筭籌也鄉射記曰箭籌八十長尺有握握素是也多筭謂勝者少筭謂不勝者勝飲不勝而相揖讓故曰君子之所爭也

子夏問曰巧笑倩兮美目盼兮素以爲絢兮何謂也

馬曰倩笑貌盼動目貌絢文貌此上二句在衛風碩人之二章其下一句逸也

子曰繪事後素

鄭曰繪畫文也凡繪畫先布衆色然後以素分布其閒以成其文喻美女雖有倩盼美質亦須禮以成之

曰禮後乎

孔曰孔子言繪事後素子夏聞而解知以素喻礼故曰礼後乎

子曰起予者商也始可與言詩已矣

包曰予我也孔子言子夏能發明我意可與共言詩

（疏）子夏至詩已矣○正義曰此章言成人須礼也子夏問曰巧笑倩兮美目盼兮素以爲絢兮何謂也者倩笑貌盼動目貌絢文貌此衛風碩人之篇閔莊姜美而不見荅之詩也言莊姜旣有巧笑美目倩盼之容又能以礼成文絢然素喻礼也子夏讀詩至此三句不達其旨故問夫子何謂也○子曰繪事後素者孔子舉喻以荅子夏也繪畫文也凡繪畫先布衆色然後以素分布其閒以成其文喻美女雖有倩盼美質亦須礼以成之也曰礼後乎者此子夏語子夏聞孔子言繪事後素即解其旨知以素喻礼故曰礼後乎子曰起予者商也始可與言詩已矣者起發也予我也商子夏名孔子言能發明我意者是子夏也始可與共言詩也○註馬曰至逸也○正義曰云此上二句在衛風碩人之二章者案今毛詩碩人四

小七百六十

章章七句其二章曰手如柔荑膚如凝脂領如蝤蠐齒如瓠犀螓首蛾眉巧笑倩兮美目盼兮是也云其下一句逸皆今毛詩無此一句故曰逸言亡逸也○註鄭曰至成之○正義曰案考工記云畫繢之事雜五色下云畫繢之事後素功是知凡繪畫先布衆色然後以素分布其閒以成其文章也

子曰夏禮吾能言之杞不足徵也殷禮吾能言之宋不足徵也

包曰徵成也杞宋二國名夏殷之後夏殷之礼吾能說之杞宋之君不足以成也

文獻不足故也足則吾能徵之矣

鄭曰獻猶賢也我不以礼成之者以此二國之君文章賢才不足故也

疏 子曰至徵之矣○正義曰此章言夏商之後不能行先王之礼也夏礼吾能言之杞不足徵也殷礼言之宋不足徵也者徵成也杞宋二國言夏殷之後也孔子言夏殷之礼吾能說之但以杞宋之君闇弱不足以成之也文獻不足故也足則吾能徵之矣者此又言不足徵之意獻賢也孔子言我不以礼成之者以此二國之君文章賢才不足故也○註包曰至成也○正義曰徵成釋詁文云杞宋二國名夏殷之後者樂記云武王克殷下車而封夏后氏之後於杞封殷之後於宋

是也**子曰禘自既灌而往者吾不欲觀之矣**孔曰禘祫之禮爲序昭穆故毁廟之主及羣廟之主皆合食於太祖灌者酌鬱鬯灌於太祖以降神也既灌之後列尊卑序昭穆而魯逆祀躋僖公亂昭穆故不欲觀之矣

【疏】子曰禘自既灌而往者吾不欲觀之矣○正義曰此章言魯禘祭非禮之事禘者二年大祭之名灌者將祭酌鬱鬯於太祖以降神也既灌之後列尊卑序昭穆而魯逆祀躋僖公亂昭穆故孔子曰禘祭自既灌已往吾則不欲觀之也○注孔曰至觀之○正義曰云禘祫之禮爲序昭穆故毁廟之主及羣廟之主皆合食於太祖者鄭玄曰魯禮三年喪畢而祫於太祖明年春禘於羣廟自爾之後五年而再殷祭以遠主初始入祧新死之主又當與先君相接故禮因是而爲大祭以審序昭穆故謂之禘禘者諦也言使昭穆之次審諦而不亂也祫者合也文二年公羊傳曰大祫者何合祭也其合祭奈何毁廟之主陳于太祖未毁廟之主皆升合食於太祖是也云灌者酌鬱鬯灌於太祖以降神者郊特牲云周人尚臭灌用鬯臭鬱合鬯臭陰達於淵泉灌以圭璋用玉氣也既灌然後迎牲致陰氣也鄭注云灌謂以圭瓚酌鬯始獻神也鬱鬱金草釀秬爲酒煮鬱金草和之其氣芬芳調暢故曰鬱鬯言未殺牲先酌

鬱鬯酒灌地以求神於太祖廟也云既灌之後列尊卑序昭穆者言既灌地降神之後始列木主以尊卑陳列太祖前太祖東鄉昭南鄉穆北鄉其餘孫從王父父曰昭子曰穆昭取其鄉明穆取其北面尚敬三年一祫五年一禘禘所以異於祫者毁廟之主陳於太祖與祫同未毁廟之主則各就其廟而祭也云而魯逆祀躋僖公亂昭穆故不欲觀之者春秋文二年秋八月丁卯大事于太廟躋僖公公羊傳曰躋者何升也何言乎升僖公譏何譏爾逆祀也何休云升謂西上禮昭穆指父子近取法春秋惠公與莊公當同南面西上隱桓與閔僖亦當同北面西上繼閔者在下文公緣僖公於閔公爲庶兄置僖公於閔公上失先後之義故譏之是知當閔在僖上今升僖先閔故云逆祀二公位次之逆非昭穆亂也此註云亂昭穆及魯語云將躋僖公宗有司曰非昭穆也弗忌曰我爲宗伯明者爲昭其次爲穆何常之有如彼所言又似閔僖異昭穆者位次之逆如昭穆之亂假昭穆以言之非謂異昭穆也若兄弟相代卽異昭穆設令兄弟四人皆立爲君則祖父之廟卽已從毁知其理必不然故先儒無作此説以此逆祀失禮故孔子不欲觀之也 或問禘之説子曰不知也 孔子答以不知者爲魯諱 知其説者之於天下

也其如示諸斯乎指其掌包曰孔子謂或人言知禘禮之說者於天下之事如指示掌中之物言其易了

疏或問至其掌○正義曰此章言諱國惡之禮也或問禘之說者或人問孔子禘祭之禮其說如何子曰不知也者孔子答言不知禘禮之說答以不知者爲魯諱諱國惡禮也若其說之當云禘之礼序昭穆時魯躋僖公亂昭穆說之則彰國之惡故但言不知也知其說者之於天下也其如示諸斯乎也者諸於也斯此也孔子既荅或人以不知禘禮之說若不更說恐或人以爲已實不知無以明其諱國惡且恐後世以爲禘祭之禮聖人不知而致廢絶更爲或人言此也言我知禘禮之說者於天下之事中其如指示於此掌中之物言其易了也指其掌者此句弟子作論語時言也當時孔子舉一手伸掌以一手指之以示或人曰其如示諸斯乎弟子等恐人不知示諸斯謂指示何等物故著此一句言是時夫子指其掌也

祭如在孔曰言事死如事生祭神如神在孔曰謂祭百神

子曰吾不與祭如不祭包曰孔子或出或病而不自親祭使攝者爲之不致肅敬於心與不祭同

疏祭如在至不祭○正義曰此章言孔子重祭禮祭如在者謂祭宗廟必致其敬

如其親存言事死如事生也祭神如神在者謂祭百神亦如神之存在而致敬也子曰吾不與祭如不祭者孔子言我若親行祭事則必致其恭敬我或出或病而不自親祭使人攝代已爲之不致肅敬於心與不祭同○註謂祭百神○正義曰百神謂宗廟之外皆是言百神舉成數

王孫賈問曰與其媚於奧寧媚於竈何謂也孔曰王孫賈衛大夫奧內也以喻近臣竈以喻執政賈執政者欲使孔子求昵之微以世俗之言感動之也

子曰不然獲罪於天無所禱也孔曰天以喻君孔子拒之曰如獲罪於天無所禱於衆神

【疏】王孫賈至禱也○正義曰此章言夫子守禮不求媚於人也王孫賈者衛執政大夫也問曰與其媚於奧寧媚於竈何謂也者媚趣鄉也奧內也謂室內西南隅也以其隱奧故尊者居之其處雖尊而閒靜無事以喻近臣雖尊不執政柄無益於人也竈者飲食之所由雖處卑褻爲家之急用以喻國之執政位雖卑下而執賞罰之柄有益於人也此二句世俗之言也言與其趣於閒靜之奧寧若趣於急用之竈以喻其求於無事之近臣寧若求於用權之執政王孫賈時執國政舉於二句佯若不達其理問於孔子曰何謂也欲使孔子求媚

親昵於已故微以世俗之言感動之也子曰不然獲罪於天無所禱也者孔子拒賈之辭也然如此也言我則不如世俗
之言也天以喻君獲猶得也我道之行否由於時君無求於衆臣如得罪於天無所禱於衆神子曰周監
於二代郁郁乎文哉吾從周孔曰監視也言周文章備於二代當從之
疏子曰至從周○正義曰此章言周之禮文猶備也周監於二代郁郁乎文哉者監視也二代謂夏商郁郁文章
貌言以今周代之禮法文章廻視夏商二代則周代郁郁乎有文章哉吾從周者言周之文章備於二代故從而行之也
子入太廟包曰太廟周公廟孔子仕魯魯祭周公而助祭也每事問或曰孰
謂鄹人之子知禮乎入太廟每事問孔曰鄹孔子父叔梁紇所
治邑時人多言孔子知禮或人以爲知禮者不當復問子聞之曰是禮也孔曰雖知之當
復問慎之至也疏子入至禮也○正義曰此章言夫子慎禮也子入太廟者子謂孔子太廟周公廟孔子仕魯魯
祭周公而助祭故得入之也每事問者言太廟之中禮器之屬每事輒問於令長也或曰孰謂鄹人之子知禮乎入太廟

每事問者孰謂也鄹人魯鄹邑大夫孔子父叔梁紇也或有
人曰誰謂鄹大夫之子知禮者也時人多言孔子知禮或人
以爲知禮者不當復問何爲入太廟而每事問乎意以爲孔
子不知禮子聞之曰是禮也者孔子聞或人之譏乃言其問
之意以宗廟之禮當須重愼不可輕言雖已知之當更復問
愼之至也○註包曰至助祭也○正義曰云太廟周公廟者
文十三年公羊傳曰周公稱太廟魯公稱世室羣公稱宮故
知太廟周公廟也云孔子仕魯者史記孔子世家云孔子貧
且賤及長嘗爲季氏史料量平嘗爲司職吏而畜蕃息由是
爲司空其後定公以孔子爲中都宰一年四方皆則之由中
都宰爲司空由司空爲大司寇攝相事是仕魯由是故得與
助祭也○註孔曰至復問○正義曰云鄹孔子父叔梁紇所
治邑者古謂大夫守邑者以邑冠之呼爲某人孔子父鄹邑
大夫左傳稱鄹人紇故此謂孔子紇鄹人之子也左傳成二
年云新築人仲叔于奚杜註云新築大夫即此類也**子曰射不主皮**馬曰射有五善
焉一曰和志體和二曰和容有容儀三曰主皮能中質四曰
和頌合雅頌五曰興武與舞同天子三侯以熊虎豹皮爲之
言射者不但以中皮爲善亦兼取和容也**爲力不同科古之道也**馬曰爲力力役

之事亦有上中下設三科焉故曰不同科【疏】子曰至古之道也○正義曰此章明古礼也射不主皮者言古者射礼張布爲侯而棲熊虎豹之皮於中而射之射有五善焉不但以中皮爲善亦兼取礼樂容節也周衰礼廢射者無復礼容但以主皮爲善故孔子抑之云古之射者不主皮也爲力不同科者言古者爲力役之事亦有上中下設三科焉周衰政失力役之事貧富兼并強弱無別而同爲一科故孔子非之云古之爲力役不如今同科也古之道也者結上二事皆前古所行之道也○註馬曰至和容也○正義曰云射有五善焉者言射礼有五種之善下所引是也云一曰和至五曰興舞皆周礼鄉大夫職文也云志體和至興舞同皆馬融解義語案彼云退而以鄉射之礼五物詢衆庶一曰和二曰容三曰主皮四曰和容五曰興舞註云以用也行鄉射之礼而以五物詢於衆民鄭司農云詢謀也問於衆庶寧復有賢能者和謂閨門之内行也容謂容貌也主皮謂善射射所以觀士也故書舞爲無杜子春讀和容爲和頌謂能爲樂也無不爲舞謂能爲六舞玄謂和載六德容包六行也庶民無射礼因田獵分禽則有主皮者張皮射之無侯也主皮和容興舞則六藝之射與礼與樂是也今此註二曰和容衍和字五曰興武武當爲舞聲之誤也云天子三侯以熊虎豹皮爲之者

周禮天官司裘職云王大射則共虎侯熊侯豹侯設其鵠諸侯則共熊侯豹侯卿大夫則共麋侯皆設其鵠註云大射者爲祭祀射主將有郊廟之事以射擇諸侯及羣臣與邦國所貢之士可以與祭者射者可以觀德行其容體比於禮其節比於樂而中多者得與於祭諸侯謂三公及王子弟封於畿内者卿大夫亦皆有采地焉其將祀其無祖亦與羣臣射以擇之凡大射各於其射宮侯者其所射也以虎熊豹麋之皮飾其側又方制之以爲𩰫謂之鵠著於侯中所謂皮侯王之大射虎侯王所自射也熊侯諸侯所射豹侯卿大夫以下所射諸侯之大射熊侯諸侯所自射豹侯羣臣所射卿大夫之大射麋侯君臣共射焉凡此侯道虎九十弓熊七十弓豹麋五十弓列國之諸侯大射大侯亦九十參七十干五十遠尊得伸可同耳所射正謂之侯者天子中之則能服諸侯諸侯以下中之則得爲諸侯鄭司農云鵠鵠毛也方十尺曰侯四尺曰鵠二尺曰正四寸曰質玄謂侯中之大小取數於侯道鄉射記曰弓二寸以爲侯中則九十弓者侯中廣丈八尺七十弓者侯中廣丈四尺五十弓者侯中廣一丈尊卑異等此數明矣考工記曰梓人爲侯廣與崇方參分其廣而鵠居一焉然則侯中丈八尺者鵠方六尺侯中丈四尺者鵠方四尺六寸大半寸侯中一丈者鵠方三尺三寸少半寸謂之鵠者

取名於鳱鵠鳱鵠小鳥而難中是以中之爲雋亦取鵠之言較較者直也射所以直己志用虎熊豹麋之皮示服猛討迷士惑者射者大禮故取義衆也不大射士無臣祭無所擇也**子貢欲去告朔之餼羊**鄭曰牲生曰餼禮人君每月告朔於廟有祭謂之朝享魯自文公始不視朔子貢見其禮廢故欲去其羊**子曰賜也爾愛其羊我愛其禮**包曰羊存猶以識其禮羊亡禮遂廢

疏子貢至其禮○正義曰此章言孔子不欲廢禮也子貢欲去告朔之餼羊者牲生曰餼禮人君每月告朔於廟因有祭謂之朝享魯自文公怠於政禮始不視朔廢朝享之祭有司仍供備其羊子貢見其禮廢故欲并去其羊也子曰賜也爾愛其羊我愛其禮者此孔子不許子貢之欲去羊故呼其名而謂之曰賜也爾以爲既廢其禮虛費其羊故欲去之是愛其羊也我以爲羊存猶以識其禮羊亡禮遂廢所以不去其羊欲使後世見此告朔之羊知有告朔之禮庶或復行之是愛其禮也○註鄭曰至其羊○正義曰云牲生曰餼者僖三十三年左傳曰餼牽竭矣餼與牽相對牽是牲可牽行則餼是已殺殺又非熟故解者以爲腥曰餼謂生肉未煮者也其實餼亦是生哀二十四年左傳云晉師乃還餼臧石牛是以生

牛賜之也此及聘禮註皆云牲生曰餼由不與牽相對故爲生也云禮每月告朔於廟有祭謂之朝享者案周禮大史頒告朔于邦國鄭玄云天子頒朔于諸侯諸侯藏之祖廟至朔朝于廟告而受行之此云子貢欲去告朔之餼羊是用牲羊告於廟謂之告朔人君即以此日聽視此朔之政謂之視朔文十六年公四不視朔僖五年傳曰公既視朔是也視朔者聽治此月之政亦謂之聽朔玉藻云天子聽朔於南門之外是也其日又以禮祭於宗廟謂之朝廟周禮謂之朝享司尊彝云追享朝享是也其歲首爲之則謂之朝政襄二十九年正月公在楚傳曰釋不朝正于廟是也告朔視朔聽朔朝廟享廟正二禮各有三名同日而爲之也必於月朔爲此告朔聽朔之禮者杜預春秋釋例曰人君者設官分職以爲民極遠細事以全委任之責縱諸下以盡知力之用揔成敗以効能否執八柄以明誅賞故自非機事皆委立焉誠信足以相感事實盡而不雍故受位居職者思効忠善日夜自進而無所顧忌也天下之細事無數一日二日萬端人君之明有所不照人君之力有所不堪則不得不借問近習有時而用之如此則六卿六遂之長雖則發此事躬造此官當皆移聽於内官田心於左右政之粃亂常必由此聖人知其不可故簡其節敬其事因月朔朝廟遷坐正位會羣吏而聽大政考其

所行而決其煩疑非徒議將然也乃所以考已然又覆其察
驗之亂公也故顯衆以斷之是以上下交泰官人以理萬民
以察天下以治也每月之朝必朝於廟因聽政事事敬而禮
成以故告時羊然則朝廟朝正告朔視朔皆同日之事所從
言異耳是言聽朔朝廟之義也玉藻說天子朝廟之禮云聽
朔於南門之外諸侯皮弁聽朔於太廟鄭玄以爲明堂在國
之陽南門之外謂明堂也諸侯告朔以特特羊則天子以特牛
與天子用特牛告其帝及其神配以文王武王諸侯用特羊
告太祖而已杜預以明堂與祖廟爲一但明堂是祭天之處
天子告朔雖杜之義亦應告人帝朝享即月祭是也祭法云
王立七廟祖廟曰考廟王考廟皇考廟顯考廟皆月祭之二
祧享嘗乃止諸侯立五廟曰考廟王考廟皇考廟皆月祭之
顯考廟祖考廟享嘗乃止然則天子告朔於明堂朝享於五
廟諸侯告朔於大廟朝享自皇考以下三廟耳皆先告朔後
朝廟朝廟小於告朔文公廢其大而行其小故春秋文公六
年經云閏月不告朔猶朝于廟公羊傳曰猶者可止之辭也
天子玄冕以視朔皮弁以日視朝諸侯皮弁以聽朔朝服以
日視朝其閏月則聽朔於明堂闔門左扉立於其中聽政於
路寢門終月故於文王在門爲閏云魯自文
公始不視朔者即文六年閏月不告朔是也

子曰事君

盡禮人以爲諂也孔曰時事君者多無禮故以有禮者爲諂疏子曰至諂也○正義曰此章疾時臣事君多無禮也言若有人事君盡其臣禮謂將順其美及善則稱君之類而無禮之人反以爲諂佞也

定公問君使臣臣事君如之何孔曰定公魯君謚時臣失禮定公患之故問之孔子對曰君使臣以禮臣事君以忠疏定公問至以忠○正義曰此章明君臣之禮也定公問君使臣臣事君如之何者定公魯君也時臣失禮君不能使定公患之故問於孔子曰君之使臣及臣之事君當如之何也孔子對曰君使臣以禮臣事君以忠者言禮可以安國家定社稷止由君不用禮則臣不竭忠故對曰君之使臣以禮則臣必事君以忠也○註孔曰至問之○正義曰云定公魯君謚者魯世家云定公名宋襄公之子昭公之弟以敬王十一年即位謚法安民大慮曰定

子曰關雎樂而不淫哀而不傷孔曰樂不至淫哀不至傷言其和也疏子曰至不傷○正義曰此章言正樂之和也關雎者詩國風周南首篇名興后妃之德也詩序云樂得淑女以配君子憂在進賢不淫其色是樂而不

淫也哀窈窕思賢才而無傷善之心焉是哀而不傷也樂不至淫哀不至傷言其正樂之和也哀公問社於宰我宰我對曰夏后氏以松殷人以栢周人以栗曰使民戰栗孔曰凡建邦立社各以其土所宜之木宰我不本其意妄爲之說因周用栗便云使民戰栗子聞之曰成事不說包曰事已成不可復解說遂事不諫包曰事已遂不可復諫止既往不咎包曰事已往不可復追咎孔子非宰我故歷言此三者欲使慎其後

疏哀公至不咎○正義曰此章明立社所用木也哀公問社於宰我者哀公魯君也社五土之神也凡建邦立社各以其土所宜木哀公未知其禮故問於弟子宰我也宰我對曰夏后氏以松殷人以栢周人以栗曰使民戰栗者三代立社各以其土所宜木故宰我舉之以對哀公也但宰我不本其土宜之意因周用栗便妄爲之說曰周人以栗者欲使其民戰栗故也子聞之曰成事不說遂事不諫既往不咎者孔子聞宰我對哀公使民戰栗知其虛妄無如之何故曰事已成不可復解說也事已遂不可復諫止也事已往不可復追咎也歷言此三者以非之欲使慎其後也

註孔曰至戰栗。正義曰云凡建邦立社各以其土所宜之木者以社者五土之總神故凡建邦立國必立社也夏都安邑宜松殷都亳宜栢周都豐鎬宜栗是各以其土所宜木也謂用其木以為社主張包周本以為哀公問主於宰我先儒或以為宗廟主者杜無凱何休用之以解春秋亦為宗廟主今所不取

子曰管仲之器小哉言其器量小也或曰管仲儉乎包曰或人見孔子小之以為謂之大儉曰管氏有三歸官事不攝焉得儉包曰三歸娶三姓女婦人謂嫁曰歸攝猶兼也禮國君事大官各有人大夫兼并今管仲家臣備職非為儉乎包曰或人以儉問故荅以安得儉或人聞不儉便謂為得禮然則管仲知禮曰邦君樹塞門管氏亦樹塞門邦君為兩君之好有反坫管氏亦有反坫鄭曰反坫反爵之坫在兩楹之間人君別內外於門樹屏以蔽之若與隣國為好會其獻酢之禮更酌酌畢則各反爵於坫上今管仲皆僭為之如是是不知禮管氏而知禮孰不知

禮【疏】子曰至知禮。正義曰此章言管仲僭禮也子曰管仲之器小哉者管仲齊大夫管夷吾也孔子言其器量小也或曰管仲儉乎者或人見孔子言管仲器小以爲謂其大儉故問曰管仲儉乎曰管氏有三歸官事不攝焉得儉者孔子荅或人以管仲不儉之事也婦人謂嫁曰歸攝猶兼也焉猶安也禮大夫雖有妾媵嫡妻唯娶一姓今管仲娶三姓之女故曰有三歸禮國君事大官各有人大夫雖得有家臣不得每事立官當使一官兼攝餘事今管仲家臣備職奢豪若此安得爲儉也然則管仲知禮乎者或人聞孔子言管仲不儉便謂爲得禮故又問曰然則管仲是知禮之人乎曰邦君樹塞門管氏亦樹塞門邦君爲兩君之好有反坫管氏亦有反坫者此孔子又爲或人說管仲不知禮之事也邦君諸侯也屏謂之樹人君別內外於門樹屏以蔽塞之大夫當以簾蔽其位耳今管仲亦如人君樹屏以塞門也反坫反爵之坫在兩楹之間人君與鄰國爲好會其獻酢之禮更酌酌畢則各反爵於坫上大夫則無之今管仲亦有反爵之坫僭濫如此是不知禮也管氏而知禮孰不知禮者孔子舉其僭禮於上而以此言非之孰誰也言若謂管氏而爲知禮更誰爲不知禮言唯管氏不知禮也。註包曰至爲儉。正義曰云婦人謂嫁曰歸者隱二年公羊傳文何休曰婦人生以父毋爲家嫁以夫爲家故謂嫁曰歸明有三歸之道也○註鄭曰至知禮○正義曰云反坫反爵之坫在兩楹之間者以鄉飲酒是鄉大夫之禮於房戸間燕禮是燕已之臣子故尊於東楹之西若兩君相敵則尊於兩楹間故其坫在兩楹間也云人君別內外於門樹屏以蔽之者釋宮云屏謂之樹郭璞曰小牆當門中郊特牲云臺門而旅樹鄭玄云此皆諸侯之禮也旅道也屏謂之樹樹所以蔽行道管氏樹塞門塞猶蔽也禮天子外屏諸侯內屏大夫以簾士以帷是也云若與鄰國爲好會其獻酢之禮更酌酌畢則各反爵於坫上者熊氏云主君獻賓賓筵前受爵飲畢反坫虛爵於坫上於西階上拜主人於阼階上荅拜賓於坫取爵洗爵酌以酢主人主人受爵飲畢反此虛爵於坫上主人阼階上拜賓荅拜是賓主飲畢反爵於坫上也而云酌畢各反爵於坫上者文不具耳其實當飲畢

子語魯大師樂曰樂其可知也始作翕如也大師樂官名五音始奏翕如盛從之純如也從讀曰縱言五音既發放縱盡其音聲純純和諧也皦如也言其音節明也繹如也以成縱之以純如皦如繹如言樂始作翕如而成於三

【疏】子語至以成○正義曰此章明樂子

師魯大師樂者大師樂官名猶周禮之大司樂也於時魯國禮樂崩壞故孔子以正樂之法語之使知也曰樂其可知也者言五音翕然盛也翕盛皃如皆語辭從之純如也者從讀曰縱謂放縱也純和也言五音既發放縱盡其音聲純純和諧也皦如也者皦明也言其音節分明也繹如也若言其音落繹然相續不絶也以成者言樂始作翕如又縱之以純如皦如繹如則正樂以之而成也

儀封人請見鄭曰儀蓋衞邑封人官名曰君子之至於斯也吾未嘗不得見也從者見之包曰從者弟子隨孔子行者通使得見出曰二三子何患於喪乎天下之無道也久矣孔曰語諸弟子言何患於夫子聖德之將喪亡耶天下之無道已久矣極衰必盛天將以夫子爲木鐸孔曰木鐸施政教時所振也言天將命孔子制作法度以號令於天下

疏儀封至木鐸。正義曰此章明夫子之德天將命之爲其定禮樂也儀封人請見衞國儀邑典封疆之人請告於孔子從者欲見孔子也曰君子之至於斯也吾未嘗不得見也者此所請辭也嘗曾也言往者有德之君子至於我斯

地也吾甞得見之未曽有不得見者也從者見之者從者謂
弟子隨孔子行者既見其請故爲之紹介通使得見也出曰
二三子何患於喪乎者儀封人請既見夫子出門乃語諸弟
子曰二三子何須憂患於夫子聖德之將喪亡乎天下之無
道也久矣者此封人又說孔子聖德不喪之由也言事不常
一盛必有衰衰極必盛今天下之衰亂無道亦已久矣言極
弱興衰屬在夫子天將以夫子爲木鐸者木鐸金鈴木舌施
政教時所振也言天將命孔子制作法度以號令於天下如
木鐸以振文教也○註鄭曰儀蓋至官名○正義曰云儀蓋
衞邑者以左傳衞侯入於夷儀疑與此是一故云蓋衞邑也
云封人官名者周禮封人掌爲畿封而樹之鄭玄云畿上有
封若今時界也天子封人職典封疆則知諸侯封人亦然也
左傳言潁谷封人祭仲足爲祭封人宋高哀爲蕭封人此云
儀封人皆以地名封人蓋職典封疆居在邊邑潁谷儀祭皆
是國之邊邑也○註包曰至得見○正義曰云通使得見者
見謂爲之紹介使之見也若左傳云乃見鱄設諸焉齊豹見
宗魯於公孟亦然○註孔曰至天下○正義曰云木鐸施政
教時所振也者禮有金鐸木鐸鐸是鈴也其體以金爲之明
舌有金木之異知木鐸是木舌也周禮教鼓人以金鐸通鼓
大司馬教振旅兩司馬執鐸明堂位云振木鐸於朝是武事

振金鐸，文事振木鐸。此云木鐸，施政教時所振者，所以振文教是也。

子謂韶盡美矣又盡善也。孔曰：韶，舜樂名，謂以聖德受禪，故盡善。謂武盡美矣未盡善也。孔曰：武，武王樂也。以征伐取天下，故未盡善。

疏子謂至善也。○正義曰：此章論韶武之樂。子謂韶盡美矣又盡善也者，韶，舜樂名。韶，紹也。德能紹堯，故樂名韶。言韶樂其聲及舞極盡其美，揖讓受禪，其聖德又盡善也。謂武盡美矣未盡善也者，武，周武王樂，以武得民心，故名樂曰武。言武樂音曲及舞容則盡極美矣，然以征伐取天下，不若揖讓而得，故其德未盡善也。○注孔曰至盡善。○正義曰：云韶舜樂名者，樂記云：韶，繼也。注云：韶，紹也。言舜之道德繼紹於堯也。元命包曰：舜之時，民樂紹堯業。其書益稷云：簫韶九成，鳳皇來儀。是韶為舜樂名也。云謂以聖德受禪故盡善者，書序云：昔在帝堯聰明文思，光宅天下，將遜于位，讓于虞舜。孔安國云：若使攝，遜禪之。禪即讓也。是以聖德受禪也。○注孔曰至未盡善。○正義曰：云武武王樂也者，禮器云：樂也者，樂其所自成。注云：作樂者緣民所樂於己之功。然則以武王用武除暴，為天下所樂，故謂其樂為武樂。武樂為一代大事，故歷代皆稱大也。云以征伐取天下故未盡善者，以臣伐君，雖曰應天順

人不君揖讓而受故未盡善也

子曰居上不寬爲禮不敬臨喪不哀吾何以觀之哉〔疏〕子曰居上不寬爲禮不敬臨喪不哀吾何以觀之哉○正義曰此章揔言禮意居上位者寬則得衆不寬則失於苛刻凡爲禮事在於莊敬不敬則失於傲惰親臨死喪當致其哀不哀則失於和易凡此三失皆非禮意人君若此不足可觀故曰吾何以觀之哉

論語註疏解經卷第三

論語註疏解經卷第四

里仁第四　何晏集解　邢昺疏

疏 正義曰此篇明仁仁者善行之大名也君子體仁必能行禮樂故以次前也

子曰里仁為美鄭曰里者仁之所居居於仁者之里是為美擇不處仁焉得知鄭曰求居而不處仁者之里不得為有知疏 子曰至得知○正義曰此章言居必擇仁也里仁為美者里居也仁者之所居處謂之里仁凡人之擇居居於仁者之里是為美也擇不處仁焉得知者焉猶安也擇求居處而不處仁者之里安得為有知也

子曰不仁者不可以久處約孔曰久困則為非不可以長處樂孔曰必驕佚仁者安仁包曰惟性仁者自然體之故謂安仁知者利仁王曰知仁為美故利而行之疏 子曰至利仁○正義曰此章明仁性也不仁者不可以久處約者言不仁之人不可令久長處貧約若久困則為非也不可以長處樂者言亦不可令久長處樂

於富貴逸樂若久長處樂則必驕佚仁者安仁者謂天性仁
者自然安而行之也知者利仁者知能照識前事知仁為美
故利而行之也○註包曰至安仁○正義曰此經仁者安仁
知者利仁與表記正同理亦不異云唯性仁者自然體之者
言天性仁者非關利害自然汎愛施生體包仁道易文言曰
君子體仁足以長人是也○註王曰至行之○正義曰云知
仁爲美故利而行之者言有知謀者貪利而行仁有利則行無利則止非本情也子曰唯仁者
能好人能惡人孔曰唯仁者能審人之所好惡【疏】子曰唯仁者能好人能惡人○正義
曰此章言唯有仁德者無私於物故能審人之好惡也子曰苟志於仁矣無惡
也孔曰苟誠也言誠能志於仁則其餘終無惡【疏】子曰苟志於仁矣無惡也○正義曰苟誠也此章言誠能
志在於仁則其餘行終無惡也子曰富與貴是人之所欲也不以
其道得之不處也孔曰不以其道得富貴則仁者不處貧與賤是人
之所惡也不以其道得之不去也時有否泰故君子履道而反貧賤此

則不以其道得之雖是人之所惡不可違而去之君子去仁惡乎成名孔曰惡乎成名者不得成名爲君子君子無終食之間違仁造次必於是顛沛必於是馬曰造次急遽顛沛偃仆雖急遽偃仆不違仁

疏子曰至於是○正義曰此章廣明仁行也富與貴是人之所欲也不以其道得之不處也者富者財多貴者位高此二者是人之所貪欲也若不以其道而得之雖是人之所欲而仁者不處也貧與賤是人之所惡也不以其道得之不去也者乏財曰貧無位曰賤此二者是人之所嫌惡也時有否泰故君子履道而反貧賤此則不以其道而得之雖是人之所惡而仁者不違而去之也君子去仁惡乎成名者惡乎猶於何也言人欲爲君子唯行仁道乃得君子之名若違去仁道則於何得成名爲君子乎言去仁則不得成名爲君子也君子無終食之間違仁者言仁不可斯須立身故君子無食頃違去仁道也造次必於是顛沛必於是者造次急遽也顛沛偃仆也言君子之人雖身有急遽偃仆之時而必守於是仁道而不違去也○注馬曰至違仁正義曰云造次急遽者造次猶言草次鄭玄云倉卒也皆迫促不暇之意故云急遽云顛沛偃仆者說文云偃僵也仆頓也則

偃是仰倒也仆是踣倒也雖遇此顛蹶之時亦不違仁也子曰我未見好仁者惡不仁者好仁者無以尚之孔曰難復加也惡不仁者其爲仁矣不使不仁者加乎其身孔曰言惡不仁者能使不仁者不加非義於己不如好仁者無以尚之爲優有能一日用其力於仁矣乎我未見力不足者孔曰言人無能一日用其力脩仁者耳我未見欲爲仁而力不足者蓋有之矣我未之見也孔曰謙不欲盡誣時人言不能爲仁故云爲能有爾我未之見也

疏子曰至見也○正義曰此章疾時無仁也我未見好仁者惡不仁者孔子言我未見性好仁者亦未見能疾惡不仁者也好仁者無以尚之者此覆說上好仁者也尚上也言性好仁者爲德之最上他行無以更上之言難復加也惡不仁者其爲仁矣不使不仁者加乎其身者此覆說上惡不仁者也言能疾惡不仁者亦得爲仁但其行少劣故曰其所爲仁矣唯能不使不仁者加乎非義於己身也不如好仁者無以尚之爲優也有能一日用其力於仁矣乎者言世不脩仁也故曰

[illegible]能一日之間用其力於仁道矣乎言人[illegible][illegible]猶仁者耳我未見力不足者言德輶如毛行仁甚易我[illegible]仁斯仁至矣何須用力故曰我未見欲為仁而力不足者也蓋有之矣我未之見也者此孔子謙不欲盡誣時人言不能為仁故曰蓋有能為之者矣但我未之見也

子曰人之過也各於其黨觀過斯知仁矣孔曰黨黨類小人不能為君子之行非小人之過當恕而勿責之觀過使賢愚各當其所則為仁矣

（疏）子曰至仁矣。正義曰此章言仁恕也人之過也各於其黨者黨黨類也言人之為過也君子小人各於其類也觀過斯知仁矣者言觀人之過使賢愚各當其所若小人不能為君子之行非小人之過當恕而勿責之斯知仁者之用必矣

子曰朝聞道夕死可矣言將至死不聞世之有道

（疏）子曰朝聞道夕死可矣正義曰此章疾世無道也設若早朝聞世有道暮夕而死可無恨矣言將至死不聞世之有道也

子曰士志於道而恥惡衣惡食者未足與議也

（疏）子曰至議也。正義曰此章言人當樂道固窮也士者人之有士行者也言士雖志在善道而衣服飲食好其

華美，耻其麄惡者，則是志道不篤，故未足與言議於道也。子曰：君子之於天下也，無適也，無莫也，義之與比。【疏】子曰至與比。正義曰：此章貴義也。適，厚也；莫，薄也；比，親也。言君子於天下之人，無擇於富厚與窮薄者，但有義者則與之相親也。子曰：君子懷德，孔曰：懷，安也。小人懷土；重遷。君子懷刑，孔曰：安於法。小人懷惠。包曰：惠，恩惠。【疏】子曰至懷惠。正義曰：此章言君子小人所安不同也。君子懷德，小人懷土者，懷，安也。君子執德不移，是安於德也；小人安安而不能遷者，難於遷徙，是安於土也。君子懷刑，小人懷惠者，刑，法制；惠，恩惠也。君子樂於法制齊民，是懷刑也；小人唯利是親，安於恩惠，是懷惠也。子曰：放於利而行，孔曰：放，依也。每事依利而行。多怨。孔曰：取怨之道。【疏】子曰放於利而行多怨。正義曰：此章惡利也。放，依也。言人每事依於財利而行，則是取怨之道也，故多爲人所怨恨也。子曰：能以禮讓爲國乎？何有？何有者，言不難。不能以禮讓爲國，如禮何？包曰：如禮何者，者不能用禮【疏】子曰至禮何。○正義曰此章言治國者必須禮讓也能以禮讓爲國乎者爲猶治也禮節民心讓則不爭言人君能以禮讓爲敎治其國乎云何有者謂以禮讓治國何有其難言不難也不能以禮讓爲國者言人君不能明禮讓以治民也如禮何者言有禮而不能用如此禮何子曰不患無位患所以立不患莫己知求爲可知也包曰求善道而學行之則人知己【疏】子曰至知也。○正義曰此章勸學也不患無位者言不憂無爵位也患所以立者言但憂其無立身之才學耳不患莫己知者言不憂無人見知於己也求爲可知也者言求善道而學行之使己才學有可知重則人知己也子曰參乎吾道一以貫之曾子曰唯孔曰直曉不問故答曰唯子出門人問曰何謂也曾子曰夫子之道忠恕而已矣【疏】子曰至已矣。○正義曰此章明忠恕也子曰參乎者呼曾子名欲語之也吾道一以貫之者貫統也孔子語曾子言我所行之道唯用一理以統天下萬事之理也曾子曰唯者曾子直曉其理更不須問故答曰唯子出者孔子出去

也門人問曰何謂也者門人曾子弟子也不曉夫子之言故
問於曾子也曾子曰夫子之道忠恕而已矣者荅門人也忠
謂盡中心也恕謂忖己度物也言夫子之道唯以忠
恕一理以統天下萬事之理更無他法故云而已矣 子曰
君子喻於義小人喻於利 孔曰喻猶曉也〔疏〕子曰君子喻於義小人喻
於利。正義曰此章明君子小人所曉不同也
喻曉也君子則曉於仁義小人則曉於財利 子曰見賢
思齊焉 包曰思與賢者等 見不賢而內自省也〔疏〕子曰至省也。
正義曰此章勉人爲高行也見彼賢則思與之
齊等見彼不賢則內自省察得無如彼人乎 子曰事父
母幾諫 包曰幾者微也當微諫納善言於父母 見志不從又敬不違勞
而不怨 包曰見志見父母志有不從己諫之色則又當恭敬不敢違父母意而遂己之諫〔疏〕子曰
至不怨。正義曰此并下四章皆明孝事父母幾諫者幾微
也父母有過當微納善言以諫於父母也且志不從又敬不
違者見父母志有不從己諫之色則又當恭敬不敢違父母
意而遂己之諫也勞而不怨者父母使己以勞辱之事己當

蟲为服其勤不得怨父母也

子曰父母在不遠遊遊必有方曰

方猶常也〔疏〕子曰父母在不遠遊遊必有方○正義曰方猶常也父母既存或時思欲見己故不遠遊遊必有常所欲使父母呼己得即知其處也設若告云詣甲則不得更詣乙恐父母呼己於甲處不見則使父母憂也

子曰三年無改於父之道可謂孝矣鄭曰孝子在喪哀戚思慕無所改於父之道非心所忍為〔疏〕子曰三年無改於父之道可謂孝矣○正義曰言孝子在父母喪三年之中哀戚思慕無所改為父之道非心所忍為故也此章與學而篇同當是重出學而篇是孔註此是鄭註本或二處皆有

子曰父母之年不可不知也一則以喜一則以懼孔曰見其壽考則喜見其衰老則懼〔疏〕子曰父母之年不可不知也一則以喜一則以懼○正義曰言孝子當知父母之年也其意有二一則以父母年多見其壽考則喜也一則以父母年老形必衰弱見其衰老則憂懼也

子曰古者言之不出恥躬之不逮也包曰古人之言不妄出口為身行之將不及

疏子曰古者言之不出恥躬之不逮也○正義曰此章明慎言 躬身也 逮及也 言古人之言不妄出口爲身行之將不及恥也

子曰以約失之者鮮矣 孔曰俱不得中奢則驕佚招禍儉約無憂患

疏子曰至鮮矣○正義曰此章貴儉鮮少也得中合禮爲事乃善若奢儉俱不得中奢則驕佚招禍儉約無憂患是以約儉失者少也

子曰君子欲訥於言而敏於行 包曰訥遲鈍也言欲遲而行欲疾

疏子曰君子欲訥於言而敏於行○正義曰此章慎言貴行也訥遲鈍也敏疾也言君子但欲遲鈍於言敏疾於行惡時人行不副言也

子曰德不孤必有鄰 方以類聚同志相求故必有鄰是以不孤

疏子曰德不孤必有鄰○正義曰此章勉人脩德也有德則人所慕仰己不孤特必有同志相求與之爲鄰也○註方以至不孤○正義曰云方以類聚者周易上繫辭文也方謂法術性行各以類相聚也云同志相求者周易乾卦文言也言志同者相求爲朋友也故必有鄰是以不孤者案坤卦文言曰君子敬以直內義以方外敬義立而德不孤言身有敬義以接於人則人亦敬義以應之是亦德不孤也

子游曰事君數

斯辱矣朋友數斯疏矣數謂速數之數〔疏〕子游曰事君數斯辱矣朋友數斯疏矣。正義曰此章明爲臣結交當以禮漸進也數謂速數數則瀆而不敬故事君數斯致罪辱矣朋友數斯見疏薄矣。註數謂速數之數。正義曰嫌讀爲上聲去聲故辨之

論語註疏解經卷第四

論語註疏解經卷第五

公冶長第五　何晏集解　邢昺疏

疏　正義曰此篇大指明賢人君子仁知剛直以前篇擇仁者之里而居故得學爲君子即下云魯無君子斯焉取斯是也故次里仁

子謂公冶長可妻也雖在縲絏之中非其罪也以其子妻之　孔曰冶長弟子魯人也姓公冶名長縲黑索絏攣也所以拘罪人　疏　子謂至妻之○正義曰此章明弟子公冶長之賢也子謂公冶長可妻也者納女於人曰妻孔子評論弟子公冶長德行純備可納女與之爲妻也雖在縲絏之中非其罪也者縲黑索絏攣也古獄以黑索拘攣罪人於時冶長以枉濫被繫故孔子論之曰雖在縲絏之中實非其冶長之罪也以其子妻之者論竟遂以其女子妻之也○註孔曰至罪人○正義曰云冶長弟子魯人也者案家語弟子篇云公冶長魯人字子長爲人能忍恥孔子以女妻之又案史記弟子傳云公冶長齊人而此

云魯人用家語爲說也張華云公冶長墓在陽城姑幕城東南五里所墓極高舊說冶長解禽語故繫之縲絏以其不經今不取也

子謂南容邦有道不廢邦無道免於刑戮以其兄之子妻之王曰南容弟子南宮縚魯人也字子容不廢言見用

疏子謂南容至妻之。正義曰此章孔子評論弟子南容之賢行也邦有道不廢邦無道免於刑戮者此南容之德也若遇邦國有道則常得見用在官不被廢棄若遇邦國無道則必危行言遜以脫免於刑罰戮辱也以其兄之子妻之者言德行如此故以其兄之女與之爲妻也。註王曰至見用。正義曰云南容弟子南宮縚魯人也字子容者此家語弟子篇文也案史記弟子傳云南宮括字子容鄭註檀弓云南宮縚孟僖子之子南宮閱以昭七年左氏傳云孟僖子將卒召其大夫云屬說與何忌於夫子以事仲尼以南宮爲氏故世本云仲孫貜生南宮縚是也然則名縚名括又名閱字子容氏南宮本孟氏之後也

子謂子賤孔曰子賤魯人弟子宓不齊君子哉若人魯無君子者斯焉取斯包曰若人者若此人也如魯無君子子賤安得此行而學行之

疏子謂

子賤至取斯○正義曰此章論子賤之德也君子哉若人魯無君子者斯焉取斯者此評論之辭也因美魯多君子故曰有君子之德哉若此人也魯國若更無君子者斯子賤安得取斯君子之德行而學行之乎明魯多君子故子賤得學為君子也○註孔曰至不齊○正義曰案家語弟子篇云宓不齊魯人字子賤少孔子四十九歲為單父宰有才知仁愛百姓不忍欺之故孔子大之也

子貢問曰賜也何如子曰女器也孔曰言女器用之人**曰何器也曰瑚璉也**包曰瑚璉黍稷之器夏曰瑚殷曰璉周曰簠簋宗廟之器貴者

【疏】子貢至瑚璉也○正義曰此章明弟子子貢之德也子貢曰賜也何如者子貢見夫子歷說諸弟子不及於己故問之曰賜也己自不知其行何如也子曰女器也夫子答之言女器用之人也曰何器也者子貢雖得夫子言己為器用之人但器有善惡猶未知己器云何故復問之也曰瑚璉也者此夫子又為指其定分瑚璉黍稷之器宗廟之器貴者也言女是貴器也○註包曰至貴者○正義曰云瑚璉黍稷之器夏曰瑚殷曰璉周曰簠簋者案明堂位說四代之器云有虞氏之兩敦夏后氏之四璉殷之六瑚周之八簋註云皆黍稷器制之異同未聞鄭註周禮舍人云方

曰簠圓曰簋如記文則夏器名璉殷器名瑚而包咸鄭玄等
說此論語賈服杜等註左傳皆云夏曰瑚或引有所據或相
從而誤也或曰雍也仁而不佞馬曰雍弟子仲弓名姓冉子曰焉用佞
禦人以口給屢憎於人不知其仁焉用佞孔曰屢數也佞
人口辭捷給數為人所憎惡【疏】或曰至用佞○正義曰此章明口不須佞也或曰雍也仁而不佞者佞口才也
或有一人言於夫子曰弟子冉雍雖身有仁德而口無才辯
或人嫌其德未備也子曰焉用佞者夫子語或人言仁人安
用其佞也語人以口給屢憎於人者夫子更為或人說佞人
之短屢數也言佞人禦當於人以口才捷給屢致憎惡於人
謂數為人所憎惡也不知其仁焉用佞者言佞人既數為人
所憎惡則不知有其仁德之人復安用其佞耶○註馬曰雍
弟子仲弓名姓冉○正義曰案史記弟子傳冉雍字仲弓鄭
玄曰魯人也○注孔曰至憎惡○正義曰屢數也者釋言云
屢亟也郭璞云亟亦數也云佞人口辭捷給數謂人所憎惡
者案左傳云寡人不佞服虔云佞才也不才者自謙之辭也
而此云焉用佞禦人以口給屢憎於人則佞非善事而以不
佞為嫌者佞是口才捷利之名本非善惡之稱但為佞有善

惡耳爲善捷敏是善佞祝鮀是也爲惡捷敏是惡佞即遠佞
人是也但君子欲訥於言而敏於行言之雖多情或不信故
云焉用佞耳
子使漆彫開仕對曰吾斯之未能信孔曰開弟子漆
彫姓開名仕進之道未能信者未能究習子說鄭曰善其志道深
疏子使至子說○正義曰此章明
弟子漆彫開之行子使漆彫開仕者弟子姓漆彫名開孔子
使之仕進也對曰吾斯之未能信者開意志於學道不欲仕
進故對曰吾於斯仕進之道未能信言未能究習也子說者
孔子見其不汲汲於榮祿知其志道深故喜說也○註孔
曰至究習○正義曰案史記弟子傳漆彫開字子開鄭玄曰魯人也
子曰道不行乘桴浮
于海從我者其由與馬曰桴編竹木大者曰栰小者曰桴子路聞之喜
孔曰喜與己俱行
子曰由也好勇過我無所取材鄭曰子路信夫子欲
行故言好勇過我無所取材者無所取於桴材以子路不解
微言故戲之耳一曰子路聞孔子欲浮海便喜不復顧望故
孔子歎其勇曰過我無所取哉言唯取於己古字材哉同
疏子曰至取材○正義曰此章仲尼患中國不能行己

之道也道不行乘桴浮于海者桴竹木所編小桴也言我之善道中國既不能行即欲乘其桴桴浮渡于海而居九夷庶幾能行已道也從我者其由與者由子路名以子路果敢有勇故孔子欲令從已意未决定故云與以疑之子路聞之喜者喜夫子欲與已俱行也子曰由也好勇過我無所取材者孔子以子路不解微言故以此戲之耳其說有二一鄭以為材桴材也子路信夫子欲行故言好勇過我無所取材者無所取於桴材也示子路令知已但歎世無道耳非實即欲浮海也一曰材讀曰哉子路聞孔子欲浮海便喜不復顧望孔子之微意故孔子歎其勇曰過我無所取哉者言唯取於已無所取於他人哉○註馬曰至曰桴○正義曰云桴編竹木大者曰栰小者曰桴者爾雅云舫泭也郭璞云水中簰筏孫炎云舫水中為泭筏也方言云泭謂之簰簰謂之筏筏秦晉之通語也方舫泭浮音義同也孟武伯問

子路仁乎子曰不知也孔曰仁道至大不可全名也又問子曰

由也千乘之國可使治其賦也孔曰賦兵賦不知其

仁也求也何如子曰求也千室之邑百乘之家

可使爲之宰也孔曰千室之邑卿大夫之邑卿大夫稱家諸侯千乘大夫百乘宰家臣不知其仁也赤也何如子曰赤也束帶立於朝可使與賓客言也馬曰赤弟子公西華有容儀可使爲行人不知其仁也

疏孟武至仁也○正義曰此章明仁之難也孟武伯問子路仁乎子曰不知也者魯大夫孟武伯問於夫子曰弟子子路有仁德否乎夫子以爲仁道至大不可全名故答曰不知也又問者武伯意其子路有仁故夫子雖荅以不知又復問之也子曰由也千乘之國可使治其賦也不知其仁也者此夫子更爲武伯說子路之能言由也有勇千乘之大國可使治其兵賦也不知其仁也言仁道則不全也求也何如者此句又武伯問辭言弟子冉求仁道何如子曰求也千室之邑百乘之家可使爲之宰也不知其仁也者此孔子人荅武伯以冉求之能也言求也若卿大夫千室之邑百乘卿大夫之家可使爲之邑宰也仁則不知也赤也何如者此句又武伯問辭言弟子公西赤仁道何如子曰赤也束帶立於朝可使與賓客言也不知其仁也者此孔子又荅以公西赤之才也言赤也有容儀可使爲行人之官盛服束帶立於朝廷

可使與鄰國之大賓小客言語應對也仁則不知。註孔曰賦兵賦。正義曰案隱四年左傳云敝邑以賦與陳蔡從服虔云賦兵也以田賦出兵故謂之兵賦正謂以兵從也其賦法依周禮九夫爲井四井爲邑四邑爲丘丘十六井出戎馬一匹牛三頭四丘爲甸甸六十四井出長轂一乘戎馬四匹牛十二頭甲士三人步卒七十二人是也。註孔曰至家臣。正義曰云千室之邑卿大夫之邑者大宰云百乘之家不畜聚斂之臣鄭註云百乘之家有采地者也又鄭註云采地一同之廣輪也然則此云千室之邑百乘之家者謂卿大夫采邑地有一同民有千家者也左傳曰唯卿備百邑司馬法成方十里出革車一乘故知百乘之家地一同也。註馬曰至行人。正義曰云赤弟子公西華者案史記弟子傳云公西赤字子華鄭玄曰魯人少孔子四十二歲云有容儀可使爲行人者按周禮有大行人小行人之職掌賓客之禮儀及朝覲聘問之事言公西華任此官也

子謂子貢曰女與回也孰愈孔曰愈猶勝也對曰賜也何敢望回回也聞一以知十賜也聞一以知二子曰弗如也吾與女弗如也包曰既然

子貢不如復云吾與女俱不如者蓋欲以慰子貢也疏子謂至如也○正義曰此章美顔回之德子謂子貢曰女與回也孰愈者愈猶勝也孔子乘間問弟子子貢曰女之才能與顔回誰勝對曰賜也何敢望回者望謂比視子貢稱名言賜也才劣何敢比視顔回也回也聞一以知十賜也聞一以知二者子貢更言不敢望回之事假設數名以明優劣一者數之始十者數之終顔回亞聖故聞始知終子貢識淺故聞一纔知二以明已與回十分及二是其懸殊也子曰弗如也吾與女弗如也者夫子見子貢之荅識有懸殊故云不如也弗者不之深也既然荅子貢不如又恐子貢慚愧故復云吾與女俱不如欲以安慰子貢之心使無慚也

宰予晝寢孔曰宰予弟子宰我子曰朽木不可雕也包曰朽腐也雕雕琢刻畫糞土之牆不可杇也王曰杇鏝也此二者以喻雖施功猶不成於予與何誅孔曰誅責也今我當何責於女乎深責之子曰始吾於人也聽其言而信其行今吾於人也聽其言而觀其行於予與改是孔曰改是聽言信行更察言觀行發於宰

我之晝寢疏宰予至改是。○正義曰此章勉人學也宰予晝寢者弟子宰我晝日寢寐也子曰朽木不可彫也糞土之牆不可杇也者此孔子責宰我之辭也朽腐也彫彫琢刻畫也杇鏝也言腐爛之木不可彫琢刻畫以成器物糞土之牆易為垝壞不可杇鏝塗塓以成華美此二者以喻人之學道當輕尺璧而重寸陰今乃廢惰晝寢雖欲施功教之亦終無成也於予與何誅者誅責也[illegible]於宰予何足責乎謂不足可責乃是責之深也然宰我處四科而孔子深責者託之以設教甲宰我非實惰學之人也子曰始吾於人也聽其言而信其行今吾於人也聽其言而觀其行於予與改是者此亦許辭以宰予嘗謂夫子言已勤學今乃晝寢是言與行違故孔子責之曰始前吾於人也聽其所言即信其行以為人皆言行相副今後吾於人也雖聽其言更觀其行待其相副然後信之因發於宰予晝寢言行相違改是聽言信行更察言觀行也。○註包曰宰予弟子宰我。○正義曰案史記弟子傳云宰予字子我鄭玄曰魯人也。○註王曰杇鏝也○正義曰釋宮云鏝謂之杇郭璞云泥塗也李巡曰塗一名杇塗土之作具也然則杇是塗之所用因謂泥塗為杇

子曰吾未見剛者或對曰申棖包曰申棖魯人子曰棖也慾

焉得剛孔曰慾多情慾（疏）子曰至得剛○正義曰此章明剛子曰吾未見剛者剛謂質直而理者也夫子以時皆柔佞故云吾未見剛者或對曰申棖者或人聞夫子之言乃對曰申棖性剛子曰棖也慾焉得剛者夫子謂或人言剛者質直寡欲今棖也多情慾情慾既多或私佞媚安得剛乎○註包曰申棖魯人○正義曰鄭云蓋孔子弟子申續史記云申棠字周家語云申續字周

子貢曰我不欲人之加諸我也吾亦欲無加諸人馬曰加陵也子曰賜也非爾所及也孔曰言不能止人使不加非義於己（疏）子貢至及也○正義曰此章明子貢之志子貢曰我不欲人之加諸我也吾亦欲無加諸人者加陵也諸於也子貢言我不欲他人以非義加陵於己吾亦欲無以非義加陵於人也子曰賜也非尒所及也者尒女也夫子言使人不加非義於己亦爲难事故曰賜也此事非女所能及言不能止人使不加非義於己也

子貢曰夫子之文章可得而聞也章明也文彩形質著見可以耳目循夫子之言性與天道不可得而聞也性者人之

所受以生也天道者元亨日新〔疏〕子貢至聞也○正義曰
之道深微故不可得而聞也 此章言夫子之道深微
難知也子貢曰夫子之文章可得而聞也者章明也子貢言
夫子之述作威儀礼法有文彩形質著明可以耳听目視依
循學習故可得而聞也夫子之言性與天道不可得而聞也
者天之所命人所受以生是性也自然化育元亨日新是天
道也与及也子貢言夫子言天命之性及元亨日新之道
其理深微故不可得而聞也○注性者至聞也○正義曰云
性者人之所受以生也者中庸云天命之謂性注云天命謂
天所命生人者也是謂性命木神則仁金神則義火神則礼
水神則信土神則知孝經說曰性者生之質命人所稟受度
也言人感自然而生有賢愚吉凶或仁或義若天之付命遣
使之然其實自然天性故云性者人之所受以生也云天道
者元亨日新之道者案易乾卦云乾元亨利貞文言曰元者
善之長也亨者加之會也利者義之和也貞者事之幹也謂
天之体性生養万物善之大者莫善施生元爲施生之宗故
言元者善之長也加美也言天能通暢万物使物加美而會
聚故云加之會也利者義之和也者言天能利益庶物使物
各得其宜而和同也貞者事之幹也者言天能以中正之氣成
就万物使物皆得幹濟此明天之德也天本無心豈造元亨

利貞之德也天本無心豈造元亨利貞之名也但聖人以人事託之謂此自然之功為天之四德也此但言元亨者略言之也天之為道生生相續新新不停故曰日新也以其自然而然故謂之道云深微故不可得而聞也者言人稟自然之性及天之自然之道皆不知所以然而然是其理深微故不可得而聞也

子路有聞未之能行唯恐有聞孔曰前所聞未及行故恐後有聞不得並行也

疏子路有聞未之能行唯恐有聞○正義曰此章言子路之志也子路於夫子之道前有所聞未能及行唯恐後有聞不得並行也

子貢問曰孔文子何以謂之文也孔曰孔文子衛大夫孔圉文謚也

子曰敏而好學不恥下問是以謂之文也孔曰敏者識之疾也下問謂凡在己下者

疏子貢至文也○正義曰此章言文為美謚也子貢問曰孔文子何以謂之文也者言文是謚之美者故問衛大夫孔圉有何善行而得謂之文也子曰敏而好學不恥下問是以謂之文也者此夫子為子貢說文子之美行也敏者疾也下問問凡在己下者言文子知識敏疾而又好學有所未辦不羞恥於問己下之人有此美行是

以謚謂之文也○註孔曰至謚也○正義曰云孔文子衛大夫孔圉者左傳文也云文謚也者案謚法云勤學好問曰文

子謂子產有君子之道四焉孔曰子產鄭大夫公孫僑其行己也恭其事上也敬其養民也惠其使民也義【疏】子謂至也義○正義曰此章美子產之德子謂子產有君子之道四焉者孔子評論鄭大夫子產事上使下有君子之道四焉下文是也其行己也恭者一也言己之所行常能恭順不違忤於物也其事上也敬者二也言承事在己上之人及君親則忠心復加謹敬也其養民也惠者三也言愛養於民振乏賙無以恩惠也其使民也義者四也義宜也言役使下民皆於禮法得宜不妨農也○註孔曰至孫僑○正義曰案左傳子產穆公之孫公子發之子名僑公子之子稱公孫襄三十年執鄭國之政故云鄭大夫公孫僑也公子發字子國公孫之子以王父字為氏據後而言故後或謂之國僑

子曰晏平仲善與人交久而敬之周曰齊大夫晏姓平謚名嬰【疏】子曰晏平仲善與人交久而敬之○正義曰此章言齊大夫晏平仲之德凡人輕交易絕平仲則久而愈敬所以為善也

註周曰至名嬰〇正義曰云齊大夫晏姓平謚名嬰者案左傳文知之是晏桓子之子也謚法治而清省曰平

子曰臧文仲居蔡包曰臧文仲魯大夫臧孫辰文謚也蔡國君之守龜出蔡地因以為名焉長尺有二寸居蔡僭也山節藻棁包曰節者栭也刻鏤為山棁者梁上楹畫為藻文言其奢侈何如其知也孔曰非時人謂之為知

疏子曰至知也〇正義曰此章明臧文仲不知也子曰臧文仲居蔡者蔡國君之守龜名也而魯大夫臧文仲居守之言其僭也山節者節栭也刻鏤為山形故云山節也藻棁者藻水草有文者也棁梁上短柱也畫為藻文故云藻棁此言其奢侈也何如其知也者言僭奢若此是不知也所以非時人謂之為知〇註包曰至僭也〇正義曰云臧文仲魯大夫臧孫辰者案世本孝公生僖伯彄彄生哀伯達達生伯氏缾缾生文仲辰則辰是公子彄曾孫也彄字子臧公孫之子以王父字為氏故謚曰臧也云文謚也者謚法云道德博厚曰文云蔡國君之守龜出蔡地因以為名焉長尺有二寸居蔡僭也者漢書食貨志云元龜為蔡家語稱漆彫平對孔子云臧氏有守龜其名曰蔡文仲三年而為一兆武仲三年而為二兆是大蔡為大龜蔡是龜之名耳鄭玄包咸皆云出蔡地因

以為名朱知孰是食貨志云龜不盈尺不得為寶故知此龜長尺二寸此國君之守龜臧氏為大夫而居之故云僭也○註包曰至奢侈○正義曰云節者栭也者釋宮文云刻鏤為山棁者梁上楹畫為藻文者釋宮云杗廇謂之梁其上楹謂之棁栭謂之楶郭璞曰櫨侏儒柱也楶即櫨也此言山節者謂刻鏤柱頭為斗栱形如山也藻棁者謂畫梁上短柱為藻文也此是天子廟飾而文仲僭為之故言其奢侈文二年左傳仲尼謂之作虛器言有其器而無其位故曰虛也

子張問曰令尹子文孔曰令尹子文楚大夫姓鬬名穀字於菟三仕為令尹無喜色三已之無慍色舊令尹之政必以告新令尹何如子曰忠矣曰仁矣乎曰未知焉得仁但聞其忠事未知其仁也崔子弒齊君陳文子有馬十乘棄而違之孔曰皆齊大夫崔杼作亂陳文子惡之捐其四十匹馬違而去之至於他邦則曰猶吾大夫崔子也違之之一邦則又曰猶吾

大夫崔子也違之何如子曰清矣曰仁矣乎曰未知焉得仁孔曰文子辟惡逆去無道求有道當春秋時臣陵其君皆如崔子無有可止者

疏子張至得仁○正義曰此章明仁之難成也子張問曰令尹子文三仕爲令尹無喜色三已之無慍色舊令尹之政必以告新令尹何如者弟子子張問於孔子曰楚大夫令尹子文三被任用仕爲令尹之官而無喜見於顔色三被已退無慍慍之色舊令尹之政令規矩必以告新令尹慮其未曉也子文有此美行子張疑可謂仁故問曰何如子曰忠矣者孔子答之爲行如此是忠臣也曰仁矣乎者子張復問子文此德可謂仁矣乎曰未知焉得仁者孔子答言如其所説但聞其忠事未知其仁也崔子弒齊君陳文子有馬十乘棄而違之至於他邦則曰猶吾大夫崔子也違之之一邦則又曰猶吾大夫崔子也違之何如者此子張又舉齊大夫陳文子之行而問孔子也崔子崔杼也爲齊大夫作亂弒其君光陳文子惡之故家雖富有馬十乘謂四十匹也而輕捐棄違去之至於他國亦遇其亂陳文子則曰猶吾齊大夫崔子也而違去之復往一他邦則又曰猶吾齊大夫崔子也而違去之爲行若此其人何如子曰清矣者孔子答言文子辟惡逆去無道

求有道當春秋時臣陵其君皆如崔子無可止者可謂清絜矣曰仁矣乎者子張意其爲仁故復問之曰可以爲仁矣乎曰未知焉得仁者孔子荅言據其所聞但是清耳未知他行安得仁乎○註孔曰至於莬○正義曰案宣四年左傳云初若敖娶於䢵生鬭伯比若敖卒從其母畜於䢵淫於䢵子之女生子文焉䢵夫人使棄諸夢中虎乳之䢵子田見之懼而歸夫人以告遂使收之楚人謂乳穀謂虎於菟故命之曰鬭穀於菟實爲令尹子文是也令尹宰也周禮六卿太宰爲長遂以宰爲上卿之號楚臣令尹爲長從他國之言或亦謂之宰宣十二年左傳云蔿敖爲宰是也令善也尹正也言用善人正此官也楚官多以尹爲名皆取其正直也○註孔曰至去之○正義曰云皆齊大夫者並見春秋故知之云崔杼作亂者左襄二十五年云四十四馬者古以四馬共駕一車因謂四匹爲乘經言十乘故知四十匹也

季文子三思而後行子聞之曰再斯可矣鄭曰季文子魯大夫季孫行父文謚也文子忠而有賢行其舉事寡過不必乃三思

【疏】季文子三思而後行子聞之曰再斯可矣○正義曰此章美魯大夫季文子之德文子忠而有賢行其舉事皆三思之然後乃行常寡過咎孔子聞之曰不必乃三思但再思之斯

亦可矣○註鄭曰至三思○正義曰案春秋文六年經書秋
季孫行父如晉左傳曰季文子將聘於晉使求遭喪之禮以
行其人曰將焉用之文子曰備豫不虞古之善教也求而無
之實難過求何害杜預云所謂文子三思故知文子魯大夫
季孫行父也謚法云道德博厚曰文 子曰甯武子馬曰衛大夫甯俞武謚也邦有道
則知邦無道則愚其知可及也其愚不可及也
孔曰佯愚似實故曰不可及也 疏 子曰至及也○正義曰此章美衛大夫甯武子之德也邦有道則知邦無道則
愚者此其德也若遇邦國有道則顯其知謀若遇無道則韜
藏其知而佯愚其知可及也其愚不可及也者言有道則知
人或可及佯愚似實不可及也○註馬曰衛大夫甯俞武謚
也○正義曰案春秋文四年衛侯使甯俞來聘左傳曰衛甯
武子來聘公與之宴為賦湛露及彤弓不辭又不荅賦使行
人私焉對曰臣以為肄業及之也杜元凱註云此其愚不可
及也是甯武子即甯俞也謚法云剛彊直理曰武 子在陳曰歸與歸與吾黨
之小子狂簡斐然成章不知所以裁之孔曰簡大也亂

子在陳思歸欲去故曰吾黨之小子狂簡者進取於大道妄作穿鑿以成文章不知所以裁制我當歸以裁之耳遂歸

【疏】子在陳曰歸與歸與吾黨之小子狂簡斐然成章不知所以裁之○正義曰此章孔子在陳既久言其欲歸之意也與語辭再言歸與者思歸之深也狂者進取也簡大也斐然文章貌言我所以歸者以吾鄉黨之中末學之小子等進取大道妄作穿鑿斐然而成文章不知所以裁制故我當歸以裁之耳遂歸也不即歸而言此者恐人恠已故託此爲辭耳

子曰伯夷叔齊不念舊惡怨是用希孔曰伯夷叔齊孤竹君之二子孤竹國名

【疏】子曰伯夷叔齊不念舊惡怨是用希○正義曰此章美伯夷叔齊二人之行不念舊時之惡而欲報復故希爲人所怨恨也○註伯夷叔齊孤竹君之二子孤竹國名○正義曰案春秋少陽篇伯夷姓墨名允字公信伯長也夷謚叔齊名智字公達伯夷之弟齊亦謚也太史公曰伯夷叔齊孤竹君之二子也父欲立叔齊及父卒叔齊讓伯夷伯夷曰父命也遂逃去叔齊亦不肯立而逃之國人立其中子於是伯夷叔齊聞西伯昌善養老盍往歸焉及至西伯卒武王載木主號爲文王東伐紂伯夷叔齊叩馬而諫曰父死不葬爰及干戈可謂孝乎以臣弒君可謂仁乎左

右欲兵之太公曰此義人也扶而去之武王已平殷亂天下宗周而伯夷叔齊恥之義不食周粟隱於首陽山采薇而食之及餓且死者是也孤竹北方之遠國名地理志遼西令支有孤竹城應劭曰故伯夷國　子曰孰謂微生高直　孔曰微生姓名高魯人也　或乞醯焉乞諸其鄰而與之　孔曰乞之四鄰以應求者用意委曲非為直人　疏　子曰至與之正義曰此章明直者不應委曲也孰謂微生高直者孰誰也孔子曰誰言魯人微生高性行正直或乞醯焉乞諸其鄰而與之者此孔子言其不直之事醯醋也諸之也或有一人就微生高乞醯時自無之即可荅云無高乃乞之其四鄰以應求者用意委曲非為直人也　子曰巧言令色足恭　孔曰足恭便僻貌　左丘明恥之丘亦恥之　孔曰左丘明魯太史　匿怨而友其人　孔曰心內相怨而外詐親　左丘明恥之丘亦恥之　疏　子曰至恥之○正義曰此章言魯太史左丘明與聖同恥之事巧言令色足恭者孔以為巧好言語令善顏色便僻其足以為恭謂前卻俯仰以足為恭也一曰足將樹切足成也謂巧言令色以成其恭取

媚於人也左丘明恥之丘亦恥之者左丘明魯太史受春秋經於仲尼者也恥此諸事不為適合孔子之意故云丘亦恥之匿怨而友其人者友親也匿隱也言心内隱其相怨而外貌詐相親友也左丘明恥之丘亦恥之者亦俱恥而不為也○註孔曰足恭便僻貌○正義曰此讀足如字便僻謂便習盤辟其足以為恭也○註左丘明魯太史○正義曰漢書藝文志文者也

顏淵季路侍子曰盍各言爾志子路曰願車馬衣輕裘與朋友共敝之而無憾孔曰憾恨也顏淵曰願無伐善孔曰不自稱己之善無施勞孔曰不以勞事置施於人子路曰願聞子之志子曰老者安之朋友信之少者懷之孔曰懷歸也

【疏】顏淵至懷之○正義曰此章仲尼顏淵季路各言其志也顏淵季路侍者二弟子侍孔子也卑在尊旁曰侍子曰盍各言爾志者爾女也盍何不也夫子謂二弟子曰何不各言女心中之所志也子路曰願車馬衣輕裘與朋友共敝之而無憾者憾恨也衣裘以輕者為美言願以己之車馬衣裘與朋友共乘服而敝

敝之而無憾也此重義輕財之志也顏淵曰願無伐善無施勞者誇功曰伐言願不自稱伐己之善不置施勞役之事於人也此仁人之志也子路曰願聞子之志者二子各言其志畢子路復問夫子曰願聞子之志古者稱師曰子子曰老者安之朋友信之少者懷之者此夫子之志也懷歸也言己願老者安己事之以孝敬也朋友信己待之以不欺也少者歸己施之以恩惠也

子曰已矣乎吾未見能見其過而內自訟者也包曰訟猶責也言人有過莫能自責【疏】子曰已矣乎吾未見能見其過而內自訟者也○正義曰此章疾時人有過莫能自責也訟猶責也已終也吾未見有人能自見其過而內自責者也言將終不復見故云已矣乎

子曰十室之邑必有忠信如丘者焉不如丘之好學也【疏】子曰十室之邑必有忠信如丘者焉不如丘之好學也○正義曰此章夫子言己勤學也十室之邑邑之小者也其邑雖小亦不誣之必有忠信如我者焉但不如我之好學不厭也衛瓘讀焉於處切爲下句首焉猶安也言十室之邑雖小必有忠信如我者也安不如我之好學也言亦不如我之好學也義並得通故且存焉

論語註疏解經卷第五

論語註疏解經卷第六

雍也第六　何晏集解　邢昺疏

疏 正義曰此篇亦論賢人君子及仁知中庸之德大抵與前相類故以次之

子曰雍也可使南面包曰可使南面者言任諸侯治疏子曰雍也可使南面○正義曰此章稱弟子冉雍之德行南面謂諸侯也言冉雍有德行堪任為諸侯治理一國者也仲弓問子桑伯子王曰伯子書傳無見焉子曰可也簡孔曰以其能簡故曰可也仲弓曰居敬而行簡以臨其民不亦可乎孔曰居身敬肅臨下寬略則可居簡而行簡無乃太簡乎包曰伯子之簡太簡子曰雍之言然

疏 仲弓至言然○正義曰此章明行簡之法仲弓問子桑伯子者仲弓冉雍字也問子桑伯子其人德行何如子曰可也簡者孔子為仲弓述子桑伯子之德行也簡畧也言其人可也以其行能寬略故也仲弓曰居敬而行

簡以臨其民不亦可乎者仲弓因辨簡之可否言若居身敬肅而行寬略以臨其下民不亦可乎言其可也居簡而行簡無乃太簡乎者言居身寬略而行又寬略乃大簡也則子桑伯子之簡是太簡也子曰雍之言然者然猶是也夫子許仲弓之言是故曰然○註王曰伯子書傳無見焉○正義曰書傳無見不知何人也子桑伯子當是一人故此註及下包氏皆惟言伯子而已鄭以左傳秦有公孫枝字子桑則以此為秦大夫恐非哀公問弟子孰為好學孔子對曰有顏回者好學不遷怒不貳過不幸短命死矣今也則亡未聞好學者也凡人任情喜怒違理顏回任道怒不過分遷者移也怒當其理不移易也不貳過者有不善未嘗復行【疏】哀公至者也正義曰此章稱顏回之德哀公問弟子孰為好學者魯君哀公問於孔子曰弟子之中誰為好樂於學者孔子對曰有顏回者好學不幸短命死矣今也則亡未聞好學者也者孔子對哀公曰有弟子顏回者其人好學遷移也凡人任情喜怒違理顏回任道怒不過分而當其理不移易不遷怒也人皆有過憚改顏回有不善未嘗不知知之未嘗復行不貳過也

[illegible]幸應失而得曰幸應得而失曰不幸惡人橫夭則惟其常顏回以德行著名應得壽考而反二十九髮盡白三十二而卒故曰不幸短命死矣亡無也言今則無好學者矣未聞更有好學者也○註凡人至復行○正義曰云凡人任情喜怒違理者言凡常之人信任邪情恣其喜怒違於分理也云顏回任道怒不過分者言顏回好學既深信用至道故怒不過其分理也云有不善未嘗復行者周易下繫辭文彼云子曰顏氏之子其殆庶幾乎有不善未嘗不知知之未嘗復行也韓康伯註云在理則昧造形而悟顏子之分也失之於幾故有不善得之於貳不遠而復故知之未嘗復行也引之以證不貳過也此稱其好學而言不遷怒貳過者以不遷怒貳過由於學問既篤任道而行故舉以言焉以明好學之深也或曰以哀公遷怒貳過而孔子因以諷諫

子華使於齊冉子為其母請粟子曰與之釜馬曰包華弟子公西華赤之字六斗四升曰釜請益曰與之庾包曰十六斗曰庾冉子與之粟五秉馬曰子六斛曰秉五秉合為八十斛子曰赤之適齊也乘肥馬衣輕裘吾聞之也君子周

急不繼富鄭曰非冉有與之大多疏子華至繼富○正義曰此章論君子當賑窮周急子華使於齊者弟子公西赤字子華時仕魯為魯使適於齊也冉子為其母請粟者冉子即冉有也為其子華之母請粟於夫子言其子出使而家貧也子曰與之釜者夫子令與粟六斗四升也請益者冉有嫌其粟少故更請益之曰與之庾者夫子令益與十六斗也冉子與之粟五秉者冉有終以為少故自與粟八十斛也子曰赤之適齊也乘肥馬衣輕裘吾聞之也君子周急不繼富者此孔子非冉有與之大多也亦子華名適往也言子華使往齊國乘駕肥馬衣著輕裘則是富也富則毋不闕粟吾嘗聞之君子當周救人之窮急不繼續於富有今子華家富而多與之粟則是繼富故非之也○註馬曰至曰釜○正義曰史記弟子傳云公西赤字子華鄭玄曰魯人少孔子四十二歲云六斗四升曰釜者昭三年左傳晏子曰齊舊四量豆區釜鍾四升為豆各自其四以登于釜杜註云四豆為區區斗六升四區為釜釜六斗四升是也○註包曰十六斗曰庾馬曰十六斛曰秉○正義曰案聘禮記云十斗曰斛十六斗曰籔十籔曰秉鄭註云秉十六斛今江淮之間量名以為籔者今文籔為逾是庾逾籔其數同故知然也原思為之宰包曰弟子原憲

思字也孔子為魯司寇以原憲為家邑宰與之粟九百辭孔曰九百九百斗辭辭讓不受子曰毋孔曰祿法所得當受無讓以與爾鄰里鄉黨乎鄭曰五家為鄰五鄰為里萬二千五百家為鄉五百家為黨

【疏】原思至黨乎○正義曰此章明為受祿之法原思弟子原憲也孔子為魯司寇以原憲為家邑宰也與之粟九百辭者孔子與之粟九百斗原思辭讓不受子曰毋者毋禁辭也孔子禁止其讓言祿法所得當受無讓也以與爾鄰里鄉黨乎者言於己有餘可分與爾鄰里鄉黨之人亦不可辭也○註包曰至邑宰○正義曰史記弟子傳曰原憲字子思鄭玄曰魯人云孔子為司寇以原憲為家邑宰者世家云孔子為中都宰為司空由司空為司寇魯司寇大夫也必有采邑大夫稱家故以原憲為家采邑之宰也○註鄭曰至為黨正義曰云五家為鄰五鄰為里者地官遂人職文案大司徒職云五家為比五比為閭四閭為族五族為黨五黨為州五州為鄉故知萬二千五百家為鄉五百家為黨也

子謂仲弓曰犂牛之子騂且角雖欲勿用山川其舍諸犂雜文騂赤也角者角周正中犧牲雖欲以其所生犂而不用山川

寧肯舍之乎言父雖不善不害於子之美【疏】子謂至舍諸○正義曰此章復謂冉雍之德也子謂仲弓曰犂牛之子騂且角雖欲勿用山川其舍諸者雜文曰犂騂純赤色也角者角周正也舍棄也諸之也仲弓父賤人而行不善故孔子稱謂仲弓曰譬若雜文之犂牛生純赤且角周正之子中祭祀之犧雖欲以其所生犂而不用山川寧肯舍之乎言仲弓父雖不善不害於子之美也

子曰回也其心三月不違仁其餘則日月至焉而已矣餘人暫有至仁特唯回移時而不變【疏】子曰回也其心三月不違仁其餘則日月至焉而已矣○正義曰此章稱顏回之仁三月為一特天氣一變人心行善亦多隨特移變唯回也其心雖經一特復一特而不變移違其仁道也其餘則暫有至仁時或一日或一月而已矣

季康子問仲由可使從政也與子曰由也果包曰果謂果敢決斷於從政乎何有曰賜也可使從政也與曰賜也達孔曰達謂通於物理於從政乎何有曰求也可使從政

也與曰求也藝孔曰藝謂多才藝於從政乎何有【疏】季康至何有○正義曰此章明子路子貢冉有之才也季康子問仲由可使從政也與者康子魯卿季孫肥也問於孔子曰仲由之才可使從一官而為政治也歟子曰由也果於從政乎何有者果謂果敢決斷何有言不難也孔子言仲由之才果敢決斷其於從政何有難乎言仲由可使從政也曰賜也可使從政也歟者季康子又問子貢也曰賜也達於從政乎何有者達謂通達於物理孔子荅言子貢之才通達物理亦言可從政也曰求也可使從政也歟者康子又問冉有也曰求也藝於從政乎何有者藝謂多才藝孔子荅言求多才藝亦可從政也

季氏使閔子騫為費宰孔曰費季氏邑季氏不臣而其邑宰數畔聞子騫賢故欲用之閔子騫曰善為我辭焉孔曰不欲為季氏宰託使者善為我辭焉說令不復召我如有復我者孔曰復我者重來召我則吾必在汶上矣孔曰去之汶水上欲北如齊【疏】季氏至上矣○正義曰此章明閔損之賢也季氏使閔子騫為費宰者費季氏邑季氏不臣而其邑宰數畔聞子騫賢故欲使之也

閔子騫曰善為我辭焉者子騫不欲為季氏宰故語使者曰善為我作辭說令不復召我也如有復我者則吾必在汶上矣者復重也言如有重來召我者則吾必去之在汶水上欲北如齊也○註孔曰至用之○正義曰云費季氏邑者左傳文也云季氏不臣而其邑宰數畔者僭禮樂逐昭公是不臣也昭十三年南蒯以費畔又公山弗擾以費畔是數畔也○註去之汶水上欲北如齊○正義曰地理志云汶水出泰山萊蕪西南入濟在齊南魯北故曰欲北如齊

伯牛有疾馬曰伯牛弟子冉耕子問之自牖執其手包曰牛有惡疾不欲見人故孔子從牖執其手也曰亡之孔曰亡喪也疾甚故持其手曰喪之命矣夫斯人也而有斯疾也斯人也而有斯疾也包曰再言之者痛惜之甚

疏伯牛至疾也○正義曰此章孔子痛惜弟子冉耕有德行而遇惡疾也伯牛冉耕字也有疾有惡疾也子問之自牖執其手者自從也伯牛惡疾不欲見人故孔子從牖執其手也曰亡之者亡喪也疾甚故持其手曰喪之命矣夫斯人也而有斯疾也斯人也而有斯疾也者行善遇凶非人所召故歸之於命言天命矣夫斯此也此善人也而有斯

惡疾也是孔子痛惜之也再言之者痛惜之甚○注馬曰伯牛弟子冉耕○正義曰史記弟子傳曰冉耕字伯牛鄭玄曰魯人○注包曰伯牛有惡疾○正義曰惡疾疾之惡者也淮南子云伯牛癩

子曰賢哉回也一簞食一瓢飲孔曰簞笥也在陋巷人不堪其憂回也不改其樂賢哉回也孔曰顔淵樂道雖簞食在陋巷不改其所樂

疏子曰至回也○正義曰此章歎顔回之賢故曰賢哉回也云一簞食一瓢飲者簞竹器食飯也瓢瓠也言回家貧唯有一簞飯一瓢飲也在陋巷人不堪其憂回也不改其樂者言回居處又在隘陋之巷他人見之不任其憂唯回也不改其樂道之志不以貧為憂苦也歎美之甚故又曰賢哉回也○注孔曰簞笥也○正義曰案鄭注曲禮云圓曰簞方曰笥然則簞與笥方圓異而此云簞笥者以其俱用竹為之舉類以曉人也

冉求曰非不說子之道力不足也子曰力不足者中道而廢今女畫孔曰畫止也力不足者當中道而廢今女自止耳非力極

疏冉求曰至女畫○正義曰此章勉人學也冉求曰非

不說子之道，力不足也者，弟子冉求言已非不說樂子之道而勤學之，但以力不足故也。子曰：力不足者，中道而廢。今女晝者，晝，止也。此孔子責冉求之不說學也。言力不足者當中道而廢，今女自止耳，非力極也。

子謂子夏曰：女爲君子儒，無爲小人儒。孔曰：君子爲儒，將以明道；小人爲儒，則矜其名。

（疏）子謂子夏曰女爲君子儒無爲小人儒。○正義曰：此章戒子夏爲君子也。言人博學先王之道以潤其身者，皆謂之儒。但君子則將以明道，小人則矜其才名。言女當明道，無得矜名也。

子游爲武城宰。包曰：武城，魯下邑。子曰：女得人焉耳乎？孔曰：焉耳乎，皆辭。曰：有澹臺滅明者，行不由徑，非公事未嘗至於偃之室也。包曰：澹臺，姓；滅明，名；字子羽。言其公且方。

（疏）子游至室也。○正義曰：此章明子羽公方也。子游爲武城宰者，武城魯下邑，子游時爲之宰也。子曰女得人焉耳乎者，孔子問子游言女在武城得其有德之人乎？焉耳乎皆語助辭。曰有澹臺滅明者，此子游對孔子言已所得之人也，姓澹臺，名滅明。行不由徑，非公事未嘗至於偃之室也者，此言其人之德也。

行遇大道不由小徑是方也若非公事未嘗至於偃之室是公也既公且方故以爲得人○註包曰至且方○正義曰史記弟子傳云澹臺滅明武城人字子羽少孔子三十九歲狀貌甚惡欲事孔子孔子以爲材薄既已受業退而脩行名施乎諸侯孔子聞之曰吾以貌取人失之子羽是亦弟子也故注不言弟子者從可知也云言其公且方者公無私也方正直也

子曰孟之反不伐孔曰魯大夫孟之側與齊戰軍大敗不伐者不自伐其功**奔而殿將入門策其馬曰非敢後也馬不進也**馬曰殿在軍後前曰啓後曰殿孟之反賢而有勇軍大奔獨在後爲殿人迎功之不欲獨有其名曰我非敢在後拒敵馬不能前進

疏子曰至進也○正義曰此章言功以不伐爲善也孟之反不伐者誇功曰伐孟之反魯大夫孟之側也有軍功而不誇伐也奔而殿將入門策其馬曰非敢後也馬不進也者此其不伐之事也在軍後曰殿策捶也魯與齊戰魯師敗而奔孟之反賢而有勇獨在後爲殿人迎功之不欲獨有其名故將入國門乃捶其馬欲先奔者入城也且曰我非敢在後爲殿以拒敵馬不能前進故也○註孔曰魯大夫孟之側○正義曰杜預曰之側孟氏族字反是也○註馬曰至

前進。正義曰云殿在軍後前曰啓後曰殿者案司馬法謀帥篇曰夫前驅啓乘車大震倅車屬焉大震即大殿也音指以襄二十三年左傳曰齊侯伐衛大殿商子游御夏之御寇詩曰元戎十乘以先啓行是殿在軍後前曰啓也案哀十一年左傳說此事云齊師伐我及清孟孺子洩帥右師冉求帥左師師及齊師戰于郊右師奔齊人從之孟之側後入以爲殿抽矢策其馬曰馬不進也文不同者各據所聞而記之也

子曰不有祝鮀之佞而有宋朝之美難乎免於今之世矣孔曰佞口才也祝鮀衛大夫子魚也時世貴之宋朝宋之美人而善淫言當如祝鮀之佞而反如宋朝之美難乎免於今之世害也

疏子曰不有祝鮀之佞而有宋朝之美難乎免於今之世矣。正義曰此章言世尚口才也佞口才也祝鮀衛大夫子魚也有口才時世貴之宋朝宋之美人善淫時世疾之言人當如祝鮀之有口才則見貴重若無祝鮀之佞而反有宋朝之美難乎免於今之世害也。註孔曰至善也。正義曰云祝鮀衛大夫子魚也時世貴之者春秋定四年會于召陵盟于臯鼬左傳曰將會衛子行敬子言於靈公曰會同難嘖有煩言莫之治也其使祝鮀從公曰善乃使子魚是祝鮀即子魚也傳又曰及

皐鼬將盟將長蔡於衛衛侯使祝鮀私於萇弘文多不載萇
弘說告劉子與范獻子謀之乃長衛侯於盟是時世貴之也
云宋朝宋之美人而善淫者案定十四年左傳曰衛侯為夫
人南子召宋朝杜註云南子宋女也朝宋公子舊通於南子
在宋呼之是朝為宋之美人而善淫也**子曰誰能出不由戶何莫由斯**
道也孔曰言人立身成功當由道譬由出入要當從戶【疏】子曰誰能出不由戶何莫由斯道也○正
義曰此章言道為立身之要也故曰誰人能出入不由門戶
以譬何人立身不由於此道也言人立身成功當由道譬猶
出入要當從戶**子曰質勝文則野**包曰野如野人言鄙略也**文勝質則史**
包曰史者文多而實少**文質彬彬然後君子**包曰彬彬文質相半之貌【疏】子曰
至君子○正義曰此章明君子也質勝文則野者謂人若質
多勝於文則如野人言鄙略也文勝質則史者言文多勝於
質則如史官也文質彬彬然後君子者彬彬文質相半之貌言文華質朴相半彬彬然然後可為君子也**子曰**
人之生也直馬曰言人所生於世而自終者以其正直也**罔之生也幸而**

免包曰誣罔正直之道而亦生者是幸而免疏子曰人之生也直罔之生也幸而免○正義曰此章明人以正直為德言人之所以生於世而自壽終不橫夭者以其正直故也罔誣罔也言人有誣罔正直之道而亦生者是幸而獲免也

子曰知之者不如好之者好之者不如樂之者包曰學問知之者不如好之者篤好之者不如樂之者深疏子曰知之者不如好之者好之者不如樂之者○正義曰此章言人之學道用心深淺之異也言學問知之者不如好之者篤厚也好之者又不如悅樂之者深也

子曰中人以上可以語上也中人以下不可以語上也王曰上謂上知之所知也兩舉中人以其可上可下疏子曰中人以上可以語上也中人以下不可以語上也○正義曰此章言授學之法當稱其才識也語謂告語上謂上知之所知也人之才識凡有九等謂上上上中上下中上中中中下下上下中下下也上上則聖人也下下則愚人也皆不可移也其上中以下下中以上是可教之人也中人謂第五中中之人也以上謂上中上下中上之人也以其才識儁長故可以告語上知之所知也中

人以下謂中下下上下中之人也以其才識暗劣故不可以告語上知之所知也此應云中人以上可以語上以下不可以語上而略文兩舉中人者以其中人可上可下故也言此中人若才性稍優則可以語上才性稍劣則不可以語上是可上可下也

樊遲問知子曰務民之義王曰務所以化道民之義敬鬼神而遠之可謂知矣包曰敬鬼神而不黷問仁曰仁者先難而後獲可謂仁矣孔曰先勞苦而後得功此所以為仁

【疏】樊遲至仁矣○正義曰此章明仁知之用也樊遲問知者弟子樊須問於孔子何為可謂之知子曰務民之義敬鬼神而遠之可謂知矣者孔子答其為知也言當務所以化道民之義恭敬鬼神而疏遠之不褻黷能行如此可謂為知矣問仁者樊遲又問何為可謂之仁子曰仁者先難而後獲可謂仁矣者此荅其為仁也獲猶得也言為仁者先受勞苦之難而後乃得功此所以為仁也已

子曰知者樂水包曰知者樂運其才知以治世如水流而不知已仁者樂山仁者樂如山之安固自然不動而萬物生焉知者動包曰日進故動仁者

靜孔曰無欲故靜知者樂鄭曰知者自役得其志故樂仁者壽包曰性靜者多壽考

疏子曰至仁者壽○正義曰此章初明知仁之性次明知仁之用三明知仁之功也知者樂水者樂謂愛好言知者性好運其才知以治世如水流而不知已止也仁者樂山者言仁者之性好樂如山之安固自然不動而萬物生焉知者動者言知者常務進故動仁者靜者言仁者本無貪欲故靜知者樂者言知者役用才知成功得志故歡樂也仁者壽者言仁者少思寡欲性常安靜故多壽考也

子曰齊一變至於魯魯一變至於道包曰言齊魯有太公周公之餘化太公大賢周公聖人今其政教雖衰若有明君興之齊可使如魯魯可使如大道行之時

疏子曰齊一變至於道○正義曰此章言齊魯有太公周公之餘化大公大賢周公聖人今其政教雖衰若有明君興之齊可一變使如魯魯可一變使如於大道行之時也

子曰觚不觚馬曰觚禮器一升曰爵二升曰觚觚哉觚哉觚哉言非觚也以喻爲政不得其道則不成

疏子曰觚不觚觚哉觚哉○正義曰此章言爲政須遵禮道也觚者禮器所以盛酒二升曰

觚言觚者用之當以禮若用之失禮則不成爲觚也故孔子歎之觚哉觚哉言非觚也以喻人君爲政當以道若不得其道則不成爲政也。註馬曰觚禮器一升曰爵二升曰觚。正義曰案特牲禮用二爵二觚四觶一角三散是觚爲禮器也異義韓詩說一升曰爵爵盡也足也二升曰觚觚寡也飲當寡少三升曰觶觶適也飲當自適也四升曰角角觸也不能自適觸罪過也五升曰散散訕也飲不自節爲人謗訕揔名曰爵其實曰觴觴者餉也觥亦五升所以罰不敬觥廓也所以著明之貌君子有過廓然著明非所以餉不得名觴此雖言爵觚者略言之也

宰我問曰仁者雖告之曰井有仁焉其從之也孔曰宰我以仁者必濟人於患難故問有仁人墮井將自投下從而出之不乎欲極觀仁者憂樂之所至子曰何爲其然也君子可逝也不可陷也孔曰逝往也言君子可使往視之耳不肯自投從之可欺也不可罔也馬曰可欺者可使往也不可罔者不可得誣罔令自投下

【疏】宰我至罔也。正義曰此章明仁者之心也宰我問曰仁者雖告之曰井有仁焉其從之也者宰我以仁者必濟人於患難故問曰仁者之人

設有來告曰井中有仁人焉言仁人墮井也此承告之仁入將自投下從而出之不乎意欲極觀仁者憂人樂生之所至也子曰何為其然也君子可逝也不可陷也者此孔子怪拒之辭逝往也然如是也言何為能使仁者如是自投井乎夫仁人君子但可使往視之耳不可陷入於井言不肯自投從之也可欺也不可罔也者唯可欺之使往視不可得誣罔令自投下也

子曰君子博學於文約之以禮亦可以弗畔矣夫鄭曰弗畔不違道

疏子曰君子博學於文約之以禮亦可以弗畔矣乎。正義曰畔違也此章言君子若博學於先王之遺文復用禮以自檢約則不違道也

子見南子子路不說夫子矢之曰予所否者天厭之天厭之孔曰舊以南子者衛靈公夫人淫亂而靈公惑之孔子見之者欲因以說靈公使行治道矢誓也子路不說故夫子誓之行道既非婦人之事而弟子不說與之呪誓義可疑焉

疏子見至厭之。正義曰此章孔子屈已求行治道也子見南子者南子衛靈公夫人淫亂而靈公惑之孔子至衛見此南子意欲因以說靈公使行治道故也子路不說者子路性剛直未達

孔子之意以為君子當義之與比而孔子乃見淫亂婦人故不說樂夫子矢之者矢誓也以子路不說故夫子告誓之曰予所否者天厭之天厭之者此誓辭也予我也否不也厭棄也言我見南子所不為求行治道者願天厭棄我再言之者重其誓欲使信之也○註孔曰至疑焉○正義曰云孔曰舊以南子者衛靈公夫人淫亂而靈公惑之孔子見之者欲因以說靈公以行治道矢誓也子路不說故夫子誓之者先儒舊有此解也云行道既非婦人之事而弟子不說與之呪誓義可疑焉者安國以為先儒舊說不近人情故疑其義也史記世家孔子至衛靈公夫人有南子者使人謂孔子曰四方之君子不辱欲與寡君為兄弟者必見寡小君寡小君願見孔子辭謝不得已而見之夫人在絺帷中孔子入門北面稽首夫人自帷中再拜環珮玉聲璆然孔子曰吾鄉為弗見見之禮荅焉子路不說孔子矢之曰天厭之天厭之是子見南子之事也欒肇曰見南子者時不獲已猶文王之拘羑里也天厭之者言我之否屈乃天命所厭也蔡謨云矢陳也夫子為子路陳天命也

子曰中庸之為德也其至矣乎民鮮久矣

庸常也中和可常行之德世亂先王之道廢民鮮能行此道久矣非適今

【疏】子曰中庸之為德也其至

矣夫民鮮久矣○正義曰此章言世亂人不能行中庸之德也中謂中和庸常也鮮罕也言中和可常行之德也其至極矣乎以世亂先王之道廢故民罕能行此道久多時矣非適而今也子貢曰如有博施於民而能濟衆何如可謂仁乎子曰何事於仁必也聖乎堯舜其猶病諸孔曰君能廣施恩惠濟民於患難堯舜至聖猶病其難夫仁者己欲立而立人己欲達而達人能近取譬可謂仁之方也已孔曰更為子貢說仁者之行方道也但能近取譬於己皆恕己所欲而施之於人

疏子貢至也已○正義曰此章明仁道也子貢曰如有博施於民而能濟衆何如可謂仁乎者子貢問夫子曰設如人君能廣施恩惠於民而能振濟衆民於患難者此德行何如可以謂之仁人之君乎子曰何事於仁必也聖乎堯舜其病諸者此孔子荅子貢諸之也言君能博施濟衆何止事於仁謂不啻於仁必也為聖人乎然行此事甚難堯舜至聖猶病之以為難也夫仁者己欲立而立人己欲達而達人能近取譬可謂仁之方也已者此孔子更為子

貢說仁者之行也方猶道也言夫仁者己欲立身進達而先立達他人又能近取譬於己皆恕己所欲而施之於人己所不欲勿施於人以可謂仁道也

論語註疏解經卷第六

論語註疏解經卷第七

述而第七　何晏集解　邢昺疏

疏 正義曰此篇皆明孔子之志行也以前篇論賢人君子及仁者之德行成德有漸故以聖人次之

子曰述而不作信而好古竊比於我老彭 包曰老彭殷賢大夫好述古事我若老彭但述之耳 疏 子曰述而不作信而好古竊比於我老彭○正義曰此章記仲尼著述之謙也作者之謂聖述者之謂明老彭殷賢大夫也老彭於時但述脩先王之道而不自制作篤信而好古事孔子言今我亦爾故云比老彭猶不敢顯言故云竊○注包曰至之耳○正義曰云老彭殷賢大夫者老彭即莊子所謂彭祖也李云名鏗堯臣封於彭城歷虞夏至商年七百歲故以久壽見聞世本云姓籛名鏗在商為守藏史在周為柱下史年八百歲籛音翦一云即老子也崔云堯臣仕殷世其人甫壽七百年王弼云老是老聃彭是彭祖老子者楚苦縣厲鄉曲仁里人也姓李氏名耳字伯陽謚曰聃周守藏室之史也云好述古事我若老彭但述之耳者言老彭不自制作好述古事仲尼

附考文

言我亦若老彭但述之耳子曰默而識之學而不厭誨人不倦何有於我哉鄭曰無是行於我我獨有之疏子曰默而識之學而不厭誨人不倦何有於我哉○正義曰此章仲尼言已不言而記識之學古而心不厭教誨於人不有倦息他人無是行於我我獨有之故曰何有於我哉子曰德之不脩學之不講聞義不能徙不善不能改是吾憂也孔曰夫子常以此四者爲憂疏子曰德之不脩學之不講聞義不能徙不善不能改是吾憂也○正義曰此章言孔子憂在脩身也德在脩行學須講習聞義事當徙意從之有不善當追悔改之夫子嘗以此四者爲憂憂已恐有不脩不講不徙不改之事故云是吾憂也子之燕居申申如也夭夭如也馬曰申申夭夭和舒之貌疏子之燕居申申如也夭夭如也○正義曰此章言孔子燕居之時體貌也申申夭夭和舒之貌如者如此義也謂體貌和舒如似申申夭夭也故玉藻云受一爵而色洒如也及鄉黨每云如也者皆謂容色如此子曰甚矣吾衰也久

矣吾不復夢見周公孔曰孔子衰老不復夢見周公明盛時夢見周公欲行其道也

【疏】子曰甚矣吾衰也久矣吾不復夢見周公○正義曰此章孔子歎其衰老言我盛時嘗夢見周公欲行其道今則久多時矣吾更不復夢見周公知是吾衰老甚矣

子曰志於道志慕也道不可體故志之而已據於德據杖也德有成形故可據依於仁依倚也仁者功施於人故可倚游於藝藝六藝也不足據依故曰游

【疏】子曰志於道據於德依於仁游於藝○正義曰此章孔子言已志慕據杖依倚遊習者道德仁藝也○註志慕也道不可體故志之而已○正義曰道者虛通無擁自然之謂也王弼曰道者無之稱也無不通也無不由也況之曰道寂然無體不可為象是道不可體故但志慕而已○註據杖也德有成形故可據○正義曰德者得也物得其所謂之德寂然至無則謂之道離無入有而成形器是謂德業少儀云士依於德游於藝文與此類鄭註云德三德也一曰至德二曰敏德三曰孝德周禮師氏掌以三德教國子一曰至德以道為本二曰敏德以行為本三曰孝德以知逆惡註云德行內外之稱在心為德施之為行至德中和之德覆燾持載含容者也孔子曰中庸之為德

也其至矣乎敏德仁義順時者也說命曰敬孫務時敏厥脩乃來孝德尊祖愛親守其所以生者也孔子曰武王周公其達孝矣乎夫孝者善繼人之志善述人之事者也是德有成形者也夫立身行道唯杖於德故可據也○註依倚也仁者功施於人故可倚○正義曰博施於民而能濟衆乃謂之仁恩被於物物亦應之故可倚賴○註藝六藝也不足據依故曰遊○正義曰六藝謂禮樂射馭書數也周禮保氏云掌養國子教之六藝一曰五禮二曰六樂三曰五射四曰五馭五曰六書六曰九數註云五禮吉凶軍賓嘉也六樂雲門大咸大韶大夏大濩大武也五射白矢參連剡註襄尺井儀也五馭鳴和鸞逐水曲過君表舞交衢逐禽左也六書象形會意轉註處事假借諧聲也九數方田粟米差分少廣商功均輸方程贏不足旁要也此六者所以飾身耳劣於道德與仁故不足依據故但曰遊

子曰自行束脩以上吾未嘗無誨焉孔曰言人能奉禮自行束脩以上則皆教誨之

疏子曰自行束脩以上吾未嘗無誨焉○正義曰此章言己誨人不倦也束脩禮之薄者言人能奉禮自行束脩以上而來學者則吾未曾不誨焉皆教誨之也○註孔子至誨之○正義曰云言人能奉禮自行束脩以上者案書傳言束脩者多

矣皆謂十脡脯也檀弓曰古之大夫束脩之問不出竟少儀
曰其以乘壺酒束脩一犬賜人穀梁傳曰束脩之問不行竟
中是知古者持束脩以為禮然此是禮之薄
者其厚則有玉帛之屬故云其上以包之也子曰不憤不
啓不悱不發舉一隅不以三隅反則不復也鄭曰孔子
與人言必待其人心憤憤口悱悱乃後啓發為說之如此則
識思之深也說則舉一隅以語之其人不思其類則不復重
教之【疏】子曰不憤不啓不悱不發舉一隅不以三隅反則不
復也○正義曰此章言誨人之法啓開也言人若不
心憤憤則孔子不為開說若不口悱悱則孔子不為發明必
待其人心憤憤口悱悱乃後啓發為說之如此則識思之深
也其說之也畧舉一隅以語之凡物有四隅者舉一則三隅
從可知學者當以三隅反類一隅以思之而其人若不以三
隅反思其類則不復重教之矣子食於有喪者之側未嘗飽也喪者
哀慼飽食於其側是無惻隱之心【疏】子食於有喪者之側未嘗飽也○正
義曰此章言孔子助喪家執事時故
得有食饑而發事非禮也飽而忘哀亦非禮故食而不
飽以喪者哀慼若飽食於其側是無惻愴隱痛之心也子

於是日哭則不歌一日之中或哭或歌是褻於禮容疏子於是日哭則不歌○正義曰此章言孔子於是日聞喪或吊人而哭則終是日不歌也若一日之中或哭或歌是褻瀆於禮容故不為也檀弓曰吊於人是日不樂註引此文是也

子謂顔淵曰用之則行舍之則藏唯我與爾有是夫孔子言可行則行可止則止唯我與顔淵同子路曰子行三軍則誰與孔曰大國三軍子路見孔子獨美顔淵以為己勇至於夫子為三軍將亦當誰與己同故發此問子曰暴虎馮河死而無悔者吾不與也孔曰暴虎徒搏馮河徒涉必也臨事而懼好謀而成者也

疏子謂至者也○正義曰此章孔子言己行藏與顔回同也子謂顔淵曰用之則行舍之則藏唯我與爾有是夫者言時用之則行舍之則藏用舍隨時行藏不忤於物唯我與汝同有是行夫子路曰子行三軍則誰與者大國三軍子路見孔子獨美顔淵以己有勇故發此問曰若子行三軍之事為三軍之將則當誰與同子路意其與己也子曰暴虎馮

河死而無悔者吾不與也者空手搏虎為暴虎無舟渡河為馮河言人若暴虎馮河輕死而不追悔者吾不與之同也子路之勇若此故孔子抑之也必也臨事而懼好謀而成者也者此又言行三軍所與之人必須臨事而能戒懼好謀而有成功者吾則與之行三軍之事也所以誘子路使慎其勇也○註孔曰大國三軍○正義曰此司馬序官文也○註孔曰暴虎徒搏馮河徒涉○正義曰釋訓文也舍人曰無兵空手搏之郭璞曰空手執也李巡曰無舟而渡水曰徒涉郭璞曰無舟檝詩傳云馮陵也然則空涉水陵波而渡故訓馮為陵也

子曰富而可求也雖執鞭之士吾亦為之鄭曰富貴不可求而得之當脩德以得之若於道可求者雖執鞭之賤職我亦為之如不可求從吾所好孔曰所好者古人之道

疏子曰富而可求也雖執鞭之士吾亦為之如不可求從吾所好○正義曰此章孔子言已脩德好道不諂求富貴也言富貴不可求而得之當脩德以得之若富貴而於道可求者雖執鞭賤職我亦為之如不可求則當從吾所好者古人之道也○註雖執鞭賤職○正義曰案周禮秋官條狼氏掌執鞭以趨辟王出入則八人夾道公則六人侯伯則四人子男則二人註云趨辟趨而

辟行人若今卒辟車之為也序官云條狼氏下士故云執鞭賤職也

子之所慎齊戰疾孔曰此三者人所不能慎而夫子獨能慎之

疏子之所慎齊戰疾○正義曰此一章記孔子所慎之行也將祭散齋七日致齋三日齋之為言齊也所以齊不齊也故戒慎之左傳曰皆陳曰戰夫兵凶戰危不必其勝重其民命固當慎之君子敬身安體若偶嬰疾病則慎其藥劑以治之此三者凡人所不能慎而夫子能慎之也

子在齊聞韶三月不知肉味周曰孔子在齊聞習韶樂之盛美故忽忘於肉味**曰不圖為樂之至於斯也**王曰為作也不圖作韶樂至於此此齊

疏子在至斯也○正義曰此章孔子美韶樂也子在齊聞習韶三月不知肉味者韶舜樂名孔子在齊聞習韶樂之盛美故三月忽忘於肉味而不知也曰不圖為樂之至於斯也者圖謀度也為作也斯此也謂此齊也言我不意度作韶樂乃至於此齊也○註王曰至於此齊○正義曰云為作也者釋言云作造為也互相訓故云為作也云不圖作韶樂至於此此齊者言不意作此韶樂至於齊也韶是舜樂而齊得作之者案禮樂志云夫樂本情性浹肌膚而藏骨髓雖經乎千載其遺風餘烈尚猶不絕至

春秋時陳公子完奔齊陳舜之後韶樂存焉故孔子適齊聞韶三月不知肉味曰不圖為樂之至於斯美之甚也

冉有曰夫子爲衛君乎鄭曰為猶助也衛君者謂輒也衛靈公逐太子蒯聵公薨而立孫輒後晉趙鞅納蒯聵於戚城衛石曼姑帥師圍之故問其意助輒不乎子貢曰諾吾將問之入曰伯夷叔齊何人也曰古之賢人也曰怨乎曰求仁而得仁又何怨孔曰夷齊讓國遠去終於餓死故問怨邪以讓為仁豈有怨乎出曰夫子不爲也鄭曰父子爭國惡行孔子以伯夷叔齊為賢且仁故知不助衛君明矣

【疏】冉有至爲也○正義曰此章記孔子崇仁讓也冉有曰夫子為衛君乎者為猶助也衛君謂出公輒也衛靈公逐太子蒯聵公薨而立孫輒輒即蒯聵之子也後晉趙鞅納蒯聵於戚城衛石曼姑帥師圍之子而拒父惡行之甚時孔子在衛為輒所賓禮人疑孔子助輒故冉有言問其友曰夫子之意助輒不乎子貢曰諾吾將問之者子貢承冉有之問其意亦未決故諾其言我將入問夫子庶知其助不也入曰伯夷叔齊何人也者此子貢問孔子辭也伯夷叔齊孤

竹君之二子兄弟讓國遠去終於餓死今衛乃父子爭國爭讓正反所以舉夷齊為問者子貢意言夫子若不助衛君應言夷齊為是夫子若助衛君應言夷齊為非故入問曰伯夷叔齊何人也曰古之賢人也者孔子答言是古之讓國之賢人也曰怨乎者此子貢復問曰夷齊初雖有讓國之賢而終於餓死得無怨恨耶所以復問此者子貢意言若夫子不助衛君應言不怨若助衛[illegible]則應言有怨也曰求仁而得仁又何怨者此孔子答言不[illegible]也初心讓國求為仁也君子殺身以成仁夷齊雖終於餓死得成於仁豈有怨乎故曰又何怨出曰夫子不為也者子貢既問而出見冉有而告之曰夫子不助衛君也知其父子爭國惡行也孔子以伯夷叔齊為賢且仁故知不助衛君明矣○註鄭曰至不乎○正義曰云衛靈公逐太子蒯聵者案左傳定十四年蒯聵謀殺靈公夫人南子不能而出奔宋是也云公薨而立孫輒者哀二年左傳曰夏衛靈公卒夫人曰命公子郢為太子君命也對曰郢異於他子且君沒於吾手若有之郢必聞之且亡人之子輒在乃立輒是也云後晉趙鞅納蒯聵於戚城者亦哀二年春秋文也云衛石曼姑帥師圍之者春秋哀三年春齊國夏衛石曼姑帥師圍戚是也

子曰飯疏食飲水曲肱而枕之樂亦在

其中矣孔曰疏食菜食肱臂也孔子以此為樂不義而富且貴於我如浮雲鄭曰富貴而不以義者於我如浮雲非已之有【疏】子曰至浮雲○正義曰此章記孔子樂道而賤不義也子曰飯疏食飲水曲肱而枕之樂亦在其中矣者疏食菜食也肱臂也言已飯菜食飲水寢則曲肱而枕之以此為樂不義而富且貴於我如浮雲者富與貴雖人之所欲若富貴而以不義者於我如浮雲言非已之有也

子曰加我數年五十以學易可以無大過矣易窮理盡性以至於命年五十而知天命以知命之年讀至命之書故可以無大過【疏】子曰加我數年五十以學易可以無太過矣○正義曰此章孔子言其學易年也加我數年方至五十謂四十七時也易之為書窮理盡性以至於命吉凶悔吝豫以告人使人從吉不從凶故孔子言己四十七學易可以無過咎矣○註易窮至大過○正義曰云窮理盡性以至於命者說卦文也命者生之極窮理則盡其極也云五十而知天命者為政篇文云以知命之年讀至命之書故可以無大過矣者漢書儒林傳云孔子蓋晚而好易讀之韋編三絕而為之傳是孔子讀易之事也言孔子以知天命終始之年讀窮

理盡性以至於命之書則能避凶之吉而無過咎謙不敢自言盡無其過故但言可以無大過矣

子所雅言孔曰雅言正言也詩書執禮皆雅言也鄭曰讀先王典法必正言其音然後義全故不可有所諱禮不誦故言執

疏子所雅言詩書執禮皆雅言也○正義曰此章記孔子正言其音無所諱避之事雅正也子所正言者詩書禮也此三者先王典法臨文故學讀之必正言其音然後義全故不可有所諱禮不背文誦但記其揖讓周旋執而行之故言執也舉此三者則六藝可知

葉公問孔子於子路子路不對孔曰葉公名諸梁楚大夫食菜於葉僭稱公不對者未知所以答子曰女奚不曰其為人也發憤忘食樂以忘憂不知老之將至云爾

疏葉公至云爾○正義曰此章記孔子之為人也葉公問孔子於子路子路不對者葉公名諸梁楚大夫食菜於葉僭稱公問孔子為人志行於子路子路未知所以荅故不對子曰女奚不曰其為人也發憤忘食樂以忘憂不知老之將至云爾者孔子聞子路不能荅故教之奚何也言女何不曰其孔子之為人

也發憤嗜學而忘食樂道以忘憂不覺老之將至云爾乎○註孔曰至以答○正義曰云葉公名諸梁楚大夫食采於葉
僭稱公者據左傳世本文也名諸梁字子高爲葉縣尹楚子僭稱王故縣尹皆僭稱公也子曰我非生
而知之者好古敏以求之者也鄭曰言此者勸人學疏子曰我非
生而知之者好古敏以求之者也○正義曰此章勸人學也恐人以已爲生知而不可學故告之曰我非生而知之者但
愛好古道敏疾求學而知之也子不語怪力亂神王曰怪怪異也力謂若奡盪舟烏獲舉千
鈞之屬亂謂臣弒君子弒父神謂鬼神之事或無益於教化或所不忍言疏子不語怪力亂神○正義曰此章記
夫子爲教不道無益之事怪怪異也力謂若奡盪舟烏獲舉千金之屬也亂謂臣弒君子弒父也神謂鬼神之事或無益
於教化或所不忍言也李充曰力不由理斯怪力也神不由正斯亂神也怪力亂神有與於邪無益於教故不言也○註
烏獲舉千鈞○正義曰烏獲古之有力人三十斤爲鈞言能舉三萬斤之重也子曰三人行必
有我師焉擇其善者而從之其不善者而改之

言我三人行本無賢愚擇善從之不善改之故無常師

疏子曰三人行必有我師焉擇其善者而從之其不善者而改之○正義曰此章言學無常師也言我三人行本無賢愚相懸但敵體耳然彼二人言行必有一人善一人不善我則擇其善者而從之不善者而改之有善可從是爲師矣故無常師也

子曰天生德於予桓魋其如予何包曰桓魋宋司馬天生德者謂授我以聖性德合天地吉無不利故曰其如予何

疏子曰天生德於予桓魋其如予河正義曰此章言孔子無憂懼也案世家孔子適宋與弟子習禮大樹下宋司馬桓魋欲殺孔子拔其樹孔子去弟子曰可速矣故孔子發此語言天生德於予者謂天授我以聖性德合天地吉無不利桓魋必不能害我故曰其如予何

子曰二三子以我爲隱乎吾無隱乎爾包曰二三子謂諸弟子聖人知廣道深弟子學之不能及以爲有所隱匿故解之吾無行而不與二三子者是丘也包曰我所爲無不與爾共之者是丘之心

疏子曰至丘也○正義曰此章言孔子教人無所隱惜也子曰二三子以我爲隱乎吾無隱乎爾者二三子謂諸

弟子也聖人知廣道深弟子學之不能及常以為夫子有所隱匿故以此言解之言女以我為隱我實無隱也吾無行而不與二三子者是丘也者言我所行所為無不與爾等共之者是丘之心也言心者使信其言也子以四教文行忠信四者有形質可舉以教疏子以四教文行忠信○正義曰此章記孔子行教以此四事為先也文謂先王之遺文行謂德行在心為德施之為行中心無隱謂之忠人言不欺謂之信此四者有形質故可舉以教也子曰聖人吾不得而見之矣得見君子者斯可矣疾世無明君子曰善人吾不得而見之矣得見有恆者斯可矣亡而為有虛而為盈約而為泰難乎有恆矣孔曰難可名之為有常疏子曰聖人至恆矣○正義曰此章疾世無明君也子曰聖人吾不得而見之矣得見君子者斯可矣者聖人謂上聖之人若堯舜禹湯也君子謂行善無怠之君也言當時非但無聖人亦無君子也子曰善人吾不得而見之矣得見有恆者斯可矣者善人即君子也恆常也又言善人

之君吾不得而見之矣得見有常德之君斯亦可矣亡而為有虛而為盈約而為泰難乎有恒矣者此明時無常德也亡無也時既澆薄率皆虛矯以無為有將虛作盈內實窮約而外為奢泰行既如此難可名之為有常也

子釣而不綱弋不射宿 孔曰釣者一竿釣綱者為大綱以橫絕流以繳繫釣羅屬著綱弋繳射也宿宿鳥

【疏】子釣而不綱弋不射宿○正義曰此章言孔子仁心也釣者以繳繫一竿而釣取魚也綱者為大綱羅屬著綱以橫絕流而取魚也釣則得魚少綱則得魚多孔子但釣而不綱是其仁也弋繳射也宿宿鳥也夫子雖為弋射但晝日為之不夜射栖鳥也為其欺暗心中且驚衆也○註孔曰至宿鳥○正義曰云釣者一竿釣綱者為大綱以橫絕流以繳繫釣羅屬著綱者此註文句交互故少難解耳若其次序應云釣者一竿釣以繳繫釣綱者為大綱以橫絕流羅屬著綱也繳即線也釣謂釣也謂以一竹竿用線繫釣而取魚也羅細綱也謂以繩為大綱用綱以屬著此綱施之水中橫絕流以取魚舉綱則提其綱也云弋繳射也若夏官司弓矢云矰矢茀用諸弋射註云結繳於矢謂之矰矰高也茀矢象焉茀之言刜也二者皆可以弋飛鳥刜羅之也然則繳射謂以繩繫矢而射也說文云繳謂生絲為繩也

子

曰蓋有不知而作之者我無是也包曰時人有穿鑿妄作篇籍者故云然多聞擇其善者而從之多見而識之知之次也孔曰如此者次於天生知之

疏子曰至次也○正義曰此章言無穿鑿也子曰蓋有不知而作之者我無是也者言時人蓋有不知理道穿鑿妄作篇籍者我即無此事也多聞擇其善者而從之多見而識之知之次也者言人若多聞擇善而從之多見擇善而志之能知此者比天生知之可以為次也言此者所以戒人不為穿鑿

互鄉難與言童子見門人惑鄭曰互鄉鄉名也其鄉人言語自專不達時宜而有童子來見孔子門人怪孔子見之子曰與其進也不與其退也唯何甚孔曰教誨之道與其進不與其退怪我見此童子惡惡一何甚人潔己以進與其潔也不保其往也鄭曰往猶去也人虛己自潔而來當與之進亦何能保其去後之行

疏互鄉至往也○正義曰此章言教誨之道也互鄉難與言童子見門人惑者互鄉鄉名也其鄉人言語自專不

達時宜而有童子來見孔子門人怪孔子見之琳公云此互
鄉難與言童子見八字通為一句言此鄉有一童子難與言
非是一鄉皆難與言也子曰與其進也不與其退也唯何甚
者孔子以門人怪已故以言語之言教誨之道與其進不與
其退也怪我見此童子惡惡一何甚乎人絜己以進與其絜
也不保其往也者往猶去也言人若虛己自絜而來當與之
進亦何能保其去後之行去後之行者謂往前之行今已過
去顧歡云往謂前日之行夫人之為行未必可一或有始無
終先迷後得教誨之道絜則與之往日之行非我所保也子曰仁遠乎哉我欲仁
斯仁至矣包曰仁道不遠行之即是疏子曰仁遠乎哉我欲仁斯仁至矣○正義曰此章言仁道
不遠行之即是故曰仁道豈遠乎哉我欲行仁即斯仁至矣是不遠也陳司敗問昭公知
禮乎孔曰司敗官名陳大夫昭公魯昭公孔子曰知禮孔子退揖巫
馬期而進之曰吾聞君子不黨君子亦黨乎君
取於吳為同姓謂之吳孟子君而知禮孰不知

禮孔曰巫馬期弟子名施相助匿非曰黨魯吳俱姬姓禮同姓不昏而君取之當稱吳姬諱曰孟子巫馬期以告子曰丘也幸苟有過人必知之孔曰以司敗之言告也諱國惡禮也聖人道弘故受以爲過

疏子陳司至知之正義曰此章記孔子諱國惡之禮也陳司敗問昭公知禮乎者陳大夫爲司寇之官舊聞魯昭公有違禮之事故問孔子昭公知禮乎孔子曰知禮者荅言昭公知禮也孔子退揖巫馬期而進之曰吾聞君子不黨君子亦黨乎者相助匿非曰黨孔子既荅司敗而退去司敗復揖弟子巫馬期而進之問曰我聞君子不阿黨今孔子言昭公知禮乃是君子亦有黨乎君取於吳爲同姓謂之吳孟子君而知禮孰不知禮者孰誰也魯吳俱姬姓禮同姓不昏而君取之當稱吳姬爲是同姓諱之故謂之吳孟子君以魯君昭公而爲知礼又誰不知禮也巫馬期以告孔子曰丘也幸苟有過人必知之者巫馬期以司敗之言告孔子也孔子初言昭公知禮是諱國惡也諱國惡禮也但聖人道弘故受以爲過言丘也幸苟有過人必知之也○註司敗官名陳大夫正義曰文十一年左傳云楚子西曰臣歸死於司敗也杜註云陳楚名司寇爲司敗也傳言歸死於司敗知司敗主刑之官司寇是也此云

陳司敗楚子西亦云司敗知陳楚同此名也○註孔曰至孟
子正義曰云巫馬期弟子名施者史記弟子傳云巫馬施字
子旗少孔子三十歲鄭玄云魯人也云魯吳俱姬姓者魯周
公之後吳泰伯之後故云俱姬姓也云禮同姓不昏者曲禮
云取妻不取同姓故買妾不知其姓則卜之又大傳曰繫之
以姓而弗別綴之以食而弗殊雖百世而昏姻不通者周道
然也云而君取之當稱吳姬而諱曰孟子者案春秋哀十二
年夏五月甲辰孟子卒左氏傳曰昭公娶於吳故不書姓此
云君娶於吳爲同姓謂之吳孟子是魯人常言稱孟子也坊
記云魯春秋云夫人之姓曰吳其死曰孟子卒是舊史書爲
孟子卒及仲尼脩春秋以魯人已知其非諱而不稱姬氏諱
國惡禮也因而不改所以順時世也魯春秋去夫人之姓曰
吳春秋無此文坊記云然者禮夫人初至必書於廟若娶齊
女則云夫人姜氏至自齊此孟子初至之時亦當書曰夫人
姬氏至自吳同姓不得稱姬舊史所書蓋直云夫人至自吳
是去夫人之姓直書曰吳而已仲尼脩春秋以犯禮明著全
去其文故經無其事也○註孔曰至爲過○正義曰云諱國惡
禮也者僖元年左傳文也案坊記云善則稱君過則稱己則
民作忠善則稱親過則稱己則民作孝是君親之惡務於欲
掩之是故聖賢作法通有諱例杜預曰有時而聽之則可也

正以爲後法則不經故不奪其所諱亦不爲之定制言君正
爲後法每事皆諱則爲惡者無復忌憚居上者不知所懲不
可盡令諱也人之所極唯君與親纔有小惡即發其短非復
臣子之心全無愛敬之義是故不抑不勸有時聽之以爲諱
惡者禮也無隱者直也二者俱通以爲世教也云聖人道弘
故受以爲過者孔子所言雖是諱國惡之禮聖人之道弘大
故受以爲過也我答云孔子得巫馬期之言稱已名云是已
幸受以爲過故云苟有過人必知之所以然者昭公不知禮
我答云知禮若使司敗不譏我則千載之後遂永信我言用
昭公所行爲知禮則亂禮之事從我而始今得司敗見非而
受以爲過則後人不謬故我所以爲幸也繆協云諱則非諱
若受而爲過則所諱者又以明矣亦非諱也歸司敗之問則
詭言以爲諱今苟將明其義故歸之言爲合禮也
苟曰合禮則不爲黨矣若不受過則何禮之有乎 子與人
歌而善必使反之而後和之 樂其善故使重歌而自和之 【疏】子與
人歌而善必使反之而後和之○正義曰此章明孔子重於
正音也反猶重也孔子共人歌彼人歌善合於雅頌者樂其
善故使重歌之審其歌
意然後自和而答之
子曰文莫吾猶人也 莫無也文無者猶俗

言文不也文不吾猶人者凡言文皆不勝於人躬行君子則吾未之有得弘曰身為君子已未能也【疏】子曰文莫吾猶人也躬行君子則吾未之有得○正義曰此章記夫子之謙德也莫無也文無者猶俗言文不也文不吾猶人者言凡文皆不勝於人但猶如常人也躬身也言身為君子已未能也

子曰若聖與仁則吾豈敢孔曰孔子謙不敢自名仁聖抑為之不厭誨人不倦則可謂云爾已矣公西華曰正唯弟子不能學也馬曰正如所言弟子猶不能學況仁聖乎【疏】子曰至學也正義曰此章亦記孔子之謙德也子曰若聖與仁則吾豈敢者雅聖與仁人行之大者也孔子謙不敢自名仁聖也抑為之不厭誨人不倦則可謂云爾已矣者抑語辭為猶學也孔子言已學先王之道不厭教誨於人不倦但可謂如此而已矣公西華曰正唯弟子不能與也者公西華聞孔子云學之不厭誨人不倦故咨於孔子曰正如所言不厭不倦之二事弟子猶不能學況仁聖乎

子疾病子路請禱包曰禱禱請於鬼神子曰有諸周曰言有

此禱請於鬼神之事子路對曰有之誄曰禱爾于上下神祇孔曰子路失指誄禱篇名子曰丘之禱久矣孔曰孔子素行合於神明故曰丘之禱久矣○

疏子疾至久矣正義曰此章記孔子不諂求於鬼神也子疾病子路請禱者孔子疾病子路告請禱求鬼神冀其疾愈也子曰有諸者諸之也孔子以死生有命不欲禱祈故反問子路曰有此禱請於鬼神之事乎子路對曰有之誄曰禱爾于上下神祇者誄禱篇名誄累也累功德以求福子路失孔子之指故曰有之又引禱篇之文以對也子曰丘之禱久矣者孔子不許子路故以此言拒之若人之履行違忤神明罹其咎殃則可禱請孔子素行合於神明故曰丘之禱久矣也

子曰奢則不孫儉則固與其不孫也寧固孔曰俱失之奢者不如儉奢則僭上儉不及禮固陋也

疏子曰奢則不孫儉則固與其不孫也寧固○正義曰此章戒人奢僭也孫順也固陋也言奢者則僭上而不順儉則偪下而窶陋二者俱失之與其不順也寧為窶陋是奢不如儉也以其奢則僭上儉但不及禮耳

子曰君子坦蕩蕩小人長戚戚鄭曰坦蕩蕩寬廣貌

余訢刊

長戚戚多憂懼疏子曰君子坦蕩蕩小人長戚戚○正義曰此章言君子小人心貌不同也坦蕩蕩寬廣貌長戚戚多憂懼也君子內省不疚故心貌坦蕩蕩然寬廣也小人好為咎過故多憂懼

子溫而厲威而不猛恭而安

疏子溫而厲威而不猛恭而安○正義曰此章說孔子體貌也言孔子體貌溫和而能嚴正儼然人望而畏之而無剛暴雖為恭孫而能安泰此皆與常度相反若臯陶謨之九德也他人不能唯孔子能然故記之也

論語註疏解經卷第七

論語註疏解經卷第八

泰伯第八　何晏集解　邢昺疏

疏 正義曰此篇論禮樂仁孝之德賢人君子之風勸學立身守道為政歎美正樂鄙薄小人遂稱堯舜及禹文王武王以前篇論孔子之行此篇首末載聖賢之德故以為次也

子曰泰伯其可謂至德也已矣三以天下讓民無得而稱焉王曰泰伯周太王之長子次弟仲雍少弟季歷季歷賢又生聖子文王昌昌必有天下故泰伯以天下三讓於王季其讓隱故無得而稱言之者所以為至德也

疏 子曰泰伯其可謂至德也已矣三以天下讓民無得而稱焉○正義曰此章論泰伯讓位之德也泰伯周太王之長子次弟仲雍少弟季歷季歷賢又生聖子文王昌昌必有天下故泰伯三以天下讓於王季其讓隱故民無得而稱言之者故所以為至德而孔子美之也鄭玄註云泰伯周太王之長子次子仲雍次子季歷太王見季歷賢又生文王有聖人表故欲立之而未有命太王疾太伯

因適吴越採藥太王歿而不返季歷為喪主一讓也季歷赴之不來奔喪二讓也免喪之後遂斷髮文身三讓也三讓之美皆隱蔽不著故人無得而稱焉○註王曰至德也○正義曰云泰伯周太王之長子云云者史記吴世家云泰伯弟仲雍皆周太王之子而王季歷之兄也季歷賢而有聖子昌太王欲立季歷以及昌於是泰伯仲雍二人乃奔荆蠻文身斷髮示不可用以辟季歷季歷果立是為王季而昌為文王泰伯之奔荆蠻自號句吴荆蠻義之從而歸之千餘家立為吴泰伯泰伯卒無子弟仲雍立是為吴仲雍仲雍卒子季簡立季簡卒子叔達立叔達卒子周章立是時周武王克殷求太伯仲雍之後得周章周章已君吴因而封之乃封周章弟虞仲於周之北故夏墟是為虞仲列為諸侯是泰伯讓位之事也

子曰恭而無禮則勞慎而無禮則葸葸畏懼之貌言慎而不以禮節之則常畏懼勇而無禮則亂直而無禮則絞馬曰絞絞刺也君子篤於親則民興於仁故舊不遺則民不偷包曰興起也君能厚於親屬不遺忘其故舊行之美者則民皆化之起為仁厚之行不偷薄疏

子曰至不偷○正義曰此章貴禮也子曰恭而無禮則勞者勞謂困苦言人爲恭孫而無禮以節之則自困苦慎而無禮則葸者葸畏懼之貌言慎而不以禮節之則常畏懼也勇而無禮則亂者亂謂逆惡言人勇而不以禮節之則爲亂矣直而無禮則絞者正曲爲直故謂絞刺也言人而爲直不以禮節則絞刺人之非也君子篤於親則民興於仁故舊不遺則民不偷者君子人君也篤厚也興起也偷薄也言君能厚於親屬則民化之起爲仁行相親友也君不遺忘其故舊故民德歸厚不偷薄也

曾子有疾召門弟子曰啓予足啓予手鄭曰啓開也曾子以爲受身體於父母不敢毀傷故使弟子開衾而視之也詩云戰戰兢兢如臨深淵如履薄冰孔曰言此詩者喻已常戒慎恐有所毀傷而今而後吾知免夫小子周曰乃今日後我自知免於患難矣小子弟子也呼之者欲使聽識其言

疏

曾子至小子○正義曰此章言曾子之孝不敢毀傷也曾子有疾召門弟子曰啓予足啓予手者啓開也曾子以爲受身體於父母不敢毀傷故有疾恐死召其門弟子使開衾而視之以明無毀傷也詩云戰戰兢兢如臨深淵如履薄冰者小

雅小旻篇文也戰戰恐懼兢兢戒慎臨深恐墜履薄恐陷曾子言此詩者喻己常戒慎恐有所毀傷也而今而後吾知免夫小子者小子弟子也言乃今日後自知免於患難矣呼弟子者欲使聽識其言也曾子有疾孟敬子問之馬曰孟敬子魯大夫仲孫捷曾子言曰鳥之將死其鳴也哀人之將死其言也善包曰欲戒敬子言我將死言善可用君子所貴乎道者三動容貌斯遠暴慢矣正顏色斯近信矣出辭氣斯遠鄙倍矣鄭曰此道謂禮也動容貌能濟濟蹌蹌則人不敢暴慢之正顏色能矜莊嚴栗則人不敢欺詐之出詞氣能順而說之則無惡戾之言入於耳籩豆之事則有司存包曰敬子忽大務小故又戒之以此籩豆禮器

疏曾子至司存○正義曰此章貴禮也曾子有疾孟敬子問之者來問疾也曾子言曰鳥之將死其鳴也哀人之將死其言也善者曾子因敬子來問已疾將欲戒之先以此言告之言我將死言善可用也君子所貴乎道者三動容貌斯遠暴慢矣正顏色斯近信矣

出詞氣斯遠鄙倍矣者此其所戒之辭也道謂禮也言君子所崇貴乎禮者有三事也動容貌能濟濟蹌蹌則人不敢暴慢之正顏色能矜莊嚴栗則人不敢欺誕之出詞氣能順而說之則無鄙惡倍戾之言入於耳也人之相接先見容貌次觀顏色次交言語故三者相次而言也暴慢鄙倍同是惡事故俱云遠信是善事故云近也籩豆之事則有司存者敬子輕忽大事務行小事故又戒之以此籩豆禮器也言執籩豆行禮之事則有所主者存焉此乃事之小者無用親之○註孟獻子魯大夫仲孫捷○正義曰鄭玄註檀弓云敬子武伯之子名捷是也○註包曰欲戒敬子言我將死言善可用○正義曰案春秋左氏傳魏顆父病困命使殺妾以殉又晉趙孟孝伯疾將死其語偷又晉程鄭問降階之道鄭然明以將死而有惑疾此等並是將死之時其言皆變常而曾子云人之將死其言也善者但人之疾患有深有淺淺則神正深則神亂故魏顆父初欲嫁妾是其神正之時曾子云其言也善是其未困之時且曾子賢人至困猶善其中庸已下未有疾病天奪之魄苟欲偷生則趙孟孝伯程鄭之徒不足怪也○註籩豆禮器○正義曰周禮天官籩人掌四籩之實醢人掌四豆之實鄭註云籩竹器如豆者其容實皆四升釋器云木豆謂之豆竹豆謂之籩豆盛葅醢籩盛棗栗以供祭祀享燕

故云禮器也

曾子曰：以能問於不能，以多問於寡，有若無，實若虛，犯而不校。包曰：校，報也。言見侵犯不報。昔者吾友嘗從事於斯矣。馬曰：友謂顔淵。

疏 曾子至斯矣○正義曰：此章稱顔淵之德行也。曾子曰以能問於不能以多問於寡有若無實若虛犯而不校者，校，報也，言其好學持謙，見侵犯而不報也。昔者吾友嘗從事於斯矣者，曾子云：昔時我同志之友顔淵嘗從事於斯矣，言能行此上之事也。

曾子曰：可以託六尺之孤，孔曰：六尺之孤，幼少之君。可以寄百里之命，孔曰：攝君之政令。臨大節而不可奪也。大節，安國家，定社稷。奪，不可傾奪。君子人與？君子人也。

疏 曾子至人也○正義曰：此章論君子德行也。曾子曰可以託六尺之孤者，謂可委託以幼少之君也，若周公、霍光也。可以寄百里之命者，謂君在亮陰，可當國攝君之政令也。臨大節而不可奪也者，奪謂傾奪，大節謂安國家，定社稷。言事有可以安國家，定社稷，臨時固守，羣衆不可傾奪也。君子人與君子人也者，言能此已上之事可以謂之君子人與與者疑而未定之辭審而察之能此上事者可謂君子無復疑也故又云君子人也○註孔曰六尺之孤幼少之君○正義曰鄭玄註此云六尺之孤年十五已下言已下者正謂十四已下亦可寄託非謂六尺可通十四已下鄭知六尺年十五者以周禮鄉大夫職云國中自七尺以及六十野自六尺以及六十有三皆征之以其國中七尺為二十對六十野云六尺對六十五晚校五年明知六尺與七尺早校五年故以六尺為十五也

曾子曰士不可以不弘毅任重而道遠包曰弘大也毅強而能斷也士必毅然後能負重任致遠路仁以爲己任不亦重乎死而後已不亦遠乎孔曰以仁為己任重莫重焉死而後已遠莫遠焉

疏曾子至遠乎○正義曰此章明士行也曾子曰士不可以不弘毅任重而道遠者弘大也毅強而能斷也言士能弘毅然後能負重任致遠路也仁以為己任不亦重乎死而後已不亦遠乎者復明任重道遠之事也言仁以為己任人鮮克舉之是他物之重莫重於此焉他人行仁則日月至焉而已矣士則死而後已是遠莫遠焉

子曰興於詩包曰興起也言脩身當先學詩

守孚校　陸誥青

立於禮包曰禮者所以立身成於樂包曰樂所以成性疏子曰興於詩立於禮成於樂○正義曰此章記人立身成德之法也興起也言人脩身當先起於詩也立身必須學禮成性在於學樂不學詩無以言不學禮無以立既學詩禮然後樂以成之也

子曰民可使由之不可使知之由用也可使用而不可使知者百姓能日用而不能知疏子曰民可使由之不可使知之○正義曰此章言聖人之道深遠人不易知也由用也民可使用之而不可使知之者以百姓能日用而不能知故也

子曰好勇疾貧亂也包曰好勇之人而患疾已貧賤者必將為亂人而不仁疾之已甚亂也包曰疾惡太甚亦使其為亂疏子曰好勇疾貧亂也人而不仁疾之已甚亂也○正義曰此章說小人之行也言好勇之人患疾已貧賤者必將為逆亂也人若本性不仁則當以禮孫接不可深疾之若疾惡太甚亦使為亂也

子曰如有周公之才之美使驕且吝其餘不足觀也已孔曰周公者周公旦疏子曰如有周公之才之美使驕

且吝其餘不足觀也已○正義曰此章戒人驕吝也周公周公旦也大聖之人也才美兼備設人有周公之才美使為驕矜且鄙吝其餘雖有善行不足觀也言為鄙吝所捨棄也○註周公者周公旦○正義曰以春秋之世別有周公此孔子極言其才美而云周公恐與彼相嫌故註者明之

子曰三年學不至於穀不易得也孔曰穀善也言人三歲學不至於善不可得言必無也所以勸人學

疏子曰三年學不至於穀不易得也○正義曰此章勸學也穀善也言人勸學三歲必至於善若三歲學不至於善不可得言必無也所以勸人學也

子曰篤信好學守死善道危邦不入亂邦不居天下有道則見無道則隱包曰言行當常然危邦不入始欲往亂邦不居今欲去亂謂臣弒君子弒父危者將亂之兆邦有道貧且賤焉恥也邦無道富且貴焉恥也

疏子曰至恥也○正義曰此章勸人守道也子曰篤信好學者言厚於誠信而好樂問也守死善道者守節至死不離善道也危邦不入亂邦不居者亂謂臣弒君子弒父危者將亂之兆

五　王元保

也不入謂始欲往見其亂邦不復入也不居謂今欲見其已亂則遂去之也天下有道則見無道則隱者言值明君則當出仕遇闇王則當隱避邦有道貧且賤焉恥也者恥其不得明君之祿也邦無道富且貴焉恥也者恥食汚君之祿以致富貴也言人之為行當常如此

子曰不在其位不謀其政孔曰欲各專一於其職

【疏】子曰不在其位不謀其政○正義曰此章成人侵官也言不在此位則不得謀此位之政欲使各專一守於其本職也

子曰師摯之始關雎之亂洋洋乎盈耳哉鄭曰師摯魯大師之名始猶首也周道衰微鄭衛之音作正樂廢而失節魯大師摯識關雎之聲而首理其亂者洋洋盈耳聽而美之

【疏】子曰師摯之始關雎之亂洋洋乎盈耳哉○正義曰此章美正樂之音也師摯魯大師名也始猶首也關雎周南篇名正樂之首章也周道衰微鄭衛之音作正樂廢而失節魯大師摯識關雎之聲而首理其亂者洋洋盈耳聽而美之

子曰狂而不直孔曰狂者進取宜直**侗而不愿**孔曰侗未成器之人宜謹愿**悾悾而不信**包曰悾悾愨也宜可信**吾不知之矣**

孔曰言皆與常度反我不知之疏子曰狂而不直侗而不愿悾悾而不信吾不知之矣○正義曰此章孔子疾小人之性與常度反也狂者進取宜直而乃不直侗未成器之人宜謹愿而乃不愿悾悾慤也謹慤之人宜信而乃不信此等之人皆與常度反我不知之也

子曰學如不及猶恐失之學自外入至熟乃可長久如不及猶恐失之疏子曰學如不及猶恐失之正義曰此章勸學也言學自外入至熟乃可長久故勸學汲汲如不及猶恐失之也何況怠惰而不汲汲者乎

子曰巍巍乎舜禹之有天下也而不與焉美舜禹也言己不與求天下而得之巍巍高大之稱疏子曰巍巍乎舜禹之有天下也而不與焉○正義曰此章美舜禹也巍巍高大之稱言舜禹之有天下自以功德受禪不與求而得之所以其德巍巍然高大也

子曰大哉堯之為君也巍巍乎唯天為大唯堯則之孔曰則法也美堯能法天而行化蕩蕩乎民無能名焉包曰蕩蕩廣遠之稱言其布德廣遠民無能識其名焉巍巍乎其有成

功也功成化隆高大巍巍煥乎其有文章煥明也其立文垂制又著明疏子曰至文章○正義曰此章歎美堯也子曰大哉堯之為君也巍巍乎唯天為大唯堯則之者則法也言大矣哉堯之為君也聰明文思其德高大巍巍然有形之中唯天為大萬物資始四時行焉唯堯能法此天道而行其化焉蕩蕩乎民無能名焉者蕩蕩廣遠之稱言其布德廣遠民無能識其名者焉巍巍乎其有成功也者言其治民功成化隆高大巍巍然煥乎其有文章者煥明也言其立文垂制又著明也舜有臣五人而天下治孔曰禹稷契臯陶伯益武王曰予有亂臣十人馬曰亂治也治官者十人謂周公旦召公奭太公望畢公榮公太顛閎夭散宜生南宮适其一人謂文母孔子曰才難不其然乎唐虞之際於斯為盛有婦人焉九人而已孔曰唐者堯號虞者舜號際者堯舜交會之間斯此也言堯舜交會之間比於周周最盛多賢才然尚有一婦人其餘九人而已人才難得豈不然乎三分天下有其二以服事殷周之德其可

謂至德也已矣包曰殷紂淫亂文王爲西伯而有聖德天下歸周者三分有二而猶以服事殷故謂之至德

疏舜有至已矣○正義曰此章論大才難得也舜有臣五人而天下治者言帝舜時有大才之臣五人而天下大治五人者禹也稷也契也臯陶也伯益也武王曰予有亂臣十人者亂治也周書武王曰我有治官之臣十人者謂周公旦也召公奭也太公望也畢公也榮公也太顛也閎夭也散宜生也南宮适也其一人謂文母也孔子曰才難不其然乎唐虞之際於斯爲盛有婦人焉九人而已者記者舉舜及武王之時大才之人於上遂載孔子之言於下唐者堯號虞者舜號際者堯舜交會之間也斯此也言堯舜交會之間比於此周周最爲盛多賢才也然尚有一婦人其餘九人而已大才難得豈不然乎三分天下有其二以服事殷周之德其可謂至德也已矣者此孔子因美周文王有至聖之德也言殷紂淫亂文王爲西伯而有聖德天下歸周者三分有二而猶以服事殷故謂之至德也○注孔曰禹稷契臯陶伯益○正義曰案史記及舜典禹名文命鯀之子也舜命作司空平水土之官也稷名棄帝嚳之子也舜命爲后稷布種百穀之官也契亦帝嚳之子也佐禹治水有功舜命作司徒布五教之官也臯陶字廷堅顓頊之後舜命作士理官也

伯益皋陶之子舜命作虞官掌山澤之官也。○註馬曰至之
毋○正義曰云亂治也釋詁文云十人謂周公旦以下者先
儒相傳爲此説也案史記世家云周公名旦武王之弟也封
於魯食菜於周謂之周公召公名奭與周同姓封於燕食邑
於召謂之召公太公望呂尚也東海上人其先祖嘗爲四岳
佐禹平水土甚有功虞夏之際封於呂本姓姜氏從其封姓
故曰呂尚呂尚蓋嘗窮困年老矣以魚釣奸周西伯西伯將
獵卜之曰所獲非龍非彲丑知切非虎非羆所獲霸王之輔
於是周西伯獵果遇太公於渭之陽與語大説曰自吾先君
太公曰當有聖人適周周以興子真是邪吾太公望子久矣
故號之曰太公望載與俱歸立爲太師劉向別錄曰師之尚
之父之故曰師尚父父亦男子之美號孫子兵法曰周之興
也呂牙在殷則牙又是其名字武王已平商而王天下封師
尚父於齊畢榮皆國名入爲天子公卿畢公文王庶子太閎
散南宮皆氏顛夭宜生适皆名也文母文王之后太姒也從
夫之謚武王之母謂之文母周南召南言后妃夫人者皆是
也○註孔曰至然乎○正義曰云唐者堯號虞者舜號者史
記諸書皆言堯帝嚳之子帝摯之弟嚳崩摯立摯崩乃傳位
於堯書傳云堯年十六以唐侯升爲天子遂以爲號或謂之
陶唐氏書曰惟彼陶唐世本云帝堯爲陶唐氏韋昭云陶唐

皆國名猶易稱殷商也案經傳契居商故湯以商為國號後
盤庚遷殷故殷商雙舉歷檢書傳未聞帝堯居陶而以陶冠
唐蓋以二字為名所稱或單或複也舜之為虞猶禹之為夏
外傳稱禹氏曰有夏則如舜氏曰有虞顓頊已來地為國號
而舜有天下號曰有虞氏是地名也王肅云虞地也皇甫謐
云堯以二女妻舜封之於虞今河東大陽山西虞地是也然
則舜居虞地以虞為氏堯封之虞為諸侯及王天下遂為天
子之號故從微至著常稱虞氏○註包曰至唐○正義曰
云殷紂淫亂者紂為淫亂書傳備言若泰誓云沈湎冐色敢
行暴虐之類是也云文王為西伯而有聖德者鄭玄詩譜云
周之先公曰太王者避狄難自豳始遷焉而脩德建王業商
王帝乙之初命其子王季為西伯至紂又命文王典治南國
江漢汝墳之諸侯是謂文王繼父之業為西伯也殷之州長
曰伯謂為殷州伯也周禮八命作牧殷之州牧謚亦八命如
旱麓傳云九命然後錫以秬鬯圭瓚孔叢云羊容問於子思
曰古之帝王中分天下而二公治之謂之二伯周自后稷封
為王者之後大王王季皆為諸侯奚得為西伯乎子思曰吾
聞諸子夏云殷王帝乙之時王季以九命作伯於西受圭瓚
秬鬯之錫故文王因之得專征伐此諸侯為伯猶周召分陝
皇甫謐亦云王季於帝乙殷王之時賜九命為西長始受圭

積耜邑皆以為王季受九命作東西大伯鄭不見孔叢之書旱麓之箋不言九命則以王季為州伯也文王亦為州伯故西伯戡黎註云文王為雍州之伯南兼梁荆在西故曰西伯文王之德優於王季文王尚為州伯明王季亦為州伯也楚辭天問曰伯昌號衰秉鞭作牧王逸註云伯謂文王也鞭以諭政言紂號令既衰文王執鞭持政為雍州牧天問屈原所作去聖未遠謂文王為牧明非太伯也所以不從毛說言至紂又命文王者既以繼父為伯又命之使兼治南國江漢汝墳之諸侯周本紀云季歷娶大任生昌有聖瑞古公曰我世當有興者其在昌乎後果受命為文王也云天下歸周者三分有二而猶服事殷者鄭玄又云於時三分天下有其二以服事殷故雍梁荆豫徐楊之人咸被其德而從之鄭既引論語三分有二故據禹貢州名指而言之雍梁荆豫徐楊歸文王其餘冀青兖屬紂九州而有其六是為三分有其二也書傳云文王率諸侯以事紂是猶服事殷也紂惡貫盈文王不忍誅伐猶服事之故謂之至德也

子曰禹吾無間然矣孔曰孔子推禹功德之盛美言已不能復間廁其間菲飲食而致孝乎鬼神馬曰菲薄也致孝鬼神祭祀豐絜惡衣服而致美乎黻冕

孔曰損其常服以盛祭服卑宮室而盡力乎溝洫包曰方里為井井間有溝溝廣深四尺十里為成成間有洫洫廣深八尺禹吾無間然矣

【疏】子曰至然矣　正義曰此章美夏禹之功德也子曰禹吾無間然矣者間謂間厠孔子推禹功德之盛美言已不能復間厠其間也菲飲食而致孝乎鬼神者此下言其無間之三事也菲薄也薄己飲食致孝鬼神令祭祀之物豐多絜靜也惡衣服而致美乎黻冕者黻冕皆祭服也言禹降損其常服以盛美其祭服也卑宮室而盡力乎溝洫者溝洫田間通水之道也言禹卑下所居之宮室而盡力以治田間之溝洫也以常人之情飲食務於肥濃禹則淡薄之衣服好其華美禹則麤惡之宮室多尚高廣禹則卑下之飲食鬼神所享故云致孝祭服備其采章故云致美溝洫人功所為故云盡力也禹吾無間然矣者美之深故再言之○註孔曰損其常服以盛祭服○正義曰鄭玄注此云黻是祭服之衣冕其冠也左傳晉侯以黻冕命士會亦當然也黻蔽膝也祭服謂之黻其他謂之韠俱以韋為之制同而色異韠各從裳色黻其色皆赤尊卑以深淺為異天子純朱諸侯黃朱大夫赤而已大夫以上冕服悉皆有黻故禹言黻冕左傳亦言黻冕但冕服自有尊卑耳周禮司服云王之服

祀昊天上帝則服大裘而冕祀五帝亦如之享先王則袞冕享先公饗射則鷩冕祀四望山川則毳冕祭社稷五祀則希冕祭羣小祀則玄冕孤之服自希冕而下左傳士會黻冕當是希冕也此禹之黻冕則六冕皆是也○註包曰至八尺○正義曰方里為井井間有溝溝廣深四尺十里為成成間有洫洫廣深八尺者案考工記匠人為溝洫耜廣五寸二耜為耦一耦之伐廣尺深尺謂之甽田首倍之廣二尺深二尺謂之遂九夫為井井間廣四尺深四尺謂之溝方十里為成成間廣八尺深八尺謂之洫方百里為同同間廣二尋深二仞謂之澮鄭註云此畿内采地之制九夫為井井者方一里九夫所治之田也采地制井田異於鄉遂及公邑三夫為屋屋具也一井之中三屋九夫三三相具以出賦稅共治溝也方十里為成成中容一甸甸方八里出田稅緣邊一里治洫方百里為同同中容四都六十四成方八十里出田稅緣邊千里治澮是溝洫之法也

論語註疏解經卷第八

論語註疏解經卷第九

子罕第九　　何晏集解　　邢昺疏

【疏】正義曰此篇皆論孔子之德行也故以次泰伯堯禹之至德

子罕言利與命與仁罕者希也利者義之和也命者天之命也仁者行之盛也寡能及之故希言也【疏】子罕言利與命與仁○正義曰此章論孔子希言難及之事也罕希也與及也利者義之和也命者天之命也仁者行之盛也孔子以其利命仁三者常人寡能及之故希言也○注罕者至言也○正義曰釋詁云希罕也轉互相訓故罕得為希也云義者利之和也者乾卦文言文也言天能利益庶物使物各得其宜而和同也此云利者謂君子利益萬物使物各得其宜足以和合於義法天之利也云命者天之命也者謂天所命生人者也天本無體亦無言語之命但人感自然而生有賢愚吉凶窮通夭壽若天之付命遣使之然故云天之命也云仁者行之盛也者仁者愛人以及物是善行之中最盛者也以此三者中知以下寡能及知故孔子希言也

達巷黨人曰大

哉孔子博學而無所成名鄭曰達巷者黨名也五百家為黨此黨之人美孔子博學道藝不成一名而已子聞之謂門弟子曰吾何執執御乎執射乎吾執御矣鄭曰聞人美之承之以謙吾執御欲名六藝之卑也疏達巷至御矣○正義曰此章論孔子道藝該博也達巷黨人曰大哉孔子博學而無所成名者達巷者黨名也五百家為黨此黨之人美孔子博學道藝不成一名而已子聞之謂門弟子曰吾何執執御乎執射乎吾執御矣者孔子聞人美之承之以謙故告謂門弟子曰我於六藝之中何所執守乎但能執御乎執射乎者疑而未定之辭又復謙指云吾執御矣以為人僕御是六藝之卑者孔子欲名六藝之卑故云吾執御矣謙之甚矣子曰麻冕禮也今也純儉吾從衆孔曰冕緇布冠也古者績麻三十升布以為之純絲也絲易成故從儉拜下禮也今拜乎上泰也雖違衆吾從下王曰臣之與君行禮者下拜然後成禮時臣驕泰故於上拜今從下禮之恭也疏子曰至從下○正義曰此章記孔子從恭儉吾

從衆者冕緇布冠也古者績麻三十升布以為之故云麻冕禮也今也謂當孔子時純絲也絲易成故云純儉用絲雖不合禮以其儉易故孔子從之也拜下禮也今拜乎上泰也雖違衆吾從下者禮臣之與君行禮者下拜然後升成拜是礼也今特之臣皆拜於上長驕泰也孔子以其驕泰則不孫故違衆而從下拜之禮也下拜禮之恭故也○註孔曰至從儉○正義曰云冕緇布冠也者冠者首服之大名冕者冠中之別號故冕得為緇布冠也士冠禮曰陳服緇布冠頍項青組纓屬于頍記曰始冠緇布之冠也大古冠布齊則緇之其緌也孔子曰吾未之聞也冠而敝之可也云古者績麻三十升布以為之者鄭註喪服云布八十縷為升○註王曰至恭也○正義曰云臣之與君行禮者下拜然後升成禮者案燕禮君燕卿大夫之禮也其禮云公坐取大夫所媵觶興以酬賓賓降西階下再拜稽首公命小臣辭賓升成拜鄭註升成拜復再拜稽首也先時君辭之於禮若未成然又覲禮天子賜侯氏以車服諸公奉篋服加命書于其上升自西階東面大史氏右侯氏升西面立大史述命侯氏降西階之間北面再拜稽首升成拜皆是臣之與君行禮下拜然後升成禮也

子絕四毋意以道為度故不任意毋必用之則行舍之則藏故無專必毋固無可

無不可故無固行毋我述古而不自作處羣萃而不自異唯道是從故不有其身【疏】子絕四毋意毋必毋固毋我○正義曰此章論孔子絕去四事與常人異也毋不也我身也常人師心徇惑自任已意孔子以道為度故不任意常人行藏不能隨時用舍好自專必推孔子用之則行舍之則藏不專必也常人之情可者與之不可者拒之好堅固其所行也孔子則無可無不可不固行也人多制作自異以擅其身孔子則述古而不自作處羣衆萃聚和光同塵而不自異故不有其身也

子畏於匡包曰匡人誤圍夫子以為陽虎陽虎曾暴於匡夫子弟子顏尅時又與虎俱行後尅為夫子御至於匡匡人相與共識尅又夫子容貌與虎相似故匡人以兵圍之曰文王既沒文不在茲乎孔曰茲此也言文王雖已死其文見在此此自謂其身天之將喪斯文也後死者不得與於斯文也孔曰文王既沒故孔子自謂後死言天將喪此文者本不當使我知之今使我知之未欲喪也天之未喪斯文也匡人其如予何馬曰其如予何者猶言柰我何也天之未喪此文則我當傳之匡人欲柰我何

言其不能違天以害已也【疏】子畏至予何○正義曰此章記孔子知天命也子畏於匡者謂匡人以兵圍孔子記者以衆情言之故云子畏於匡其實孔子無所畏也曰文王既沒文不在兹乎者孔子以弟子等畏懼故以此言諭之兹此也言文王雖已死其文豈不見在我此身乎言其文見在我此身也天之將喪斯文也後死者不得與於斯文也者後死者孔子自謂也以文王既沒故孔子自謂已爲後死者言天將喪此文者本不當使我與知之今既使我知之是天未欲喪此文也天之未喪斯文也匡人其如予何者如予何猶言奈我何也天之未喪此文則我當傳之匡人其欲奈我何言匡人不能違天以害已也○註包曰至圍之○正義曰此註皆約世家述其畏匡之由也案世家云孔子去衛將適陳過匡顔尅爲僕以策指之曰昔吾入此由彼缺也匡人聞之以爲魯之陽虎陽虎嘗暴匡人匡人於是遂止孔子孔子狀貌類陽虎拘焉五日匡人拘孔子益急弟子懼孔子曰文王既沒文不在兹乎已下文與此正同是其事也

太宰問於子貢曰夫子聖者與何其多能也孔曰太宰大夫官名或吳或宋未可分也疑孔子多能於小藝子貢曰固天縱之將聖又多

能也孔曰言天固縱大聖之德又使多能也子聞之曰太宰知我乎吾少也賤故多能鄙事君子多乎哉不多也包曰我少小貧賤常自執事故多能為鄙人之事君子固不當多能

【疏】大宰至多也○正義曰此章論孔子多小藝也太宰問於子貢曰夫子聖者與何其多能也者太宰大夫官名大宰之意以為聖人當務大忽小今夫子既曰聖者與又何其多能少藝乎以為疑故問於子貢也子貢曰固天縱之將聖又多能也者將大也言天固縱大聖之德又使多能也子聞之曰太宰知我乎者孔子聞大宰疑已多能非聖故云知我乎謙謙之意也吾少也賤故多能鄙事者又說以多能之由也言我自小貧賤常自執事故多能為鄙人之事也君子多乎哉不多也者又言聖人君子當多能乎哉言君子固不當多能也今已多能則為非聖所以為謙謙也○註孔曰至小藝○正義曰云大宰大夫官名者案周禮大宰六卿之長卿即上大夫也故云大夫官名也云或吳或宋未可分也者以當時惟吳宋二國上大夫稱太宰諸國雖有太宰非上大夫故云或吳或宋未可分也鄭云是吳太宰嚭也以左傳哀十二年公會吳于橐皐吳子使太宰嚭請尋盟公不欲使

子貢對又子貢嘗適吳故鄭以爲是吳大宰嚭也 牢曰子云吾不試故藝 曰

牢弟子子牢也試用也言孔子自云我不見用故多技藝

疏 牢曰子云吾不試故藝云 正義曰此章論孔子多技藝之由但與前章異時而語故分之牢弟子琴牢也試用也言孔子自云我不見用於時故多能技藝。註牢弟子子牢也。正義曰家語弟子篇云琴牢衛人也字子開一字張鄭云弟子子牢當是耳

子曰吾有知乎哉無知也 知者知意之知也知者言未必盡今我誠盡

有鄙夫問於我空空如也我叩其兩端而竭焉 孔曰有鄙夫來問於我其意空空然我則發事之終始兩端以語之竭盡所知不爲有愛

疏 子曰至竭焉 正義曰此章言孔子教人必盡其誠也子曰吾有知乎哉無知也者知者意之所知也孔子言我有意之所知不盡以教人乎哉無之也常人知者言未必盡今我誠盡也有鄙夫問於我空空如也我叩其兩端而竭焉者此舉無知而誠盡之事也空空虛心也叩發動也兩端終始也言設有鄙賤之夫來問於我其意空空然我則發事之終始兩端以告語之竭盡所知不爲有愛言我教鄙夫尚竭盡所知況知

禮義之弟子乎明無愛惜乎其意之所知也。註知者至誠盡。正義曰云知者知意之知也者知意之知禮意言意之所知也云知者言未必盡者言他人之短者言之以教人未必竭盡所知謂多所愛惜也云今我誠盡者謂孔子言今我教人實盡其意之所知無愛惜也故云無知也

子曰鳳鳥不至河不出圖吾已矣夫孔曰聖人受命則鳳鳥至河出圖今天無此端吾已矣夫者傷不得見也河圖八卦是也

【疏】子曰鳳鳥不至河不出圖言已矣夫。正義曰此章言孔子傷時无明君也聖人受命則鳳鳥至河出圖今天无此端則時無聖人也故歎曰吾已矣夫傷不得見也。註孔曰至是也。正義曰聖人受命則鳳鳥至河出圖者禮器云升中於天而鳳皇降援神契云德至鳥獸則鳳皇來天老曰鳳象麟前鹿後蛇頸魚尾龍文龜背燕頷雞喙五色備舉出於東方君子之國翱翔四海之外過崐崘飲砥柱濯羽弱水莫宿丹穴見則天下大安寧鄭玄以爲河圖洛書龜龍銜負而出如中候所說龍馬銜甲赤文綠色甲似龜背袤廣九尺上有列宿斗正之度帝王錄紀興亡之數是也孔安國以爲河圖即八卦是也

子見齊衰者冕衣裳者與瞽者包曰冕者冠也大夫之服

瞽盲也見之雖少必作過之必趨包曰作起也趨疾行也此夫子哀有喪尊在位恤不成人

【疏】子見至必趨○正義曰此章言孔子哀有喪尊在位恤不成人也子見齊衰者冕衣裳者與瞽者齊衰周親之喪服也言齊衰則斬衰從可知也冕冠也大夫之服也瞽盲也見之雖少必作過之必趨者作起也趨疾行也言夫子見此三種之人雖少坐則必起行則必趨

顏淵喟然嘆曰喟歎聲仰之彌高鑽之彌堅言不可窮盡瞻之在前忽然在後言恍惚不可為形象夫子循循然善誘人循循次序貌誘進也言夫子正以此道進勸人有所序博我以文約我以禮欲罷不能既竭吾才如有所立卓爾雖欲從之末由也已孔曰言夫子既以文章開博我又以禮節節約我使我欲罷而不能已竭我才矣其有所立則又卓然不可及言已雖常蒙夫子之善誘猶不能及夫子之所立

【疏】顏淵至也已○正義曰此章美夫子之道也顏淵喟然嘆曰仰之彌高鑽之彌堅瞻之在前忽然在

後者喟歎聲也彌益也顏淵喟然發歎言夫子之道高堅不可窮盡恍惚不可為形象故仰而求之則益高鑽研求之則益堅瞻之似若在前忽然又復在後也夫子循循然善誘人者循循次序貌誘進也言夫子以此道教人循循然有次序可謂善進勸人也博我以文約我以禮欲罷不能既竭吾才如有所立卓爾雖欲從之末由也已者末無也言夫子既開博我以文章又節約我以禮節使我欲罷止而不能已竭盡我才矣其夫子更有所創立則又卓然絕異已雖欲從之無由得及言已雖蒙夫子之善誘尤不能及夫子之所立也

子疾病包曰疾甚曰病子路使門人為臣鄭曰孔子嘗為大夫故子路欲使弟子行其臣之禮病間曰久矣哉由之行詐也無臣而為有臣吾誰欺欺天乎孔曰少差曰間言子路久有是心非今日也且予與其死於臣之手也無寧死於二三子之手乎馬曰無寧寧也二三子門人也就使我有臣而死其手我寧死於弟子之手乎且予縱不得大葬孔曰君臣禮葬予死於道路乎馬曰

正使我不得以君臣禮葬有二三子在我寧當憂棄於道路乎【疏】子疾至路乎○正義曰此章言孔子不欺也子疾病者疾甚曰病子路使門人為臣者以孔子嘗為魯大夫故子路欲使弟子行其家臣之禮以夫子為大夫君也病間曰久矣哉由之行詐也者少差曰間當其疾甚時子路以門人為臣夫子不知及病少差知之乃責之言子路久有是詐欺之心非今日也故云久矣哉由之行詐也無臣而為有臣吾誰欺欺天乎者言我既去大夫是無臣也女使門人為臣是無臣而為有臣如此行詐人盖知之是人不可欺故云吾誰欺既人不可欺乃欲遠欺天乎且予與其死於臣之手也無寧死於二三子之手乎者無寧寧也二三子門人也言就使我有臣且我等其死於臣之手寧如死於其弟子之手乎且予縱不得大葬予死於道路乎者大葬謂君臣禮葬言且就使我縱不得以君臣禮葬有二三子在我寧當憂棄於道路乎言必不至死於道路也

子貢曰有美玉於斯韞匵而藏諸求善賈而沽諸馬曰韞藏也匵匱也謂藏諸匵中沽賣也得善賈寧肯賣之邪子曰沽之哉沽之哉我待賈者也包曰沽之哉不衒賣之辭我居而待賈

疏子貢至者也○正義曰此章言孔子藏德待用也子貢曰有美玉於斯韞匵而藏諸求善賈而沽諸者子貢欲觀孔子聖德藏用何如故託玉以諮問也韞藏也匵匱也諸之沽賣也言人有美玉於此藏在匱中而藏之若求得善賈之賈寧肯賣之邪君子於盡比德子貢之意言夫子有美德而懷藏之若人虛心盡禮求之夫子肯與之乎子曰沽之哉沽之哉我待賈者也者孔子荅言我賣之哉不衒賣之辭雖不衒賣我居而待賈言有人虛心盡禮以求我道我即與之而不吝也

子欲居九夷馬曰九夷東方之夷有九種或曰陋如之何子曰君子居之何陋之有馬曰君子所居則化

疏子欲至之有○正義曰此章論孔子疾中國無明君也子欲居九夷者東方之夷有九種孔子以時無明君故欲居東夷或曰陋如之何者或人謂孔子言東夷僻陋無禮如何可居子曰君子居之何陋之有者孔子荅或人言君子所居則化使有禮義故云何陋之有○注馬曰九夷東方之夷有九種○正義曰案東夷傳云夷有九種曰畎夷于夷方夷黃夷白夷赤夷玄夷風夷陽夷又一曰玄菟二曰樂浪三曰高驪四曰滿飾五曰鳧臾六曰索家七曰東屠八曰倭人九曰天鄙

子曰吾自

衛反魯然後樂正雅頌各得其所鄭曰反魯魯哀公十一年冬是時道衰樂廢孔子來還乃正之故雅頌各得其所疏子曰吾自衛反魯然後樂正雅頌各得其所○正義曰此章記孔子言正廢樂之事也孔子以定十四年去魯應聘諸國魯哀公十一年自衛反魯是時道衰樂廢孔子來還乃正之故雅頌各得其所也○注反魯魯哀公十一年冬○正義曰案左傳哀十一年冬衛孔文子之將攻大叔也訪於仲尼仲尼曰胡簋之事則嘗學之矣甲兵之事未之聞也退命駕而行曰鳥則擇木木豈能擇鳥文子遽止之曰圉豈敢度其私訪衛國之難也將止魯人以幣召之乃歸杜注云於是自衛反魯樂正雅頌各得其所是也

子曰出則事公卿入則事父兄喪事不敢不勉不為酒困何有於我哉馬曰困亂也疏子曰出則事公卿入則事父兄喪事不敢不勉不為酒困何有於我哉○正義曰此章記孔子言忠順孝悌哀喪慎酒之事也困亂也言出仕朝廷則盡其忠順以事公卿也入居私門則盡其孝悌以事父兄也若有喪事則不敢不勉力以從禮也未嘗為酒亂其性也他人無是行於我我獨有之故曰何有於

我哉

子在川上曰：逝者如斯夫！不舍晝夜。包曰：逝，往也。言凡往也者如川之流。【疏】子在川上曰逝者如斯夫不舍晝夜○正義曰：此章記孔子感歎時事既往不可追復也。逝，往也。夫子因在川水之上，見川水之流迅速且不可追復，故感之而興歎，言凡時事往者如此川之流，夫不以晝夜而有舍止也。

子曰：吾未見好德如好色者也。疾時人薄於德而厚於色，故發此言。【疏】子曰吾未見好德如好色者也○正義曰：此章孔子疾時人薄於德而厚於色也。

子曰：譬如為山，未成一簣，止，吾止也。包曰：簣，土籠也。此勸人進於道德。為山者其功雖已多，未成一籠而中道止者，我不以其前功多而善之，見其志不遂，故不與也。譬如平地，雖覆一簣，進，吾往也。馬曰：平地者將進加功，雖始覆一簣，我不以其功少而薄之，據其欲進而與之。【疏】子曰至往也○正義曰：此章孔子勸人進於道德也。譬如為山，未成一簣，止，吾止也者，簣，土籠也。言人之學道垂成而止，前功雖多，吾不與也。譬如為山者，其功雖已多，未成一籠而中道止者，我不以其前功多而善之，見其志不遂故吾止而不與也譬如平地雖覆一簣進吾往也者言人進德脩業功跡未多而強學不息則吾與之也譬如平地者將進加功雖始覆一簣我不以其功少而薄之據其欲進故吾則往而與之也子曰語之而不惰者其回也與顏淵解故語之而不惰餘人不解故有惰語之時疏子曰語之而不惰者其回也與○正義曰此章美顏回也惰謂懈惰也言餘人不能盡解故有懈惰於夫子之語時其語之而不懈惰者其唯顏回也與顏淵解故也子謂顏淵曰惜乎吾見其進也未見其止也包曰孔子謂顏淵進益未止痛惜之甚疏子謂顏淵曰惜乎吾見其進也未見其止也正義曰此章以顏回早死孔子於後歎惜之也孔子謂顏淵進益未止痛惜之甚也子曰苗而不秀者有矣夫秀而不實者有矣夫孔曰言萬物有生而不育成者喻人亦然疏子曰苗而不秀者有矣夫秀而不實者有矣夫○正義曰此章亦以顏回早卒孔子痛惜之爲之作譬也言萬物有生而不育成者喻人亦然也子曰後生可畏焉知來者之

不如今也後生謂年少四十五十而無聞焉斯亦不足畏也已疏子曰至也已○正義曰此章勸學也子曰後生可畏焉知來者之不如今也者後生謂年少也言年少之人足以積學成德誠可畏也安知將來者之道德不如我今日也四十五十而無聞焉斯亦不足畏也已者言年少時不能積學成德至於四十五十而令名無聞雖欲強學終無成德故不足畏也

子曰法語之言能無從乎改之為貴孔曰人有過以正道告之口無不順從之能必自改之乃為貴巽與之言能無說乎繹之為貴馬曰巽恭也謂恭孫謹敬之言聞之無不說者能尋繹行之乃為貴說而不繹從而不改吾末如之何也已矣疏子曰至已矣○正義曰此章貴行也子曰法語之言能無從乎改之為貴者謂人有過以禮法正道之言告語之當時口無不順從之者口雖服從未足可貴能必自改之乃為貴耳巽與之言能無說乎繹之為貴者巽恭也繹尋繹也謂以恭孫謹敬之言教與之當時聞之無不喜說者雖聞之喜說未足可貴必能尋繹其言

行之乃為貴也說而不繹從而不改吾末如之何也已矣哉開口雖說從而行不尋繹追改疾夫形服而心不化故云末如之何猶言不可奈何也子曰主忠信毋友不如己者過則勿憚改慎所主友有過務改皆所以為益【疏】子曰主忠信毋友不如己者過則勿憚改○正義曰此章戒人忠信改過也主猶親也憚猶難也言凡所親狎皆須有忠信者也無得以忠信不如己者為友也苟有其過無難於改也學而篇已有此文記者異人故重出之子曰三軍可奪帥也匹夫不可奪志也孔曰三軍雖衆人心不一則其將帥可奪而取之匹夫雖微苟守其志不可得而奪也○【疏】子曰三軍可奪帥也匹夫不可奪志也○正義曰此章言人守志不移也萬二千五百人為軍帥謂將也匹夫謂庶人也三軍雖衆人心不一則其將帥可奪而取之匹夫雖微苟守其志不可得而奪也士大夫已上有妾媵庶人賤但夫婦相匹配而已故云匹夫子曰衣敝緼袍與衣狐貉者立而不耻者其由也與孔曰緼枲著不忮不求何用不臧馬曰

子罕校　語疏九　九　曾春

忮害也臧善也言不忮害不貪求何用為不善疾貪惡忮害之詩**子路終身誦之子曰是道也何足以臧**馬曰臧善也尚復有美於是者何足以為善

【疏】子曰至以臧○正義曰此章善仲由也子曰衣敝緼袍與衣狐貉者立而不恥者其由也與者緼枲著也緼袍衣之賤者狐貉裘之貴者常人之情著破敗之緼袍與著狐貉之裘者並立則皆慙恥而能不恥者唯其仲由也與不忮不求何用不臧者忮害也臧善也言不忮害不貪求何用為不善言仲由不忮害不貪求何用為不善此詩邶風雄雉之篇疾貪惡忮害之詩也孔子言之以善子路也子路終身誦之者子路以夫子善己故常稱誦之子曰是道也何足以臧者孔子見子路誦之不止懼其伐善故抑之言人行尚復有美於是者此何足以為善○注孔曰緼枲著○正義曰玉藻云纊為繭緼為袍鄭玄云衣有著之異名也纊謂今之新緜緼謂今纊及舊絮也然則今云枲著者雜用枲麻以著袍也

子曰歲寒然後知松柏之後彫也大寒之歲衆木皆死然後知松栢小彫傷平歲則衆木亦有不死者故須歲寒而後別之喻凡人處治世亦能自脩整與君子同在濁世然後知君子之正不苟容

【疏】子曰歲寒

然後知松栢之後彫也○正義曰此章喻君子也大寒之歲衆木皆死然後知松栢小彫傷若平歲則衆木亦有不死者故須歲寒而後別之喻凡人處治世亦能自脩整與君子同在濁世然後知君子之正不苟容也

子曰知者不惑包曰不惑亂　仁者不憂孔曰無憂患　勇者不懼【疏】子曰知者不惑仁者不憂勇者不懼○正義曰此章言知者明於事故不惑亂仁者知命故無憂患勇者果敢故不恐懼

子曰可與共學未可與適道適之也雖學或得異端未必能之道　可與適道未可與立雖能之道未必能有所立　可與立未可與權雖能有所立未必能權量其輕重之極　唐棣之華偏其反而豈不爾思室是遠而逸詩也唐棣栘也華反而後合賦此詩者以言權道反而後至於大順思其人而不自見者其室遠也以言思權而不得見者其道遠也　子曰未之思也夫何遠之有【疏】夫思者當思其反反是不思所以為遠能思其反何遠之有言權可知唯不知思耳思之有次序斯可知矣

子曰至之有○正義曰此章論權道也子曰可與共學未可與適道道者適之也言人雖可與共學所學或得異端未必能之正道故未可與也可與適道未可與立者言人雖能之道未必能有所立故未可與也可與立未可與權者言人雖能有所立未必能隨時變通權量其輕重之極也唐棣之華偏其反而豈不爾思室是遠而者此逸詩也唐棣移也其華偏然反而後合賦此詩者以言權道亦先反常而後至於大順也豈不爾思者言誠思爾也誠思其人而不得見者其室遠也以喻思權而不得見者其道遠也子曰未之思也夫何遠之有者言夫思者當思其反常若不思是反所以為遠能思其反何遠之有言權可知唯不知思爾儻能思之有次序斯可知矣○記者嫌與詩言相亂故重言子曰也○註唐棣移也○正義曰釋木文也舍人曰唐棣一名移郭璞曰以白楊江東呼夫移詩召南云唐棣之華陸機云奧李也一名雀梅亦曰車下李所在山皆有其華或白或赤六月中熟大如李子可食

論語註疏解經卷第九

論語註疏解經卷第十

鄉黨第十　何晏集解　邢昺疏

【疏】正義曰此篇唯記孔子在魯國鄉黨中言行故分之以次前篇也此篇雖曰一章其間事義亦以類相從今各依文解之

孔子於鄉黨恂恂如也似不能言者王曰恂恂温恭之貌其在宗廟朝廷便便言唯謹爾鄭曰便便辯也雖辯而敬謹朝與下大夫言侃侃如也孔曰侃侃和樂之貌與上大夫言誾誾如也孔曰誾誾中正之貌君在踧踖如也與與如也馬曰君在視朝也踧踖恭敬之貌與與威儀中適之貌

【疏】孔子至與與如也○正義曰此一節記言語及趨朝之禮容也孔子在於於鄉黨恂恂如也似不能言者恂恂温恭之貌言孔子鄉黨中與故舊相接常温和恭敬恂恂然如似不能言語者

道其謙恭之甚也凡言如也者皆謂如此義也其在宗廟朝廷便便言唯謹爾者便便辯也宗廟行禮之處朝廷布政之所當詳問極言故辯治也雖辯而唯謹敬朝與下大夫言侃侃如也與上大夫言誾誾如也者侃侃和樂之貌誾誾中正之貌下大夫稍卑故與之言可以和樂上大夫卿也爵位既尊故與之言常執中正不敢和樂也君在踧踖如也與與如也者君在謂視朝時也踧踖恭敬之貌與與威儀中適之貌既當君在之所故恭敬使威儀中適不敢懈惰也

君召使擯（鄭曰君召使擯者有賓客使迎之）色勃如也（孔曰必變色）足躩如也（包曰足躩盤辟貌）揖所與立左右手衣前後襜如也（鄭曰揖左人左其手揖右人右其手一俛一仰衣前後襜如也）趨進翼如也（孔曰言端好）賓退必復命曰賓不顧矣（鄭曰復命曰君賓已去矣）

【疏】君召使擯至顧矣○正義曰此一節言君召孔子使為擯之禮也擯謂主國之君所使出接賓者也色勃如也足躩如也者勃然變色也足躩盤辟貌既傳君命以接賓故必變色而加肅敬也足容盤辟躩然不敢懈慢也揖所與立左右手衣前後襜如也者謂交擯傳

命時揖左人左其手揖右人右其手一俛一仰衣前後襜如
也趨進翼如也者謂疾趨而進張拱端好為鳥之張翼也賓
退必復命曰賓不顧矣謂賓禮畢上擯送賓出反告白君賓
已去矣不反顧也○註鄭曰至如也○正義曰云揖左人左
其手揖右人右其手者謂傳擯時也案諸侯自相為賓之禮
凡賓主各有副賓副曰介主副曰擯及行人若諸侯自行則
介各從其命數至主國大門外主人及擯出門相接若主君
是公則擯者五人侯伯則擯者四人子男則擯者二人所以
不隨命數者謙也故並用強半之數也賓若是公來至門外
直當闑西去門九十步而下車當軹北嚮而立鄭註考工記
云軹轂末也其侯伯立當前疾胡下子男立當衡註衡謂車
軛其君當軫而九介立在君之北邐迤西北並東嚮而列主
公出直闑東南西嚮立擯在主人之南邐迤東南立並西嚮
也使末擯與末介相對中間傍相去三丈六尺列擯介既竟
則主君就擯求辭所以須求辭者不敢自許人求諸已恐為
他事而至故就求辭自謙之道也求辭之法主人先傳求辭
之言與上擯上擯以至次擯次擯繼傳以至末擯末擯傳與
賓末介末介以次繼傳上至於賓賓答辭隨其來意又從上
介而傳下至末介末介又傳與末擯末擯傳相次而上至於
主人傳辭既竟而後進迎賓至門知擯介朝位如此者大行

人職文又知傳辭拜迎賓前至門者司儀職文其傳辭司儀之交擯也其列擯介傳辭委曲約聘禮文若諸侯使卿大夫相聘其介與主位則大行人云卿大夫之禮各下其君二等鄭註云介與朝位是也主君待之擯數如待其君其有異者主君至大門而不出限南面而立也若公之使亦直闑西北嚮七介而去門七十步侯伯之使列五介而去門五十步子男之使三介而去門三十步上擯出闑外闑東南西嚮陳介西北東面邐迤如君自相見也而末介末擯相對亦相去三丈六尺陳擯介竟則不傳命而上擯進至末擯間南揖賓賓亦進至末介間上擯與賓相去亦三丈六尺而上擯揖而請事入告君君在限內後乃相與入也知者約聘禮文不傳辭司儀及聘禮謂之旅擯君自來所以必傳命者聘義云君子於其所尊弗敢質敬之至也又若天子春夏受朝宗則無迎法受享則有之故大行人云廟中將幣三享鄭云朝先享不言朝者朝正禮不嫌有等也若秋冬覲遇一受之於廟則亦無迎法故郊特牲云覲禮天子不下堂而見諸侯明冬遇依秋也以為擯之禮依次傳命故揖左人左其手揖右人右其手一俛一仰使衣前後襜如也○註鄭曰復命白君賓已去矣○正義曰案聘禮行聘享私覿禮畢賓出公再拜送賓不復鄭註云公既拜客趨辟君命上擯送賓出反告賓不顧矣

於此君可以反路寢矣入公門鞠躬如也如不容孔曰斂身立不中門行不履閾孔曰閾門限過位色勃如也足躩如也包曰過君之空位其言似不足者攝齊升堂鞠躬如也屏氣似不息者孔曰皆重慎也衣下曰齊攝齊者摳衣也出降一等逞顏色怡怡如也孔曰先屏氣下階舒氣故怡怡如也沒階趨進翼如也孔曰沒盡也下階復其位踧踖如也孔曰來時所過位

【疏】入公門至踧踖如也○正義曰此一節記孔子趨朝之禮容也入公門鞠躬如也如不容者公君也鞠曲斂也躬身也君門雖大斂身如狹小不容受其身也立不中門者中門謂棖闑之中央君門中央有闑兩旁有棖棖謂之門梐棖闑之中是尊者所立處故人臣不得當之而立也行不履閾者履踐也閾門限也出入不得踐履門限所以爾者一則自高二則不淨並爲不敬過位色勃如也足躩如也者過位過君之空位也謂門屏之間人君宁立之處君雖不在此位人臣過之宜敬故勃然變色足盤辟而爲

敬也其言似不足者下氣怡聲如似不足者也攝齊升堂鞠躬如也屏氣似不息者皆重慎也衣下曰齊攝齊者摳衣也將升堂時以兩手當裳前提挈裳使起恐衣長轉足躡履之仍復曲斂其身以至君所則屏藏其氣似無氣息者也出降一等逞顔色怡怡如也者以先時屏氣出下階一級則舒氣故解其顔色怡怡然和悦也没階趨進翼如也没盡也下盡階則疾趨而出張拱端好如鳥之舒翼也復其位踧踖如也者復至其來時所過之位則又踧踖恭敬也○註閾門限○正義曰釋宮云柣謂之閾孫炎云閾門限也經傳諸註皆以閾爲門限爲内外之限約也○註衣下曰齊攝齊者摳衣也○正義曰曲禮云兩手摳衣去齊尺鄭註云齊謂裳下緝也然則衣謂裳也對衣則上曰衣下曰裳散則可通故此云摳衣摳提挈也謂提挈裳前使去地一尺也

執圭鞠躬如也如不勝包曰爲君使聘問鄰國執持君之圭鞠躬者敬慎之至

上如揖下如授勃如戰色足蹜蹜如有循鄭曰上如揖授玉宜敬下如授不敢忘禮戰色敬也足蹜蹜如有循舉前曳踵行

享禮有容色鄭曰享獻也聘禮既聘而享用圭璧有庭實

私覿愉愉如也鄭曰

覿見也既享乃以私禮見愉愉顏色和

疏 執圭至愉愉如也○正義曰此一節記為君使聘問鄰國之禮容也執圭鞠躬如也如不勝者言執持君之圭以聘鄰國而鞠躬如不能勝舉慎之至也上如揖下如授者上謂授玉時宜敬故如揖也下謂既授玉而降雖不執玉猶如授時不敢忘禮也勃如戰色足蹜蹜如有循者亦謂執圭行聘時戰栗其顏色敬也足則舉前曳踵而行蹜蹜如有所循也享禮有容色者享獻也聘禮既聘而享用圭璧有庭實聘時執圭致命故勃如戰色至行享時則稍許有容色不復戰栗私覿愉愉如也者覿見也愉愉顏色和也謂既享乃以私禮見故顏色愉愉然和說也○註包曰至之至○正義曰云為君使聘問鄰國執持君之圭者案聘禮云賓襲執圭致命公側襲受玉于中堂與東楹之間是其事也凡執玉之禮太宗伯云公執桓圭註云雙植謂之桓桓宮室之象所以安其上也圭長九寸故玉人云命圭九寸公守之是也宗伯又云侯執信圭伯執躬圭註云蓋皆象以人形為瑑飾文有麤縟耳欲其慎行以保身圭皆長七寸故玉人云命圭七寸謂之信圭侯守之命圭七寸謂之躬圭伯守之江南儒者解云直者為信其文縟細曲者為躬其文麤略義或然也宗伯又云子執穀璧男執蒲璧註云穀所以養人蒲為席所以安人不執圭者未成國

也蓋琢為穀稼及蒲葦之文蓋皆徑五寸故大行人云子執穀璧男執蒲璧五寸是也凡圭廣二寸厚半寸剡上左右瑑寸半知者聘禮記文其璧則內有孔外有玉其孔謂之好故爾雅釋器云肉倍好謂之璧好倍肉謂之瑗肉好若一謂之環此謂諸侯所執圭璧皆朝於王及相朝所用也故典瑞前既陳玉則云朝覲宗遇會同於王諸侯相見亦如之是也其公侯伯朝后皆用璋知者以聘禮聘君用圭聘夫人以璋則知於天子及后亦然也其子男既朝王用璧朝后宜用琮以璧琮相對故也鄭註小行人云其上公及二王之後享天子圭以馬享后璋以皮其侯伯子男享天子璧以帛享后琮以錦其王大小各如其命數知者王人云璧琮九寸諸侯以享天子是也其諸侯相朝所執之王與朝天子同其享玉皆以璧享君以琮享夫人明相朝禮亦當然子男相享則降用琥以繡璜以黼故鄭註小行人云其於諸侯亦用璧琮耳子男於諸侯則享用虎璜下其瑞是也其諸侯之臣聘天子及聘諸侯其聘玉及享玉降其君瑞一等故玉人云琢圭璋八寸璧琮八寸以覜聘是也○註足蹜蹜如有循舉前曳踵行○正義曰案玉藻云執龜玉舉前曳踵蹜蹜如也踵謂足後跟也謂將行之時初舉足前後曳足跟行不離地蹜蹜如也言舉足狹數蹜蹜如也玉藻又云圈豚行不舉足齊如流鄭註

云圖轉也豚之言若有所循不舉足曳踵則衣之齊如水之
流矣孔子執圭則然此徐趨也○註鄭曰至庭實○正義曰
享獻也釋詁文也云聘禮既聘而享用圭璧有庭實者案覲
禮侯氏既見王乃云四享皆束帛加璧庭實唯國所有鄭玄
云四當爲三大行人職曰諸侯廟中將幣皆三享其禮差又
無取於四也初享或用馬或用虎豹之皮其次享三牲魚腊
籩豆之實龜也金也用漆絲纊竹箭也其餘無常貨此物非
一國所能有唯國所有分爲三享皆以璧帛致之禮器云大
饗其王事與三牲魚腊四海九州之美味也籩豆之薦四時
之和氣也內金示和也束帛加璧尊德也龜爲前列先知也
金次之見情也丹漆絲纊竹箭與衆共財也其餘無常貨各
以其國之所有則致遠物也郊特牲曰旅幣無方所以別土
地之宜而節遠邇之期也龜爲前列先知也以鍾次之以和
居參之也虎豹之皮示服猛也束帛加璧往德也鄭玄覲禮
之註所言出於彼也諸侯相朝聘其禮亦然案聘禮賓裼奉
束帛加璧享記曰凡庭實隨入左先皮馬相間可也小行人
職云合六幣圭以馬璋以皮璧以帛琮以錦琥以繡璜以黼
此六物者以和諸侯之好故鄭註云合同也六幣所以享也
五等諸侯享天子用璧享后用琮其大各如其瑞皆有庭實
以馬若皮皮虎豹皮也用圭璋者二王之後也二王後尊故

享用圭璋而特之禮器曰圭璋特是也其於諸侯亦用璧琮耳子男於諸侯則享用琥璜下其瑞也凡二王後諸侯相享之玉大小各降其瑞一等及使卿大夫覜聘亦如之是用圭璧有庭實也○註既享乃以私禮見○正義曰案聘禮擯者出請事賓告事畢賓奉束錦以請覿註云覿見也卿將公事是欲交其歡敬也不用羔因使而見非特來是也

君子不以紺緅飾孔曰一入曰緅飾者不以為領袖緣也紺者齊服盛色以為飾衣似衣齊服緅者三年練以緅飾衣為其似衣喪服故皆不以為飾衣

紅紫不以為褻服王曰褻服私居服非公會之服皆不正褻尚不衣正服無所施

當暑袗絺綌必表而出之孔曰暑則單服絺綌葛也必表而出之加上衣

緇衣羔裘素衣麑裘黃衣狐裘褻裘長短右袂孔曰服皆中外之色相稱也私家裘長主溫短右袂便作事

必有寢衣長一身有半孔曰今之被也

狐貉之厚以居鄭曰在家以接賓客

去喪無所不佩孔曰去除也非喪則備佩所宜佩也

非帷裳必殺

之王曰衣必有殺縫唯帷裳無殺也羔裘玄冠不以弔孔曰喪主素吉主玄吉凶異服

吉月必朝服而朝孔曰吉月月朔也朝服皮弁服齊必有明衣布

孔曰以布為沐浴衣【疏】君子至明衣布○正義曰此一節記孔子衣服之禮也君子不以紺緅飾者君子謂孔子也紺玄色緅淺絳色飾者領緣也紺者齊服盛色以為飾衣似衣齊服緅者三年練以緅飾衣為其似衣喪服故皆不以為飾衣紅紫不以為褻服者紅南方間色紫北方間色褻服私居服非公會之服以其紅紫二色皆不正故不以為褻服褻服尚不用則正服無所施可知也但言紅紫則五方間色皆不用也當暑袗絺綌必表而出之者袗單也絺綌葛也精曰絺麄曰綌暑則單服必加尚表衣然後出之為其形褻故也緇衣羔裘素衣麑裘黃衣狐裘者凡祭服先加明衣次加中衣冬則次加袍繭夏則不袍繭用葛也次加祭服若朝服布衣亦先以明衣親身次加中衣冬則次加裘裘上加裼衣裼衣之上加朝服夏則中衣之上不用裘而加葛葛上加朝服凡服必中外之色相稱羔裘黑羊裘也故用緇衣以裼之麑裘鹿子皮以為裘也故用素衣以裼之狐裘黃故用黃衣以裼之褻裘長短右袂者此裘私家所著之裘也長之者主

溫也袂是褻之袖短右袂者便作事也必有寢衣長一身有半者今之被也狐貉之厚以居者謂在家接賓客之裘也居家主溫故厚為之去喪無所不佩者去除也居家無飾故不佩除喪則備佩所宜佩也非帷裳必殺之者殺謂殺縫凡衣必有殺縫唯帷裳無也羔裘玄冠不以弔者凶主素吉主玄故羔裘玄冠不以弔喪也吉月必朝服而朝者吉月月朔也朝服皮弁服言每朔日必服皮弁之服以朝於君也齊必有明衣布者將祭而齊則必沐浴浴竟而著明衣所以明潔其體也明衣以布為之故曰齊必有明衣布也○註孔曰至飾衣○正義曰云一入曰緅飾者不以為領袖緣也者案考工記云三入為纁五入為緅七入為緇註云染纁者三入而成又再染以黑則為緅緅今禮俗文作爵言如爵頭色也又復再染以黑乃成緇矣鄭司農說以論語曰君子不以紺緅飾又曰緇衣羔裘爾雅曰一染謂之縓再染謂之竀三染謂之纁詩云緇衣之宜兮玄謂此同色耳染布帛者染人掌之凡玄色者在緅緇之間其六入者與今孔氏云一入曰緅者未知出何書又云緅者三年練以緅飾衣則似讀緅為縓案檀弓云練練衣黃裏縓緣註云小祥練冠練中衣以黃為內縓為飾黃之色卑於纁縓纁之類明外除故曰為其似衣喪服故皆不以為飾衣云紺者齊服盛色以為飾衣似衣齊服者

說文云緇帛深青揚赤色是緇為青赤色也故為齊服盛色若以為領袖緣飾則似衣齊服也○註服皆中外之色相稱也○正義曰謂中衣外裘其色皆相稱也此經云緇衣羔裘者謂朝服也知者案玉藻云諸侯朝服以日視朝於內朝士冠禮云主人玄冠朝服緇帶素韠註云玄冠委貌朝服者十五升布衣而素裳不言色者衣與冠同色是朝衣色玄玄即緇色之小別此詩孔子之服云緇衣羔裘玉藻亦云羔裘緇衣以裼之是羔裘裼用緇衣明其上正服亦緇色也下文又曰羔裘玄冠不以弔是羔裘所用配玄冠羔裘之上必用緇布衣為裼裼衣之上正服亦是緇色文與玄冠相配故知緇衣羔裘是諸侯君臣日視朝之服也其素衣麑裘則在國視朔之服也卿大夫士亦皆然故鄭玄註此云素衣麑裘視朔之服是也其受外國聘享亦素衣麑裘故聘禮云裼降立註引玉藻云麛裘青豻褎絞衣以裼之又引此云素衣麛裘皮弁時或素衣如鄭此言則裼衣或絞或素不定也熊氏云臣用絞君用素皇氏云素衣為正記者亂言絞耳其黃衣狐裘謂大蜡息民之祭服也人君以歲事成熟搜索群神而報祭之謂之大蜡又臘祭先祖五祀因令民得大飲農事休息謂之息民於大蜡之後作息民之祭其時則有黃衣狐裘也大蜡之祭與息民異也息民用黃衣狐裘大蜡則皮弁素服二

者不同矣以其大蜡之後始作息民之祭息民大蜡同月其
事相次故連言之耳知者郊特牲云蜡也者索也歲十二月
合聚萬物而索饗之也皮弁素服而祭素服以送終葛帶榛
杖喪殺也是大蜡之祭用素服也郊特牲既說蜡祭其下又
云黄衣黄冠而祭息田夫也註云祭謂既蜡臘先祖五祀也
於是勞農以休息之是息民之祭用黄衣也此說孔子之服
云黄衣狐裘玉藻云狐裘黄衣以裼之以此知大蜡息民則
有黄衣狐裘也是此三者之服中衣與外裘其色皆相稱也
○註孔曰至佩也○正義曰云非喪則備佩所宜佩也者案
玉藻云古之君子必佩玉右徵角左宮羽凡帶必有佩玉唯
喪則否佩玉有衝牙君子無故玉不去身君子於玉比德焉
天子佩白玉而玄組綬世子佩瑜玉而綦組綬士佩瓀玟而
縕組綬孔子佩象環五寸而綦組綬是非居喪則備佩此所
宜佩也○註王曰衣必有殺縫惟帷裳無殺也○正義曰謂
朝祭之服上衣必有殺縫在下之裳其制正幅如帷名曰帷
裳則無殺縫其餘服之裳則亦有殺縫故深衣之制要縫
半下縫齊倍要喪服之制裳内削幅註云削猶殺也○註孔
曰喪主素吉主玄吉凶異服也○正義曰檀弓云奠以素器
生者有哀素之心註哀素言哀痛無飾凡物無飾曰素又禮
祭服皆玄衣服是喪主素吉主玄也○註孔曰至弁服○正

義曰云吉月月朔也者以詩云二月初吉周禮云正月之吉皆謂朔日故知此吉月謂朔日也云朝服皮弁服者士冠禮云皮弁服素積緇帶素韠註云此與君視朔之服也皮弁者以白鹿皮為冠象上古也積猶辟也以素為常辟蹙其要中皮弁之衣用布亦十五升其色象焉魯自文公不行視朔之禮孔子恐其禮廢故每於月朔必衣此視朔之服而朝於君所謂我愛其禮也

齊必變食孔曰改常饌居必遷坐孔曰易常處食不厭精膾不厭細食饐而餲孔曰饐餲臭味變魚餒而肉敗不食魚敗曰餒色惡不食臭惡不食失飪不食孔曰失飪失生熟之節不時不食鄭曰不時非朝夕日中時割不正不食不得其醬不食馬曰魚膾非芥醬不食肉雖多不使勝食氣唯酒無量不及亂沽酒市脯不食不撤薑食孔曰撤去也齊禁薰物薑辛而不臭故不去不多食孔曰不過飽祭於公不宿肉周曰助祭於君所得

牲體歸則班賜不留神惠祭肉不出三日出三日不食之矣鄭曰自其家祭肉過三日不食是褻鬼神之餘食不語寢不言雖疏食菜羹瓜祭必齊如也孔曰齊嚴敬貌三物雖薄祭之必敬

疏 齊必至如也○正義曰此一節論齊祭飲食居處之事也齊必變食者謂將欲接事鬼神宜自絜淨故改其常饌也居必遷坐者謂改易常處也食不厭精膾不厭細者食飯也牛與羊魚之腥聶而切之為膾飯與膾所尚精細也食饐而餲魚餒而肉敗不食者饐餲臭味變也魚敗曰餒言飯之氣味變及魚肉敗壞皆不食之色惡不食臭惡不食者謂飲食及肉顏色香臭變惡者皆不食之失飪不食者謂饌失生熟之節也不時不食者謂非朝夕日中時也割不正不食者謂折解牲體脊脅臂臑之屬禮有正數若解割不得其正則不食也不得其醬不食者謂魚膾非得芥醬則不食也肉雖多不使勝食氣者氣小食也言有肉雖多食之不可使過食氣也唯酒無量不及亂者唯人飲酒無有限量但不得多以至困亂也沽酒市脯不食者沽賣也酒不自作未必精絜脯不自作不知何物之肉故不食也酒當言飲而亦云不食者因脯而并言之耳經傳之文此類多矣

易繫辭云潤之以風雨左傳曰馬牛皆百匹玉藻云大夫不得造車馬皆從一而省文也不撤薑食者撤去也齊禁薰物薑辛而不臭故不去也不多食者不可過飽也自此已上皆蒙齊文凡言不食者皆為不利人亦齊者孔子所慎齊必嚴敬若必食之或致困病則失嚴敬心故不食也其凡常不必然祭於公不宿肉者謂助祭於君所得牲體歸則班賜不留神惠經宿也祭肉不出三日出三日不食之矣者謂自其家祭肉過三日不食是褻慢鬼神之餘也食不語寢不言者直言曰言荅述曰語方食不可語語則口中可惜寢息宜靜故不言也雖疏食菜羹瓜祭必齊如也者祭謂祭先齊嚴敬貌言疏食也菜羹也瓜也三物雖薄將食祭先之時亦必嚴敬○注孔曰饐餲臭味變○正義曰釋器云食饐謂之餲郭璞云飯饐臭說文云饐飯傷熱也蒼頡篇云食臭敗也字林云饐飯傷熱濕也○註魚敗曰餒○正義曰釋器云肉謂之敗魚謂之餒郭璞云敗臭壞也餒肉爛也○註孔曰至必敬○正義曰云三物雖薄祭之必敬者祭謂祭先也案玉藻云唯水漿不祭又云瓜祭上環知此三者雖薄亦祭先也若祭之亦必齊敬也

席不正不坐鄉人飲酒杖者出斯出矣 孔曰杖者老人也鄉人飲酒之禮主於老者老者禮畢出孔子從而

後【疏】席不正不坐鄉人飲酒杖者出斯出矣正義曰此明
出坐席及飲酒之禮也凡爲席之禮天子之席五重諸
侯之席三重大夫再重席南鄉北鄉以西方爲上東鄉西鄉
以南方爲上如此之類是禮之正也若不正則孔子不坐也
扶者老人也鄉人飲酒之禮主於老
者老者禮畢出孔子則從而後出也

鄉人儺朝服而立於阼階

孔曰儺驅逐疫鬼恐驚先祖
故朝服而立於廟之阼階【疏】鄉人儺朝服而
立於阼階正義
曰此明孔子存室神之禮也儺索室驅逐疫鬼也恐驚先祖
故孔子朝服而立於廟之阼階鬼神依人庶其依已而安也
所以朝服者大夫朝服以
祭故用祭服以依神也

問人於他邦再拜而送之

孔
曰
拜送使
者敬也【疏】問人於他邦再拜而送之○正義曰此記孔子
遺人之禮也問猶遺也謂因問有物遺之也問
者或自有事問人或聞彼有事而問之悉有物表其意故曲
禮云凡以弓劍苞苴簞笥問人者操以受命如使之容此孔
子凡以物問遺人於他邦者必
再拜而送其使者所以示敬也

康子饋藥拜而受之

包
曰
饋孔
子藥

曰丘未達不敢嘗

孔曰未知其故
故不敢嘗禮也【疏】康子饋藥
拜而受之

曰丘未達不敢嘗○正義曰此明孔子受饋之禮也魯卿季康子饋孔子藥孔子拜而受之凡受人饋遺可食之物必先
嘗而謝之孔子未達其藥之故不敢未嘗故曰丘未達不敢嘗亦其禮也廄焚子退朝曰傷
人乎不問馬鄭曰重人賤畜退朝自君之朝來歸疏廄焚子退朝曰傷人乎不問馬○正義曰
此明孔子重人賤畜也廄焚謂孔子家廄被火也孔子罷朝退朝承告而問曰廄焚之時得無傷人乎不問傷馬與否是
其重人賤畜之意不問馬一句記者之言也君賜食必正席先嘗之孔曰敬君
惠也既嘗之乃以班賜君賜腥必熟而薦之孔曰薦其先祖君賜生必
畜之侍食於君君祭先飯鄭曰於君祭則先飯矣若為君嘗食然疏
君賜至先飯○正義曰此明孔子受君賜食及侍食之禮也君賜食必正席先嘗之者謂君以熟食賜已必正席而坐先
品嘗之敬君之惠也君賜必多不可留君之惠既嘗當以班賜君賜腥必熟而薦之者謂君賜已生肉必烹熟而薦其先
祖榮君賜也君賜熟食不薦者褻也君賜生必畜之者謂君賜已牲之未殺者必畜養之以待祭祀之用也侍食於君君祭先

飯者謂君召已共食時也於君祭時則先飯矣若爲君嘗食然○註鄭曰至食然○正義曰云於君祭則先飯矣者曲禮云主人延客祭註云祭祭先也君子有事不忘本也君子不忘本者有德必酬之故得食而種種出少許置在豆間之地以報先代造食之人也君敵客則得先自祭降等之客則後祭若臣侍君而賜之食則不祭若賜食而君以客禮待之則得祭雖得祭又先須君命之祭後乃敢祭也此言君祭先飯則是非客之禮也故不祭而先飯若爲君嘗食然也

疾君視之東首加朝服拖紳包曰夫子疾處南牖之下東首加其朝服拖紳紳大帶不敢不衣朝服見君

疏疾君視之東首加朝服拖紳○正義曰此明孔子有疾君來視之時也拖加也紳大帶也病者常居北牖下爲君來視則暫時遷鄉南牖下東首令君得南面而視之以病臥不能衣朝服及大帶又不敢不衣朝服見君故但加朝服於身又加大帶於上是禮也

君命召不俟駕行矣鄭曰急趨君命行出而車駕隨之

疏君命召不俟駕行矣○正義曰此明孔子急趨君命也俟猶待也謂君命召已不待駕車而即行出車當駕而隨之也

入太廟每事問

疏入太廟每事問○正義曰

此明孔子因助祭入太廟廟中禮儀祭器雖知之猶每事復問慎之至也**朋友死無所歸曰於我殯**孔曰重朋友之恩無所歸言無親昵疏朋友死無所歸曰於我殯○正義曰此明孔子重朋友之恩也言朋友若死更無親昵可歸孔子則曰於我殯與之為喪主也

朋友之饋雖車馬非祭肉不拜孔曰不拜者有通財之義疏朋友之饋雖車馬非祭肉不拜○正義曰此言孔子輕財重祭之禮也朋友有通財之義故其贈遺之物雖是車馬非祭肉不拜謝之言其祭肉則拜之尊神惠也

寢不尸包曰偃臥四體布展手足似死人**居不容**孔曰為室家之敬難久疏寢不尸居不容○正義曰此言孔子寢息居家之禮也尸死人也言人偃臥四體布展手足似死人孔子則當欹屈也其居家之時則不為容儀為室家之敬雖久當和舒也

見齊衰者雖狎必變孔曰狎者素親狎**見冕者與瞽者雖褻必以貌**周曰褻謂數相見必當以貌禮之**凶服者式之式負版者**孔曰凶服送死之衣物負版者持邦國之圖籍**有盛饌必**

變色而作孔曰作起也敬主人之親饋迅雷風烈必變鄭曰敬天之怒風疾雷為烈

【疏】見齊至必變○正義曰此一節言孔子見所哀恤及敬重之事為之變容也見齊衰者雖狎必變者狎謂素相親狎言見衣齊衰喪服者雖素親狎亦必為變容此即哀有喪也見冕者與瞽者雖褻必以貌者冕大夫冠也瞽盲也褻謂數相見也言孔子見大夫與盲者雖數相見必當以貌禮之此即尊在位恤不成人也凶服者式之式負版者凶服送死之衣物也負版者是持邦國之圖籍者也式者車上之橫木男子立乘有所敬則俯而憑式遂以式為敬名言孔子乘車之時見送死之衣物見持邦國之圖籍者皆憑式而敬之也有盛饌必變色而作者作起也謂人設盛饌待已已必改容而起敬主人之親饋也迅雷風烈必變者迅急疾也風疾雷為烈此陰陽氣激為天之怒故孔子必變容以敬之也○註孔曰狎者素親狎○正義曰案左傳朱華弱與樂轡少相狎曲禮云賢者狎而敬之狎是相褻慢相貫習之名也故為素相親狎也○註負版者持邦國之圖籍○正義曰案周禮小宰職曰聽閭里以版圖註云版是戶籍圖也聽人訟地者以版圖決之司書職曰邦中之版土地之圖以圖籍相將之物故知負版者是持邦國之圖籍也

升

車必正立執綏周曰必正立執綏所以為安車中不內顧包曰居中不內顧者前視不過衡軛傍視不過輢轂不疾言不親指

【疏】升車至親指○正義曰此記孔子乘車之禮也升車必正立執綏者綏者挽以上車之索也言孔子升車之時必正立執綏所以為安也車中不內顧者顧謂迴視也言孔子在車中不迴內顧掩人之私也不疾言不親指者亦謂在車中時也疾急也以車中既高故不疾言不親有所指皆為惑人也○註包曰車中不內顧者前視不過衡軛傍視不過輢轂○正義曰衡軛是轅端横木駕馬領者輿人註云較兩輢上出軾者則輢轂俱在車之兩傍言孔子在車中前視則不過衡軛之前傍視則不過輢轂之後案曲禮云立視五巂式視馬尾顧不過轂註云立平視也巂猶規也謂輪轉之度案車輪一周為一規乘車之輪高六尺六寸徑一圍三三六十八得一丈八尺又六寸為一尺八寸總一規為一丈九尺八寸五規為九十九尺六尺為步總為十六步半則在車上得視前十六步半也而此註云前視不過衡軛者禮言中人之制此記聖人之行故前視但不過衡軛耳

色斯舉矣馬曰見顔色不善則去之翔而後集周曰迴翔審觀而後

下止【疏】色斯舉矣翔而後集○正義曰此言孔子審去就也謂孔子所處見顏色不善則於斯舉動而去之將所依就則必迴翔審觀而後下止此翔而後集一句以飛鳥喻也曰山梁雌雉時哉時哉子路共之三嗅而作言山梁雌雉得其時而人不得其時故歎之子路以其時物故共具之非本意不苟食故三嗅而作作起也【疏】曰山梁雌雉時哉時哉子路共之三嗅而作○正義曰此記孔子感物而嘆也梁橋也共具也嗅謂鼻歆其氣作起也孔子行於山梁見雌雉飲啄得所故嘆曰此山梁雌雉得其時哉而人不得其時也子路失指以為夫子云時哉者言是時物也故取而共具之孔子以非己本意義不苟食又不可逆子路之情故但三嗅其氣而起也

論語註疏解經卷第十

宋十行本論語注疏解經

第二册

三國魏 何晏集解　宋 邢昺疏

宋刻元明遞修本

山東人民出版社・濟南

論語註疏解經卷第十一

何晏集解　邢昺疏

先進第十一

【疏】正義曰前篇論夫子在鄉黨聖人之行也。此篇論弟子賢人之行聖賢相次亦其宜也

子曰先進於禮樂野人也後進於禮樂君子也孔曰先進後進謂仕先後輩也禮樂因世損益後進與禮樂俱得時之中斯君子矣先進有古風斯野人也。如用之則吾從先進將移風易俗歸之淳素先進猶近古風故從之

【疏】子曰至吾從先進。正義曰此章孔子評其弟子之中仕進先後之輩也先進於禮樂野人也者先進謂先輩仕進之人準於禮樂不能因世損益而有古風故曰朴野之人也後進於禮樂君子也者後進謂後輩仕進之人也準於禮樂能因時損益與禮樂俱得時之中故曰君子之人也如用之則吾從先進者言如其用之以爲治則吾從先輩朴野之人夫子之意將移風易俗歸之淳素先進猶近古風故從之也。註孔曰至人也。正義曰云先進後進謂仕先後輩也者下章言從我於陳蔡

者皆不及門也謂不及仕進之門則此謂不從於陳蔡得仕進者也蓋先進者當襄昭之世後進者當定哀之世云禮樂因世損益者爲政篇云殷因於夏禮所損益可知也周因於殷禮所損益可知也又周初則禮樂盛周衰則禮樂壞是禮樂因世損益也云後進與禮樂俱得時之中斯君子矣者言禮樂隨世盛衰後進與時消息皆中當於時故爲君子也云先進有古風斯野人也者言先輩仕進之人比今則猶尚淳素故云斯野人也

子曰從我於陳蔡者皆不及門也鄭曰言弟子從我而厄於陳蔡者皆不及仕進之門而失其所

疏子曰從我於陳蔡者皆不及門也○正義曰此章孔子閔弟子之失所言弟子從我而厄於陳蔡者皆不及仕進之門而失其所也

德行顏淵閔子騫冉伯牛仲弓言語宰我子貢政事冉有季路文學子游子夏

疏德行顏淵閔子騫冉伯牛仲弓言語宰我子貢政事冉有季路文學子游子夏○正義曰此章因前章言弟子失所不及仕進遂舉弟子之中有德尤高可仕進之人鄭氏以合前章皇氏別爲一章言若任用德行則有顏淵閔子騫冉伯牛仲弓四人若用其言語

所說以爲行人使適四方則有宰我子貢二人若治理政决斷不疑則有冉有季路二人若文章博學則有子游子夏二人也然夫子門徒三千達者七十有二而此四科唯舉十人者但言其翘楚者耳或時在陳言之唯舉從者其不從者雖有才德亦言不及也

子曰回也非助我者也於吾言無所不說孔曰助益也言回聞言即解無發起增益於己 疏 子曰回也非助我者也於吾言無所不說○正義曰此章稱顔回之賢也助益也說解也凡解資問荅以相發起若與子夏論詩子曰起予者商也如此是有益於己也今回也非增益於己者也以其於吾之所言皆默而識之無所不解言回聞言即解無所發起增益於己也

子曰孝哉閔子騫人不間於其父母昆弟之言陳曰言子騫上事父母下順兄弟動靜盡善故人不得有非間之言 疏 子曰孝哉閔子騫人不間於其父母昆弟之言○正義曰此章歎美閔子騫之孝行也昆兄也間謂非毁間則言子騫上事父母下順兄弟動靜盡善故人不得有非間之言

南容三復白圭孔曰詩云白圭之玷尚可磨也斯言之玷不可爲也南容讀詩至此三反

覆之是其心愼言也孔子以其兄之子妻之疏南容三復白圭孔子以其兄之子妻之○正義曰此章美南容愼言也復覆也詩云白圭之玷尚可磨也斯言之玷不可爲也南容讀詩至此三反覆之是其心愼言也孔子知其賢故以其兄之女子妻之此郎邦有道不廢邦無道免於刑戮者也弟子各記所聞故又載之○註詩云白圭之玷尚可磨也斯言之玷不可爲也○正義曰此大雅抑篇刺厲王之詩也毛傳云玷缺也箋云斯此也王之缺尚可磨鑢而平人君政教一失誰能反覆之意言教令尤須謹愼白圭爲圭圭有損缺猶尚可更磨鑢而平若此政教言語之有缺失則遂往而不可改爲王者安危在於出令故特宜愼之〻是詩人戒其愼言南容之心亦欲愼言故三覆讀此也

季康子問弟子孰爲好學孔子對曰有顏回者好學不幸短命死矣今也則亡疏季康子問弟子孰爲好學孔子對曰有顏回者好學不幸短命死矣今也則亡○正義曰此章稱顏回之好學也季康子魯執政大夫故言氏稱對此與哀公問同而答異者以哀公遷怒二過故因答以諫之康子無之故不云也

顏淵死顏路

請子之車以爲之椁孔曰路淵父也家貧欲請孔子之車賣以作椁子曰才不才亦各言其子也鯉也死有棺而無椁吾不徒行以爲之椁以吾從大夫之後不可徒行也孔曰鯉孔子之子伯魚也孔子時爲大夫言從大夫之後不可以徒行謙辭也疏顔淵死至徒行也○正義曰此弁三章記顔淵死時孔子之語也顔淵死顔路請子之車以爲之椁者路顔淵父也家貧欲請孔子之車賣以作椁也子曰才不才亦各言其子也鯉也死有棺而無椁吾不徒行以爲之椁者此舉親踰疏也言淵才鯉不才雖異亦各言其子則同我子鯉也死時但有棺以家貧而無椁吾不賣車以作椁今汝子死安得賣我車以作椁乎以吾從大夫之後不可徒行也者此言不可賣車作椁之由徒行步行也以吾爲大夫不可步行故也孔子時爲大夫言從大夫之後者謙辭也○註孔曰至辭也○正義曰云鯉孔子之子伯魚也者世家文也云孔子時爲大夫言從大夫之後不可以徒行謙辭也者案孔子世家定公十四年孔子年五十六由大司寇攝行相事魯受齊女樂不聽政三日孔子遂適衛歷至宋鄭陳蔡

晉楚去魯凡十四歲而反乎魯然魯終不能用孔子亦不求仕以哀公十六年卒年七十三今案顏回少孔子三十歲三十二而卒則顏回卒時孔子年六十一方在陳蔡矣伯魚年五十先孔子死則鯉也死時孔子蓋年七十左右皆非在大夫位時而此註云時為大夫未知有何所據也杜預曰嘗為大夫而去故言後也據其年則顏回先伯魚卒而此云顏回死顏路請子之車以為之椁子曰鯉也死有棺而無椁又似伯魚先死者王肅家語註云此書久遠年數錯誤未可詳也或以為假設之辭也徒猶空也謂無車空行也是步行謂之徒行故左傳襄元年敗鄭徒兵於洧上杜註云徒兵步兵也

顏淵死子曰噫包曰噫痛傷之聲天喪予天喪予天喪予者若喪已也毋言之者痛惜之甚

【疏】顏淵死子曰噫天喪予天喪予○正義曰噫痛傷之聲天喪予者孔子痛惜顏淵死言若天喪已也毋言之者痛惜之甚

顏淵死子哭之慟馬曰慟哀過也從者曰子慟矣曰有慟乎孔曰不自知已之悲哀過非夫人之為慟而誰為

【疏】顏淵死至誰為○正義曰子哭之慟者慟過哀也言夫子哭顏淵其悲哀過甚從者曰子慟矣者從

慟者衆弟子見夫子哀過故告曰子慟矣曰有慟乎者時夫子不自知已之悲哀過故荅曰有慟乎邪非夫人之爲慟而誰爲者因弟子言已悲哀過甚遂說已之過哀亦當於理非不也夫人謂顏淵言不於顏淵哭之爲慟而更於誰人爲慟乎

顏淵死門人欲厚葬之子曰不可禮貧富有宜顏淵貧而門人欲厚葬之故不聽門人厚葬之子曰回也視予猶父也予不得視猶子也非我也夫二三子也馬曰言回自有父父意欲聽門人厚葬我不得割止非其厚葬故云耳【疏】顏淵至三子也○正義曰顏淵死門人欲厚葬之者門人顏淵之弟子以其師有賢行故欲豐厚其禮以葬之也子曰不可者禮貧富有宜顏淵貧而門人欲厚葬故不聽之曰不可也門人厚葬之者初荅孔子孔子不聽門人故違孔子而卒厚葬之也子曰回也視予猶父也者此下孔子非其厚葬之語也言回也師事於已視已猶如其父也予不得視猶子也者言回自有父存父意欲聽門人厚葬我不得割止之故曰予不得視猶子也非我也夫二三子也者言厚葬之事非我所爲夫門人二三子爲之也非其厚葬故云耳

季路問事

鬼神子曰未能事人焉能事鬼曰敢問死曰未知生焉知死陳曰鬼神及死事難明語之無益故不荅疏季路至知死○正義曰此章明孔子不道無益之語也子路問事鬼神者對則天曰神人曰鬼散則雖人亦曰神故下文獨以鬼荅之子路問承事神其理何如子曰未能事人焉能事鬼者言生人尚未能事之況死者之鬼神安能事之乎曰敢問死者子路又曰敢問人之若死其事何如曰未知生焉知死者孔子言女尚未知生時之事則安知死後乎皆所以抑止子路也以鬼神及死事難明又語之無益故不荅也閔子侍側誾誾如也子路行行如也冉有子貢侃侃如也子樂鄭曰樂各盡其性行行剛強之皃若由也不得其死然孔曰不得以壽終疏閔子至死然○正義曰此章孔子喜四弟子任其直性也閔子侍側誾誾如也者卑在尊側曰侍誾誾中正之皃如也者言其皃如此也子路行行如也者行行剛強之皃冉有子貢侃侃如也者侃侃和樂之皃子樂者以四子各盡其自然之性故喜樂也若由也不得其死然者然猶焉也言子路以

必不得其以壽終焉魯人爲長府閔子騫曰仍舊貫如之何何必改作鄭曰長府藏名也藏財貨曰府仍因也貫事也因舊事則可也何乃復更改作子曰夫人不言言必有中王曰言必有中者善其不欲勞民改作

疏魯人至有中○正義曰此章重於勞民也魯人爲長府者藏財貨曰府長其藏名也為作也言魯人新改作之也閔子騫曰仍舊貫如之何何必改作者子騫見魯人勞民改作長府而為此辭仍因也貫事也言因舊事則亦可矣何必乃復更改作也子曰夫人不言言必有中者孔子聞子騫之言而善之也夫人謂子騫言夫此人其唯不言則已若其發言必有中於理此言何必改作是中理之言也善其不欲勞民故以為中○註鄭曰至改作○正義曰云長府藏名者言魯藏財貨之府為長府也云藏財貨曰府者布帛曰財金玉曰貨周禮天官有大府為王治藏之長玉府掌王之金玉玩好內府主良貨賄藏在内者外府主泉藏在外者是藏財貨曰府府猶聚也言財貨之所聚也仍因貫事皆釋詁文

子曰由之瑟奚爲於丘之門馬曰子路鼓瑟不合雅頌門人不敬子路

蔡順

子曰由也升堂矣未入於室也馬曰升我堂矣未入於室耳門人不解謂孔子言爲賤子路故復解之疏子曰至室也○正義曰此章言子路之才學分限也子曰由之瑟奚爲於丘之門者由子路名奚何也子路性剛鼓瑟不合雅頌故孔子非之云由之鼓瑟何為於丘之門乎所以抑其剛也門人不敬子路者門人不解孔子之意謂孔子言爲賤子路故不敬之也子曰由也升堂矣未入於室也者以門人不解故孔子復解之言子路之學識深淺譬如自外入內得其門者入室為深顏淵是也升堂次之子路是也今子路既升我堂矣但未入於室耳豈可不敬也子路問師與商也孰賢子曰師也過商也不及孔曰言俱不得中曰然則師愈與子曰過猶不及愈猶勝也疏子貢至猶不及○正義曰此章明子張子夏才性優劣子夏問師與商也孰賢者師子張名商子夏名孰誰也子貢問孔子曰子張與子夏二人誰為賢不子曰師也過商也不及者孔子荅言子張所為過當而不已子夏則不及而止言俱不得中也曰然則師愈與者愈猶勝也子貢未明夫子之旨以為師也過則是賢才過於子夏故

復問曰然則子張勝於子夏與與爲疑辭子曰過猶不及者子貢不解故復解之曰過當猶如不及俱不中理也季氏富於周公孔曰周公天子之宰卿士而求也爲之聚斂而附益之孔曰冉求爲季氏宰爲之急賦稅子曰非吾徒也小子鳴鼓而攻之可也鄭曰小子門人也鳴鼓聲其罪以責之

疏季氏至可也○正義曰此章夫子責冉求重賦稅也季氏富於周公者季氏魯臣諸侯之卿也周公天子之宰卿士魯其後也孔子之時季氏專執魯政盡征其民其君蠶食深宮賦稅皆非已有故季氏富於周公也而求也爲之聚斂而附益之者時冉求爲季氏家宰又爲之急賦稅聚斂財物而陪附助益季氏也子曰非吾徒也小子鳴鼓而攻之可也者小子門人也冉求亦夫子門徒當尚仁義今爲季氏聚斂害於仁義故夫子責之曰非我門徒也使其門人鳴鼓以聲其罪而攻責之可也○註孔曰周公天子之宰卿士○正義曰何休云宰猶治也三公之職號尊名也杜預註左傳曰卿士王之執政者也

柴也愚弟子高柴字子羔愚愚直之愚參也魯孔曰魯鈍也曾子性遲鈍師也辟馬曰子張才過人失在邪

辟文過由也喭鄭曰子路之行失於畔喭子曰回也其庶乎屢空

賜不受命而貨殖焉億則屢中言回庶幾聖道雖數空匱而樂在其中賜不受教命唯財貨是殖億度是非蓋美回所以勵賜也一曰屢猶每也空猶虛中也以聖人之善道教數子之庶幾猶不至於知道者各內有此害其於庶幾每能虛中者唯回懷道深遠不虛心不能知道子貢雖無數子之病然亦不知道者雖不窮理而幸中雖非天命而偶富亦所以不虛心也

疏柴也愚至屢中○正義曰此章孔子歷評六弟子之德行中失也柴也愚者高柴性愚直也參也魯者曾參性遲鈍也師也辟者子張才過人失在邪辟文過也由也喭者子路之行失於畔喭也子曰回也其庶乎屢空賜不受命而貨殖焉億則屢中者此蓋孔子美顏回所以勵賜也其說有二一云屢數也空匱也億度也言回庶幾聖道雖數空匱貧窶而樂在其中是美回也賜不受命唯貨財是殖若億度是非則數中言此所以勉勵賜也一曰屢猶每也空猶虛中也言孔子以聖人之善道教數子之庶幾猶不至於知道者各內有此害故也其於庶幾每能虛中者唯有顏回懷道深遠若不虛心不能知道也子貢雖無數子之病然亦不知道

者雖不窮理而幸中雖非天命而偶富有此二累亦所以不虛心也○註弟子高柴字子羔○正義曰史記弟子傳云高柴字子羔鄭玄曰衛人少孔子三十歲左傳亦作子羔家語作子高禮記作子皐三字不同其實一也○註鄭曰子路之行失於畔喭○正義曰舊註作吸喭字書吸喭失容也言子路性行剛強常吸喭失於禮容也今本吸作畔王弼云剛猛也○註言回至心也○正義曰云言回庶幾聖道者易下繫辭云顏氏之子其殆庶幾乎是回庶慕幾微之聖道云雖數空匱而樂在其中者即簞食瓢飲不改其樂是也云賜不受教命者言不受夫子禮教之命云惟財貨是殖者言唯務使貨財生殖蕃息也云億度是非者言又用心億度人事之是非也云蓋美回所以勵賜也者言孔子之意美顏回貧而樂道所以勸勵子貢言汝既富矣又能億則屢中何得不受教命乎云一曰以下者何晏又爲一說也云以聖人之善道教數子之庶幾者言孔子以聖人庶幾之善道並教六子也云猶不至於知道者各內有此害者言聖人不倦並教誨之而猶尚不能至於知幾微善道者以其各自內有愚魯辟喭之病害故也云其於庶幾每能虛中唯回者言唯顏回每能虛其中心知於庶幾之道也云懷道深遠不虛心不能知道者此解虛中之由由其至道深遠若不虛其中心則不能知道

也云子貢雖無數子之病者謂無愚魯辟喭之病也然亦不知道者謂亦如四子不知聖道也云雖不窮理而幸中雖非天命而偶富亦所以不虛心也者此解子貢不知道由於有此二累也雖不窮理而幸中釋經億則屢中言雖不窮理盡性但億度之幸中其言也左傳定十五年春邾隱公來朝子貢觀焉邾子執玉高其容仰公受玉卑其容俯子貢曰以禮觀之二君者皆有死亡焉夏五月壬申公薨仲尼曰賜不幸言而中哀七年以邾子益來是其屢中也雖非天命而偶富釋經不受命而貨殖也言致富之道當由天命與之爵祿今子貢不因天命爵祿而能自致富故曰偶富言有億度之勞富有經營之累以此二事何暇虛心以知道故云亦所以不虛心也

子張問善人之道子曰不踐迹亦不入於室孔曰踐循也言善人不但循追舊迹而已亦少能創業然亦不入於聖人之奧室

子曰論篤是與君子者乎色莊者乎論篤者謂口無擇言君子者謂身無鄙行色莊者不惡而嚴以遠小人言此三者皆可以爲善人

〔疏〕子張至者乎○正義曰此章論善人所行之道也子張問善人之道者商権何道可謂善人子曰不踐迹亦不入於室者孔子答其善人

之道也踐循也迹已行舊事之言善人不但循追舊迹而已當自立功立事也而善人好謙亦少能創業故亦不能入於聖人之奧室也子曰論篤是與君子者乎色莊者乎者此亦善人之道也故同爲一章當是異時之語故別言子曰也論篤是與者篤厚也謂口無擇言所論說皆重厚是善人與君子者乎者言身無鄙行之君子亦是善人乎色莊者乎者言能顏色莊嚴使小人畏威者亦是善人乎孔子謙不正言故云與乎以疑之也○註論篤至善人○正義曰云口無擇言孝經文也所言皆善故無可擇也云身無鄙行者所行並美無鄙惡也以遠小人不惡而嚴者周易遯卦象辭也　子

路問聞斯行諸包曰賑窮救乏之事　子曰有父兄在如之何其聞斯行之孔曰當白父兄不得自專　冉有問聞斯行諸子曰聞斯行之公西華曰由也問聞斯行諸子曰有父兄在求也問聞斯行諸子曰聞斯行之赤也惑敢問孔曰惑其問同而答異　子曰求也退故進之由

也兼人故退之鄭曰言冉有性謙退子路務在勝尚人各因其人之失而正之疏子路至退之○正義曰此章論施予之禮并孔子問同荅異之意也子路問聞斯行諸者諸之也子路問於孔子曰若聞人窮乏當賑救之事於斯即得行之乎子曰有父兄在如之何其聞斯行之也者言當先白父兄不得自專也冉有問聞斯行諸子曰聞斯行之者此問與子路同而所荅異也公西華曰由也問聞斯行諸子曰有父兄在求也問聞斯行諸子曰聞斯行之赤也惑敢問者赤公西華名也見其問同而荅異故疑惑而問於孔子也子曰求也退故進之由也兼人故退之者此孔子言其荅異之意也冉有性謙退子路務在勝尚人各因其人失而正之故荅異也

子畏於匡顏淵後孔曰言與孔子相失故在後子曰吾以女爲死矣曰子在回何敢死包曰言夫子在已無所敢死疏子畏至敢死○正義曰此章言仁者必有勇也子畏於匡顏淵後者言孔子畏於匡時與顏回相失既免而回始後方至也子曰吾以女爲死矣者孔子謂顏淵曰吾以女已[illegible]死與匡人鬬也子在回何敢死者言夫子若陷於危難回必致死今夫子在已則無所敢死言不敢致亡也

季子然問仲由冉求可謂大臣與孔曰子然季氏子弟自多得臣此二子故問之子曰吾以子爲異之問曾由與求之問孔曰謂子問異事耳則此二人之問安足大乎所謂大臣者以道事君不可則止今由與求也可謂具臣矣孔曰言備臣數而已曰然則從之者與孔曰問爲臣皆當從君所欲邪子曰弑父與君亦不從也孔曰言二子雖從其主亦不與爲大逆

疏季子然至從也○正義曰此章明爲臣事君之道季子然問仲由冉求可謂大臣與者季子然季氏之子弟也自多得臣此二子故問於夫子曰仲由冉求才能爲政可以謂之大臣與爲問而未定故云與也子曰吾以子爲異之問曾由與求之問者此孔子抑其自多也曾則也吾以子爲問異事耳則此二人之問安足多大乎言所問小也所謂大臣者以道事君不可則止者此孔子更爲子然陳說大臣之體也言所可謂之大臣者以正道事君君若不用己道則當退止也今由與求也可謂具臣矣者既陳大臣之體乃言二子非大臣也具備也

今二子臣於季氏季氏不道而不能匡救又不退止唯可謂備臣數而已不可謂之大臣也曰然則從之者與者子然既聞孔子言二子非大臣故又問曰然則二子爲臣皆當從君所欲邪子曰弑父與君亦不從也者孔子更爲說二子之行言二子雖從其主若其主弑父與君爲此大逆亦不與也 子路使子羔爲費宰子曰賊夫人之子包曰子羔學未熟習而使爲政所以爲賊害 子路曰有民人焉有社稷焉何必讀書然後爲學孔曰言治民事神於是而習之亦學也 子曰是故惡夫佞者孔曰疾其以口給應遂己非而不知窮

【疏】子路至佞者○正義曰此章勸人學也子路使子羔爲費宰者子路臣季氏故任舉子羔使爲季氏費邑宰也子曰賊夫人之子者賊害也夫人之子指子羔也孔子之意以爲子羔學未熟習而使爲政必累其身所以爲賊害也子路曰有民人焉有社稷焉何必讀書然後爲學者子路辯荅孔子言費邑有人民焉而治之有社稷之神焉而事之治民事神於是而習之是亦學也何必須讀書然後乃謂爲學也子曰是故惡夫佞者言人所以憎惡夫佞者祗爲口才捷給文過飾非

故也今子路以口給應遂已非而不知窮已是故致人惡夫佞者也子路曾皙孔曰皙曾參父名點冉有公西華侍坐子曰以吾一日長乎爾毋吾以也孔曰言我問女女無以我長故難對居則曰不吾知也孔曰女常居云人不知己如或知爾則何以哉孔曰如有用女者則何以為治子路率爾而對率爾先三人對曰千乘之國攝乎大國之閒加之以師旅因之以饑饉包曰攝迫也迫於大國之閒由也爲之比及三年可使有勇且知方也方義方夫子哂之馬曰哂笑求爾何如對曰方六七十如五六十求性謙退言欲得方六七十如五六十里小國治之而已求也爲之比及三年可使足民如其禮樂以俟君子孔曰求自云能足民而已謂衣食足之也若禮樂之化當以待君子謙也赤爾

何如對曰非曰能之願學焉宗廟之事如會同
端章甫願爲小相焉鄭曰我非自言能願學爲之宗廟之事謂祭祀也諸侯時見曰會衆
覜曰同端玄端也衣玄端冠章甫諸侯曰視朝之服小相謂相君之禮點爾何如鼓瑟希
孔曰思所以對故音希鏗爾舍瑟而作對曰異乎三子者之
撰孔曰置瑟起對撰具也爲政之具鏗者投瑟之聲子曰何傷乎亦各言其
志也孔曰各言已志於義無傷曰莫春者春服既成冠者五六
人童子六七人浴乎沂風乎舞雩詠而歸包曰莫春
者季春三月也春服既成衣單袷之時我欲得冠者五六人童子六七人浴乎沂水之上風涼於舞雩之下歌詠先王之
道而歸夫子之門夫子喟然歎曰吾與點也周曰善點獨知時三子
者出曾皙後曾皙曰夫三子者之言何如子曰

亦各言其志也已矣曰夫子何哂由也曰爲國以禮其言不讓是故哂之包曰爲國以禮禮貴讓子路言不讓故笑之唯求則非邦也與安見方六七十如五六十而非邦也者唯赤則非邦也與宗廟會同非諸侯而何孔曰明皆諸侯之事與子路同徒笑子路不讓赤也爲之小孰能爲之大孔曰赤謙言小相耳誰能爲大相

疏子路至篇末○正義曰此章孔子乘閒四弟子侍坐因使各言其志以觀其器能也子路曾晳冉有公西華侍坐者時孔子坐四子侍側亦皆坐也子曰以吾一日長乎爾毋吾以也者孔子將發問先以此言誘掖之也言女等侍吾以吾年長於汝謙而少言故云一日今我問女女等毋以吾長而憚難其對也居則曰不吾知也如或知爾則何以哉者此問辭也言女常居則云已有才能人不我知如有人知女將欲用之則女將何以爲治子路率爾而對者子路性剛故率爾先三人而對也千乘之國攝乎大國之間加之以師旅因之以饑饉由也爲

之比及三年可使有勇且知方也者此子路所志也千乘之國公侯之大國也攝迫也穀不熟爲饑蔬不熟爲饉方義方也言若有公侯之國迫於大國之間又加之以師旅侵伐復因之以饑饉民困而由也治之比至三年以來可使其民有勇敢且知義方也夫子哂之者哂笑也夫子笑之也求爾何如者子路既對三子無言故孔子復歷問之冉求爾志何如對曰方六七十如五六十求也爲之比及三年可使足民如其禮樂以俟君子者此冉求之志也俟待也求性謙退言欲得方六七十如五六十里小國治之而已求也治此小國比至三年以來使足民衣食若禮樂之化當以待君子此謙辭也赤爾何如者又問公西華也對曰非曰能之願學焉宗廟之事如會同端章甫願爲小相焉者此赤也之志也曰言也我非自言能之願學焉焉宗廟祭祀之事如有諸侯會同及諸侯衣玄端冠章甫日視朝之時已願爲其小相君之禮焉點爾何如者又問曾皙也鼓瑟希者時曾皙方鼓瑟承師之問思所以對故音希也鏗爾舍瑟而作者作起也舍置也鏗投瑟聲也思得其對故置瑟起對投置其瑟而聲鏗然也對曰異乎三子者之撰者撰具也未敢言其志先對此辭言已之所志異乎三子者所陳爲政之具也子曰何傷乎亦各言其志也者孔子見曾皙持謙難其對故以此言誘之曰於義何

陽乎亦各言其志也欲令任其所志而言也曰莫春者[illegible]
既成冠者五六人童子六七人浴乎沂風乎舞雩詠而歸者
此曾點所志也莫春季春也春服既成衣單袷之時也我欲
得與二十以上冠者五六人十九以下童子六七人浴乎沂
水之上風凉於舞雩之下歌詠先王之道而歸夫子之門也
夫子喟然歎曰吾與點也者喟然歎之皃夫子聞其樂道故
喟然而歎曰吾與點之志善其獨知時而不求為政也三子
者出曾晳後者子路冉有公西華三子先出曾晳後猶侍坐
於夫子也曾晳曰夫三子者之言何如者曾晳在後問於夫
子曰夫三子者適各言其志其言是非何如也子曰亦各言
其志也已矣者言三子亦各言其所志而已無他別是非也
曰夫子何哂由也者曾晳又問夫子曰既三子各言其志何
獨笑仲由也曰為國以禮其言不讓是故哂之者此夫子為
說哂之意言為國以禮禮貴謙讓子路言不讓故笑之也唯
求也則非邦也與安見方六七十如五六十而非邦也者唯
赤則非邦也與宗廟會同非諸侯而何者此夫子又言不哂
其子路欲為諸侯之事故舉二子所言明皆諸侯之事與子
路同其言讓故不笑之徒笑其子路不讓耳赤也為之小孰
能為之大者此夫子又言公西華之才堪為大相今赤謙言
小相耳若赤也為之小相更誰能為大相○註孔子曰晳曾

參父名點。正義曰史記弟子傳曰曾蒧音點字皙是也。註方義方。正義曰義宜也方道也言能教之使知合宜之道也左傳曰愛子教之以義方。註鄭曰至之禮。正義曰云宗廟之事謂祭祀也者謂禴祠烝嘗及追享朝享禘祫之類皆是也云諸侯時見曰會殷覜曰同者周禮春官大宗伯職文但彼作殷見此作殷覜覜則見也鄭玄註云此禮以諸侯見王爲文時見者言無常期諸侯有不順服者王將有征討之事則旣朝覲王爲壇於國外合諸侯而命事焉春秋傳曰有事而會不協而盟是也殷猶衆也十二歲王如不巡守則六服盡朝朝禮旣畢王亦爲壇合諸侯以命政焉所命之政如王巡守殷見四方四時分來終歲則徧是也云端玄端也衣玄端冠章甫諸侯日視朝之服者其衣正幅染之玄色故曰玄端案王制云周人玄衣而養老註云玄衣素裳天子之燕服爲諸侯朝服彼云玄衣則此玄端也若以素爲裳即是朝服此朝服素裳皆得謂之玄端故此註云端玄端諸侯朝服若上士以玄爲裳中士以黃爲裳下士以雜色爲裳天子諸侯以朱爲裳則皆謂之玄端不得名爲朝服也云小相謂相君之禮者案周禮秋官司儀職云掌九儀之賓客擯相之禮以詔儀容辭令揖讓之節註云出接賓曰擯入贊禮曰相又曰凡諸公相爲賓及將幣交擯三辭車逆拜辱賓車進

客辭三揖三讓每門止一相註云相爲主君擯者及賓之介
也謂之相者於外傳辭耳入門當以禮詔侑也介紹而傳命
者君子於其所尊不敢質敬之至也每門止一相弥相親也
是相者相君之禮也聘禮云卿爲上擯大夫爲承擯士爲紹
擯王藻曰君入門介拂闑大夫中棖與闑之間士介拂棖則
卿爲上介大夫爲次介士爲末介也此云願爲小相者謙不
敢爲上擯上介之卿願爲承擯紹擯次介末介之大夫士耳
○註包曰至之門○正義曰云我欲得冠者五六人童子六
七人者意在取其朋友十餘人耳云浴于沂水之上風凉於
舞雩之下者杜預云魯城南自有沂水此是也夫沂水出蓋
縣南至下邳入泗雩者祈雨之祭名左傳曰龍見而雩是也
賈逵曰雩者吁也吁嗟而請雨也杜預曰雩之言遠也遠爲
百穀祈膏雨也使童男女舞之春官女巫職曰旱暵則舞雩
因謂其處爲舞雩舞雩之處有壇墠樹木可以休息故云風
涼於舞雩之下也○註周曰善點獨知時○正義曰仲尼祖
述堯舜憲章文武生值亂時而君不用三子不能相時志在
爲政唯曾皙獨能知時志在潔身
浴德詠懷樂道故夫子與之也

論語註疏解經卷第十一

先進

論語註疏解經卷第十二

顔淵第十二　何晏集解　邢昺疏

疏 正義曰此篇論仁政明達君臣父子辨惑折獄君子文爲皆聖賢之格言仕進之階路故次先進也

顔淵問仁子曰克己復禮爲仁 馬曰克己約身孔曰復反也身能反禮則爲仁矣 一日克己復禮天下歸仁焉 馬曰一日猶見歸況終身乎 爲仁由己而由人乎哉 孔曰行善在己不在人也 顔淵曰請問其目 包曰知其必有條目故請問之 子曰非禮勿視非禮勿聽非禮勿言非禮勿動 鄭曰此四者克己復禮之目 顔淵曰回雖不敏請事斯語矣 王曰敬事此語必行之

疏 顔淵至語矣○正義曰此并下三章皆明仁也子曰克己復禮爲仁者克約也己身也復反也言能約身反禮則爲仁矣一日克己復禮天下歸仁焉者言人君若能一

日行克己復禮則天下皆歸此仁德之君也一日猶見歸況終身行仁乎爲仁由己而由人乎哉者言行善由己豈由他人乎哉言不在人也顏淵曰請問其目者淵意知其爲仁必有條目故請問之子曰非禮勿視非禮勿聽非禮勿言非禮勿動者此四者克己復禮之目也曲禮曰視瞻毋回立視五巂式視馬尾之類是禮也非此則勿視曲禮云毋側聽側聽則非禮也言無非禮則口無擇言也動無非禮則身無擇行也四者皆所以爲仁顏淵曰回雖不敏請事斯語矣者此顏淵預謝師言也言回雖不敏達請敬事此語必行之也。註馬曰克己約身〇正義曰此註克訓爲約劉炫云克訓勝也己謂身也身有嗜欲當以禮義齊之嗜欲與禮義戰使禮義勝其嗜欲身得歸復於禮如是乃爲仁也復反也言情爲嗜欲所逼已離禮而更歸復之今刊定云克訓勝也己謂身也謂能勝去嗜慾反復於禮也 仲弓問仁

子曰出門如見大賓使民如承大祭 孔曰爲仁之道莫尚乎敬

己所不欲勿施於人在邦無怨在家無怨 包曰在邦爲諸侯在家爲卿大夫

仲弓曰雍雖不敏請事斯語矣 疏

仲弓問仁至語矣。正義曰此章明仁在敬恕也子曰出門如見大賓使民如承大祭者此言爲仁之道莫尚乎敬也大賓公侯之賓也大祭禘郊之屬也人之出門失在倨傲故戒之出門如見公侯之賓使民失於驕易故戒之如承奉禘郊之祭己所不欲勿施於人者此言仁者必恕也己所不欲無施之於人以他人亦不欲也在邦無怨在家無怨者言既敬且恕若在邦爲諸侯必無人怨在家爲卿大夫亦無怨也仲弓曰雍雖不敏請事斯語矣者亦承謝之語也

司馬牛問仁子曰仁者其言也訒孔曰訒難也牛宋人弟子司馬犂曰其言也訒斯謂之仁已乎子曰爲之難言之得無訒乎子曰行仁難言仁亦不得不難

疏司馬牛問仁至訒乎。正義曰此章言仁之難也子曰仁者其言也訒者訒難也言仁道至大非但行之難其言之亦難曰其言也訒斯謂之仁已乎者牛意嫌孔子所言未盡其理故復問曰秖此其言也訒便謂仁已乎子曰爲之難言之得無訒乎者此孔子又爲牛說言訒之意行仁既難言仁亦不得不難。註孔子曰至馬犂。正義曰史記弟子傳云司馬耕字子牛多言而躁問仁於孔子孔子曰仁者其言也

訓是也

司馬牛問君子。子曰：君子不憂不懼。孔曰：牛兄桓魋將爲亂，牛自宋來學，常憂懼，故孔子解之。

曰：不憂不懼，斯謂之君子已乎？

子曰：內省不疚，夫何憂何懼？包曰：疚，病也。自省無罪惡，無可憂懼。

【疏】司馬至何懼○正義曰：此章明君子也。司馬牛問君子者，問於孔子言君子之行何如也。子曰君子不憂不懼者，言君子之人不憂愁，不恐懼。時牛兄桓魋將爲亂，牛自宋來學，常憂懼，故孔子解之也。曰不憂不懼斯謂之君子已乎者，亦意少其言，故復問之。子曰內省不疚夫何憂何懼者，此孔子更爲牛說不憂懼之理。疚，病也。自省無罪惡，則無可憂懼。

司馬牛憂曰：人皆有兄弟，我獨亡。鄭曰：牛兄桓魋行惡，死亡無日，我爲無兄弟。

子夏曰：商聞之矣，死生有命，富貴在天。君子敬而無失，與人恭而有禮，四海之內皆兄弟也。君子何患乎無兄弟也？包曰：君子疏惡而友賢，九州之人皆可以禮親。

【疏】

司馬至弟也。正義曰：此章言人當任命友賢也。司馬牛憂曰人皆有兄弟，我獨亡者，亡，無也。牛兄桓魋行惡，死亡無日，故牛常憂而告人曰：他人皆有兄弟，若桓魋死亡之後，我獨無兄弟也。子夏曰商聞之矣，死生有命，富貴在天。君子敬而無失，與人恭而有禮，四海之內皆兄弟也。君子何患乎無兄弟也者，子夏見牛憂無兄弟，以此言解之也。商，子夏名，蓋故云商聞之矣，示非妄謬也。言人死生短長則有所禀之命，財富位貴則在天之所予，君子但當敬慎而無過失，與人結交恭謹而有禮，能此疏惡而友賢，則東夷西戎南蠻北狄四海之內九州之人皆可以禮親之爲兄弟也，君子何須憂患於無兄弟也。註鄭曰至兄弟。正義曰：云牛兄桓魋行惡死亡無日者，案哀十四年左傳云：宋桓魋之寵害於公，公將討之。未及，魋先謀公，公知之，召皇司馬子仲及左師向巢以命其徒攻桓氏。向魋遂入於曹以叛，民叛之，而奔衛，遂奔齊。是其行惡死亡之事也。桓氏即向魋也，又謂之桓司馬，即此桓魋也。

子張問明。子曰：浸潤之譖，膚受之愬，不行焉，可謂明也已矣。鄭曰：諸人之言如水之浸潤，漸以成之。馬曰：膚受之愬，皮膚外語，非其內實。浸潤之譖，膚受之愬，不行焉可謂遠也已矣馬曰無此二者非但爲明其德行高遠人莫能及疏子張至已矣。正義曰此章論人之明德子張問明者問於孔子何如可謂之明德也子曰浸潤之譖膚受之愬不行焉可謂明也已矣者此言爲明也夫水之浸潤漸以壞物皮膚受塵漸成垢穢譖人之言如水之浸潤皮膚受塵亦漸以成之使人不覺知也若能辨其情僞使譖愬之言不行可謂明德也浸潤之譖膚受之愬不行焉可謂遠也已矣者言人若無比二者非但爲明其德行可謂高遠矣人莫能及之也。註馬曰膚受之愬皮膚外語非其內實。正義曰愬亦譖也變其文耳皮膚受塵垢穢其外不能入內也以喻譖毀之語但在外萋斐構成其過惡非其人內實有罪也

子貢問政子曰足食足兵民信之矣子貢曰必不得已而去於斯三者何先曰去兵子貢曰必不得已而去於斯二者何先曰去食自古皆有死民無信不立孔曰死者古今常道人皆有之治邦不可失信疏子貢問政至不立正義曰此章貴信

正子曰足食足兵民信之矣者此荅爲政之事也足食則人知禮節足兵則不軌畏威民信之則服命從化子貢曰必不
得已而去於斯三者何先者子貢復問曰若不獲已而除去於此三者之中何者爲先曰去兵者孔子荅言先去兵以兵
者凶器民之殘也財用之蠹也故先去之子貢曰必不得已而去於斯二者何先者子貢復問設若事不獲已須要去之
於此食與信二者之中先去何者曰去食自古皆有死民無信不立者孔子荅言二者之中先去食夫食者人命所須去
之則人死而去食不去信者言死者古今常道人皆有之治國不可失信失信則國不立也棘子成曰
君子質而已矣何以文爲鄭曰舊說云棘子成衛大夫子貢曰
惜乎夫子之說君子也駟不及舌鄭曰惜乎夫子之說君子也過言一
出駟馬追之不及文猶質也質猶文也虎豹之鞟猶犬羊
之鞟孔曰皮去毛曰鞟虎豹與犬羊別正以毛文異耳今使文質同者何以別虎豹與犬羊耶疏棘子
至之鞟○正義曰此章貴尚文章也棘子成曰君子質而已矣何以文爲者衞大夫棘子成言曰君子之人淳質而已則

可矣何用文章乃爲君子意疾時多文華子貢曰惜乎夫子
之說君子也駟不及舌者夫子指子成也子貢聞子成言君
子不以文爲其言過謬故歎曰可惜乎棘子成之說君子也
過言一出於舌駟馬追之不及文猶質也質猶文也虎豹之
鞹猶犬羊之鞹者此子貢舉喻言文章不可去也皮去毛曰
鞹言君子野人異者質文不同故也虎豹與犬羊別者正以
毛文異耳今若文猶質質猶文使文質同者則君子與鄙夫
何以別乎如虎豹之皮去其毛文以爲之鞹與犬羊之鞹同
處何以別虎豹與犬羊也 哀公問於有若曰年饑用不足如之
何有若對曰盍徹乎 鄭曰盍何不也周法什一而稅謂之徹徹通也爲天下之通法 曰
二吾猶不足如之何其徹也 孔曰二謂什二而稅 對曰百姓
足君孰與不足百姓不足君孰與足 孔曰孰誰也 疏
哀公至與足。正義曰此章明稅法也哀公問於有若曰年
饑用不足如之何者魯君哀公問於孔子弟子有若曰年穀
不熟國用不足如之何使國用得足也有若對曰盍徹乎者
盍猶何不也周法什一而稅謂之徹徹通也爲天下之通法

有若意譏哀公重歛故對曰既國用不足何不依通法而稅
取乎曰二吾猶不足如之何其徹也者二謂什二而稅哀公
不覺其譏故又曰什而稅二吾之國用猶尚不足如之何其
依徹法什而稅一乎對曰百姓足君孰與不足百姓不足君
孰與足者孰誰也哀公既言重歛之實故有若又對以盍徹
足用之理言若依通法而稅則百姓家給人足百姓既足上
命有求則供故曰君誰與不足也令君重歛民則困窮上命
所須無以供給故曰百姓不足君孰與足也○註鄭曰至通
法○正義曰云周法什一而稅謂之徹者公羊傳曰古者什
一而藉古者曷為什一而藉什一者天下之中正也多乎什
一大桀小桀寡乎什一大貉小貉什一者天下之中正也什
一行而頌聲作矣何休云多取於民比於桀蠻貉無百官制
度之費稅薄穀梁傳亦云古者什一而藉孟子云夏后氏五
十而貢殷人七十而助周人百畝而徹其實皆什一也趙岐
詩云民耕五十畝者貢上五畝耕七十畝者以七畝助公家
耕百畝者徹取十畝以為賦雖異名二多少同故云皆什一
也書傳云十一者多矣故杜預云古者公田之法十取其一
謂十畝內取一舊法既已十畝取一矣春秋魯宣公十五年
初稅畝又履其餘畝更復十收其一乃是十取其二故此哀
公曰二吾猶不足謂十內稅二猶尚不足則從宣公之後遂

以十二爲常故曰初言初稅十二自宣公始也諸書皆言十一而稅而周禮載師云凡任地近郊十一遠郊二十而三甸稍縣都皆無過十二漆林之征二十而五者彼謂王畿之內所共多故賦稅重諸書所言什一皆謂畿外之國故此鄭玄云什一而稅謂之徹徹通也爲天下之通法言天下皆什一耳不言畿內亦什一也孟子又曰方里爲井井九百畝其中爲公田八家皆私百畝同養公田公事畢然後敢治私事漢書食貨志取彼意而爲之文云井田方一里是爲九夫八家共之各受私田百畝公田十畝是爲八百八十畝餘二十畝爲廬舍諸儒多用彼爲義如彼所言則家別一百一十畝是爲十外稅一也鄭玄詩箋云井稅一夫其田百畝則九而稅一其意異於漢書不以志爲說也又孟子對滕文公云請野九一而助國中什一使自賦鄭玄周禮匠人註引孟子此言乃云是邦國亦異外內之法則鄭玄以爲諸侯郊外郊內其法不同郊內十一使自賦其一郊外九而助一是爲二十而稅二故鄭玄又云諸侯謂之徹者通其率以十一爲正言郊內郊外相通其率爲十稅一也杜預直云十取其一則又異於鄭唯謂一夫百畝以十畝歸公趙岐不解夏五十殷七十之意蓋古者人多田少一夫唯得五十七十畝耳五十而貢貢五畝七十而助助七畝好惡取於此鄭註考工記云周人

畿內用夏之貢法邦國用殷之助法也

子張問崇德辨惑孔曰辨別也子曰主忠信徙義崇德也包曰徙義見義則徙意而從之愛之欲其生惡之欲其死既欲其生又欲其死是惑也包曰愛惡當有常一欲生之一欲死之是心惑也誠不以富亦祇以異鄭曰此詩小雅也祇適也言此行誠不可以致富適足以為異耳取此詩之異義以非之

【疏】子張至以異○正義曰此章言人當有常德也子張問崇德辨惑者崇充也辨別也言欲充盛道德袪別疑惑何為而可也子曰主忠信徙義崇德也者主親也徙遷也言人有忠信者則親友之見義事則遷意而從之此所以充盛其德也愛之欲其生惡之欲其死既欲其生又欲其死是惑也者言人心愛惡當須有常若人有順已已即愛之便欲其生此人忽逆於已已即惡之則願其死一欲生之一欲死之用心無常是惑也既能別此是惑則當袪之誠不以富亦祇以異者此詩小雅我行其野篇文也祇適也言此行誠不足以致富適足以為異耳取此詩之異義以非人之惑也○註鄭曰至非之○正義曰案詩刺淫昏之俗不思舊姻而求新昏也彼

誠作成鄭箋云女不以禮為室家成事不足以得富也女亦適以此自異於人道言可惡也此引詩斷章故不與本義同也

齊景公問政於孔子孔子對曰君君臣臣父父子子孔曰當此之時陳恒制齊君不君臣不臣父不父子不子故以對公曰善哉信如君不君臣不臣父不父子不子雖有粟吾得而食諸孔曰言將危也陳氏果滅齊

【疏】齊景至食諸○正義曰此章明治國之政也齊景公問政於孔子者齊君景公問爲國之政於夫子也孔子對曰君君臣臣父父子子者言政者正也若君不失君道乃至子不失子道尊卑有序上下不失而後國家正也當此之時陳恒爲齊大夫以制齊國君不君臣不臣父不父子不子故孔子以此對之公曰善哉信如君不君臣不臣父不父子不子雖有粟吾得而食諸者諸之也景公聞孔子之言而信服之故歎曰善哉信如夫子之言而今齊國君不君以至子不子雖有其粟吾得而食之乎言將見危亡必不得食之也○註陳氏果滅齊○正義曰史記田完世家完卒謚為敬仲仲生穉孟夷夷生湣孟莊莊生文子須無文子生桓子無宇桓子生武

子啓及僖子乞乞卒子當代之是爲田成子成子弒簡公專齊政成子生襄子盤盤生莊子白白生大公和和遷齊康公於海上和立爲齊侯和孫威王稱王四世而秦滅之是陳氏篡齊也世家云敬仲之知齊以陳子爲田氏左傳終始稱陳則田必非敬仲所改未知何時改耳

子曰片言可以折獄者其由也與孔曰片猶偏也聽訟必須兩辭以定是非偏信一言以折獄者唯子路可

子路無宿諾宿猶豫也子路篤信恐臨時多故不豫諾

疏子曰至宿諾。正義曰此章言子路有明斷篤信之德也子曰片言可以折獄者其由也與者片猶偏也折猶決斷也凡聽訟必須兩辭以定是非偏信一言以決斷獄訟者唯子路可故云其由也與子路無宿諾者宿猶豫也子路篤信恐臨時多故故不豫諾或分此別爲一章今合之。注孔曰至路可。正義曰云聽訟必須兩辭以定是非者周禮秋官大司寇職云以兩造禁民訟以兩劑禁民獄注云訟謂以財貨相告者獄謂相告以罪名者造至也劑今券書也使訟者兩至獄者各齎券書既兩至兩券書乃治之不至及不券書則是自服不直者也故知聽訟必須兩辭方定是非偏信一言則是非難決唯子路才性明辨能聽偏言決斷獄訟故云唯子路可

子

曰聽訟吾猶人也包曰與人等必也使無訟乎王曰化之在前

疏子曰聽訟吾猶人也必也使無訟乎。正義曰此章孔子言已至誠也言聽斷獄訟之時備兩造吾亦猶如常人無以異也言與常人同必也在前以道化之使無爭訟乃善。註王曰化之在前。正義曰案周易訟卦象曰天與水違行訟君子以作事謀始王弼云聽訟吾猶人也必也使無訟乎無訟在於謀始謀始在於作制契之不明訟之所以生也物有其分職不相濫爭何由興訟之所以起契之過也故有德司契而不責於人是化之在前也又案大學云子曰聽訟吾猶人也必也使無訟乎無情者不得盡其辭大畏民志鄭註云情猶實也無實者多虛誕之辭聖人之聽訟與人同耳必使民無實者不敢盡其辭大畏其心志使誠其意不敢訟然則聽訟吾猶人也必也使無訟乎是夫子辭無情者不得盡其辭大畏民志是記者釋夫子無訟之事意與此註及王弼不同未知誰是故具載之

子張問政子曰居之無倦行之以忠王曰言爲政之道居之於身無得解倦行之於民必以忠

疏子張問政子曰居之無倦行之以忠。正義曰此章言爲政之道若居之於身無解倦行之於民必信

以忠信也

子曰博學於文約之以禮亦可以弗畔矣夫鄭曰弗畔不違道疏子曰至弗畔矣夫○正義曰此章與雍也篇同當是弟子各記所聞故重載之或本亦有作君子博學於文

子曰君子成人之美不成人之惡小人反是疏子曰君子成人之美不成人之惡小人反是○正義曰此章言君子之於人嘉善而矜不能又復仁恕故成人之美不成人之惡也小人則嫉賢樂禍而成人之惡不成人之美故曰反是

季康子問政於孔子孔子對曰政者正也子帥以正孰敢不正鄭曰康子魯上卿諸臣之帥也疏季康子問政於孔子至不正○正義曰此章言為政在於修正也季康子問政於孔子孔子對曰政者正也者言政教者在於齊正也子帥以正孰敢不正者言康子為魯上卿諸臣之帥也若己能每事以正則己下之臣民誰敢不正也

季康子患盜問於孔子孔子對曰苟子之不欲雖賞之不竊孔曰欲多情慾言民化於上不從其令從其所好疏

季康子至不竊○正義曰此章言民從上化也季康子患盜問於孔子孔子者時魯多盜賊康子患之問於孔子欲以謀去也孔子對曰苟子之不欲雖賞之不竊者孔子言民化於上不從其令從其所好苟誠也誠如子之不貪欲則民亦不竊盜非但不爲假令賞之民亦知恥而不竊也今多盜賊者正由子之貪欲故耳注孔孔曰至所好○正義曰云民化於上不從其令從其所好者大學曰堯舜率天下以仁而民從之桀紂率天下以暴而民從之其所令反其所好而民不從注云言民化君行也君若好貨而禁民淫於財利不能正也

季康子問政於孔子曰如殺無道以就有道何如孔曰就成也欲多殺以止姦孔子對曰子爲政焉用殺子欲善而民善矣君子之德風小人之德草草上之風必偃孔曰亦欲令康子先自正偃仆也加草以風無不仆者猶民之化於上

疏季康子至必偃○正義曰此章言爲政不須刑殺但在上自正則民化之也季康子問政於孔子曰如殺無道以就有道何如若就成也康子之意欲多殺以止姦以成爲有道也孔子對曰子爲政焉用

殺者言子爲亂政安用刑殺也子欲善而民善矣者言子若
爲善則民亦化之爲善矣君子之德風小人之德草草上之
風必偃者此爲康子設譬也偃仆也在上君子爲政之德若
風在下小人從化之德如草加草以風無不仆者猶化民以
正無不從者亦欲令康子先自正也

子張問士何如斯可謂之達矣子曰何哉爾所謂達者子張對曰在邦必聞在家必聞鄭曰言士之所在皆能有名譽子曰是聞也非達也夫達也者質直而好義察言而觀色慮以下人馬曰常有謙退之志察言語觀顏色知其所欲其志慮常欲以下人在邦必達在家必達馬曰謙尊而光卑而不可踰夫聞也者色取仁而行違居之不疑馬曰此言佞人假仁者之色行之則違安居其僞而不自疑在邦必聞在家必聞馬曰佞人黨多

子張至必聞。正義曰此章論士行子張問士何如斯可謂
之達矣者士有德之稱問士行何如可謂通達也子曰何哉

爾所謂達者者夫子復問子張何者是汝意所謂達者欲使試言之也子張對曰在邦必聞在家必聞者聞謂有名譽使人聞之也言士有德行在邦臣於諸侯必有名聞在家臣於卿大夫亦必有名聞言士之所在皆有名譽意謂此爲達也子曰是聞也非達也者言汝所陳正是名聞之士非是通達之士也夫達也者質直而好義察言而觀色慮以下人者此孔子又說達士之行也爲性正直所好義事察人言語觀人顏色知其所欲其念慮常欲以下人言常有謙退之志也言邦必達在家必達者以其謙退故所在通達也夫聞也者色取仁而行違居之不疑者此言佞人色則假取仁者之色而行則違之安居其僞而不自疑也在邦必聞在家必聞者言佞人黨多妄相稱譽故所在皆有名聞也○註馬曰謙尊而光卑而不可踰○正義曰此周易謙卦彖辭也言尊者有謙而更光明盛大卑者有謙而不可踰越引證士有謙德則所在必遠也

樊遲從遊於舞雩之下包曰舞雩之處有壇墠樹木故下可遊焉曰敢問崇德脩慝辨惑孔曰慝惡也脩治也治惡爲善子曰善哉問先事後得非崇德與孔曰先勞於事然後得報攻其惡無攻

人之惡非脩慝與一朝之忿忘其身以及其親非惑與【疏】樊遲至惑與。正義曰此章言脩身之事也樊遲從遊於舞雩之處有壇墠樹木故弟子樊遲隨從孔子遊於其下也曰敢問崇德脩慝辨惑者脩治也慝惡也此樊遲因從行而問孔子曰敢問欲充盛其德治惡爲善袪別疑惑何爲而可也子曰善哉問者其問皆脩身之要故善之先事後得非崇德與者言先勞於事然後得報是崇德也攻其惡無攻人之惡非脩慝與者攻治也言治其己過無治人之過是治惡也一朝之忿忘其身以及其親非惑與者言君子忿則思難若人有犯己一朝忿之不思其難則忘身也辱其身則羞其親故曰以及其親也非惑與言是惑也

註壇墠。正義曰封土爲壇除地爲墠言雩壇在所除地中故連言壇墠

樊遲問仁子曰愛人問知子曰知人樊遲未達子曰舉直錯諸枉能使枉者直包曰舉正直之人用之廢置邪枉之人則皆化爲直樊遲退見子夏曰鄉也吾見於夫子而問知子曰舉直錯諸

枉能使枉者直何謂也子夏曰富哉言乎孔曰富盛也○舜有天下選於衆舉皋陶不仁者遠矣湯有天下選於衆舉伊尹不仁者遠矣孔曰言舜湯有天下選擇於衆舉皐陶伊尹則不仁者遠矣仁者至矣

疏 樊遲至遠矣○正義曰此章明仁知○樊遲問仁子曰愛人者言汎愛濟衆是仁道也問知子曰知人者言知人賢才而舉之是知也樊遲未達子曰舉直錯諸枉能使枉者直者樊遲未曉達知人之意故孔子復解之言舉正直之人而用之廢置邪枉之人則皆化爲直故曰能使枉者直也樊遲退見子夏曰鄉也吾見於夫子而問知子曰舉直錯諸枉能使枉者直何謂也者樊遲雖聞舉直錯枉之語猶自未喻故復問子夏也子夏曰富哉言乎者子夏聞言即解故歎美之曰富盛哉此言乎舜有天下選於衆舉皐陶不仁者遠矣湯有天下選於衆舉伊尹不仁者遠矣者此子夏爲樊遲說舉直錯枉之事也言舜湯有天下選擇於衆舉用皐陶伊尹則不仁者遠矣仁者至矣長其能使邪枉者亦化爲直也

子貢問友子曰忠告而善道之不

可則止毋自辱焉包曰忠告以是非告之以善道之不見從則止必言之或見辱

疏子貢問友子曰忠告而善道之不可則止毋自辱焉正義曰此章論友也言盡其忠以是非告之又以善道導之若不從已則止而不告不得也毋得強告導之以自取困辱焉以其必言之或時見辱

曾子曰君子以文會友孔曰友以文德合以友輔仁孔曰友相切磋之道所以輔成己之仁

疏曾子曰君子以文會友以友輔仁○正義曰此章論友言君子之人以文德會合朋友朋友有相切磋琢磨之道所以輔成己之仁德也

論語註疏解經卷第十二

論語註疏解經卷第十三

子路第十三　何晏集解　邢昺疏

疏 正義曰此篇論善人君子爲邦教民仁政孝弟中行常德皆治國脩身之要大意與前篇相類且回也入室由也升堂故以爲次也

子路問政子曰先之勞之孔曰先導之以德使民信之然後勞之易曰說以使民民忘其勞請益曰無倦孔曰子路嫌其少故請益曰無倦者行此上事無倦則可疏子路問政至無倦。正義曰此章言政先德澤也子曰先之勞之者言爲德政者先導之以德使民信之然後可以政役之事勞之則民從其令也請益者子路嫌其少故更請益之曰無倦者夫子言行此上事無倦怠則可也。註易曰說以使民民忘其勞。正義曰此周易兌卦彖辭文也言先以說豫撫民然後使之從事則民皆竭力忘其勞苦也引之以證先之勞之之義也

仲弓爲季氏宰問政子曰先有司王曰言爲政當

先任有司而後責其事赦小過舉賢才曰焉知賢才而舉之

曰舉爾所知爾所不知人其舍諸孔曰女所不知者人將自舉其所知

則賢才無遺【疏】仲弓至舍諸。正義曰此章言政在舉賢也仲弓爲季氏宰問政者冉雍爲季氏家宰而問政於夫子也子曰先有司赦小過舉賢才者有司屬吏也言爲政當先委任屬吏各有所司而後責其成事赦放小過寬則得衆也舉用賢才使官得其人野無遺逸是政之善也曰焉知賢才而舉之者仲弓聞使舉賢意言賢才難可徧知故復問曰安知賢才而得舉用之也曰舉爾所知爾所不知人其舍諸者舍置也諸之也夫子教之曰但舉女之所知女所不知人將自舉之其肯置之而不舉乎既各舉其所知則賢才無遺

子路曰衛君待子而爲政子將奚先包曰問往將何所先行子曰必也正名乎馬曰正百事之名子路曰有是哉子之迂也奚其正包曰迂猶遠也言孔子之言遠於事子曰野哉由也孔曰野猶不達君子於其所不知

蓋闕如也包曰君子於其所不知當闕而勿據今由不知正名之義而謂之迂遠名不正
則言不順言不順則事不成事不成則禮樂不
興禮樂不興則刑罰不中孔曰禮以安上樂以移風二者不行則有淫刑濫罰
刑罰不中則民無所錯手足故君子名之必可
言也言之必可行也王曰所名之事必可得而明言所言之事必可得而遵行君
子於其言無所苟而已矣【疏】子路至而已矣○正義曰此章論政在正名也
子路曰衛君待子而爲正子將奚先者奚何也案世家孔子自楚反乎衛是時衛君輒父不得立在外諸侯數以爲讓而
孔子弟子多仕於衛衛君欲得孔子爲政故子路問之曰往將何以先行子曰必也正名乎者言將先正百事之名也子
路曰有是哉子之迂也奚其正者迂猶遠也子路言豈有若是哉夫子之言遠於士也何其正名乎子曰野哉由也若野
猶不達也夫子見子路言迂故曰不達理哉此仲由也君子於其所不知蓋闕如也者此責子路不知正名之義而便言

迂遠也言君子於其所不知蓋當闕而勿據今由不知正名
之義而便謂之迂遠不亦野哉名不正則言不順言不順則
事不成事不成則禮樂不興禮樂不興則刑罰不中刑罰不
中則民無所錯手足者此孔子更陳正名之理也夫事以順
成名由言舉名若不正則言不順序言不順序則政事不成
政事不成則君不安於上風不移於下是禮樂不興行也禮
樂不行則有淫刑濫罰故不中也刑罰枉濫民則蹐地局天
動罹刑網故無所錯其手足也故君子名之必可言也言之
必可行也君子於其言無所苟而已矣若此又言正名之事
非爲苟且也君子名此事必使可明言言此事必可遵行君
子於其所言無苟且若名之不可言言之不可行是苟且而
言也。註孔曰至濫罰。正義曰云禮以安上樂以移風者
孝經廣要道章文言禮所以正君臣父子之别明男女長幼
之序故可以安上化下風俗移易先入樂聲變隨人心正由
君德正之與變因樂而彰故可以移風易俗也云二者不行
則有淫刑濫罰者禮運云禮者所以治政安君也云政不正則
君位危君位危則大臣倍小臣竊刑肅而俗敝則法無常又
樂記曰五刑不用百姓無患天子不怒如此則樂達矣故禮
樂二者不行則刑罰淫濫而不中也。註王曰至道行。正
義曰云所名之事必可得而明言者曲禮云人名不以國以國

則廢名是不可明言也云所言之士必可得而遵行者緇衣
曰可言也不可行君子弗言也可行也不可言君子弗行也
熊氏云君子賢人可行不可言作凡人法若曾子有母之喪
水漿不入於口七日不可言說以為法是不可遵行也是以
可明言可遵行而後君子名言之也樊遲請學稼子曰吾不如老農請
學為圃曰吾不如老圃馬曰樹五穀曰稼樹菜蔬曰圃樊遲出子曰
小人哉樊須也上好禮則民莫敢不敬上好義則
民莫敢不服上好信則民莫敢不用情孔曰情情實也言民化於上各
以實應夫如是則四方之民襁負其子而至矣焉用稼
包曰禮義與信足以成德何用學稼以教民乎負者以器曰襁【疏】樊遲至用稼○正義曰此章言禮義忠信為治
民之要樊遲請學稼者樹五穀曰稼弟子樊須謂於夫子學
播種之法欲以教民也子曰吾不如老農者孔子怒其不學
禮義而學稼種故拒之曰稼種之事吾不如久老之農夫也
請學為圃者樹菜蔬曰圃樊遲又請於夫子學樹藝菜蔬之

法曰吾不如老圃者亦拒其請也言圃蓺菜蔬之法吾不如
久老爲圃者樊遲出子曰小人哉樊須也者樊遲既請而出
夫子與諸弟子言曰小人哉此樊須也謂其不學禮義而學
農圃故曰小人也上好禮則民莫敢不敬上好義則民莫敢
不服上好信則民莫敢不用情者孔子遂言禮義與信可以
教民也禮毋不敬故上好行禮則民化之莫敢不敬也人聞
義則服故上好行義則民莫敢不服也以信待物物亦以實
應之故上若好信則民莫不用其情情猶情實也言民於上
各以實應也夫如是則四方之民襁負其子而至矣焉用稼
者此又言夫禮義與信足以成德化民如是則四方之民感
化自來皆以襁器背負其子而至矣何用學稼以教民乎○
註樹五穀曰稼樹菜蔬曰圃○正義曰樹者種殖之名五穀
者黍稷麻麥豆也周禮註云種穀曰稼如嫁女以有所生也
周禮大宰職云園圃毓草木註云樹果蓏曰圃園其樊也然
則園者外畔藩籬之名其內之地種樹菜果則謂之圃蔬則
菜也鄭云周禮註云百草根實可食者經文云蔬不熟爲饉
郭璞曰凡草菜可食者通名爲蔬註負者以器曰襁○正
義曰傳物志云織縷之廣八寸長丈二以約小兒於背　子
曰誦詩三百授之以政不達使於四方不能專

對雖多亦奚以爲專猶獨也疏子曰誦詩三百授之以政不達使於四方不能專對

雖多亦奚以爲○正義曰此章言人之才學貴於適用若多學而不能用則如不學也誦謂諷誦周禮注云倍文曰諷以聲節之曰誦詩有國風雅頌凡三百五篇皆言天子諸侯之政也古者使適四方有會同之事皆賦詩以見意今有人能諷誦詩文三百篇之多若授之以政使居位治民而不能通達使於四方不能獨對諷誦雖多亦何以爲言無所益也

子曰其身正不令而行其身不正雖令不從令教令也疏子曰其身正不令而行其身不正雖令不從○正義曰此章言爲政者當以身先也言上之人其身若正不在教令民自觀化而行之其身若不正雖教令滋章民亦不從也

子曰魯衛之政兄弟也包曰魯周公之封衛康叔之封周公康叔既爲兄弟康叔睦於周公其國之政亦如兄弟疏子曰魯衛之政兄弟也○正義曰此章孔子評論魯衛一國之政相似如周公康叔之爲兄弟也魯周公之封衛康叔之封周公康叔既爲兄弟康叔睦於周公其國之政亦如兄弟也

子謂衛公子荆善居室王曰荆與蘧瑗

史鰌並爲君子始有曰苟合矣少有曰苟完矣富有曰苟美矣【疏】子謂至美矣○正義曰此章孔子稱謂衞公子荊有君子之德也善居室者言居家理也始有曰苟合矣者家始富有不言己才能所致但曰苟且聚合也少有曰苟完矣者又少有增多但曰苟且完全矣富有曰苟美矣者富有大備但曰苟且有此富美耳終無泰侈之心也○注王曰荊與蘧瑗史鰌並爲君子○正義曰案左傳襄二十九年吳公子札來聘遂適衞說蘧瑗史狗史鰌公子荊公叔發公子朝曰衞多君子未有患也是與蘧瑗史鰌並爲君子也

子適衞冉有僕孔曰孔子之衞冉有御子曰庶矣哉孔曰庶衆也言衞人衆多冉有曰既庶矣又何加焉曰富之曰既富矣又何加焉曰教之【疏】子適至教之○正義曰此章言治民之法也子適衞冉有僕者適之也孔子之衞冉有爲僕以御車也子曰庶矣哉者庶衆也至衞境見衞人衆多故孔子歎美之冉有曰既庶矣又何加焉者言民既衆多復何加益也曰富之者孔子言當施舍薄斂使之衣食足也曰既富矣又何加焉者冉有言民既饒足復

何加益之曰教之者孔子言當教以義方使知禮節也子曰苟有用我者期月而已可也三年有成孔曰言誠有用我於政事者期月而可以行其政教必三年乃有成功【疏】子曰苟有用我者期月而已可也三年有成○正義曰此章孔子自言爲政之道也苟誠也期月周月也謂周一年之十二月也孔子言誠有用我於政事者期月而可以行其政教必滿三年乃有成功也子曰善人爲邦百年亦可以勝殘去殺矣王曰勝殘殘暴之人使不爲惡也去殺不用刑殺也誠哉是言也孔曰古有此言孔子信之【疏】子曰善人爲邦百年亦可以勝殘去殺矣誠哉是言也○正義曰此章言善人君子治國至於百年以來亦可以勝殘暴之人使不爲惡去刑殺而不用矣誠哉是言者古有此言孔子信之故曰誠哉是言也子曰如有王者必世而後仁孔曰三十年曰世如有受命王者必三十年仁政乃成【疏】子曰如有王者必世而後仁○正義曰三十年曰世此章言如有受天命而王天下者必三十年仁政乃成也子曰苟正其身矣於從

政乎何有不能正其身如正人何疏子曰苟正其身矣於從政乎何有不能正其身如正人何○正義曰此章言政者正也欲正他人在先正其身也苟誠也誠能自正其身則於從政乎何有言不難也若自不能正其身則雖令不從如正人何言必不能正人也

冉子退朝周曰謂罷朝於魯君子曰何晏也對曰有政馬曰政者有所改更匡正子曰其事也馬曰事者凡行常事如有政雖不吾以吾其與聞之馬曰如有政非常之事我為大夫雖不見任用必當與聞之疏冉子至聞之○正義曰此章明政事之別也冉子退朝者時冉有臣於季氏朝廷曰退謂罷朝於魯君也子曰何晏也者晏晚也孔子訝其退朝晚故問之對曰有政者冉子言有所改更匡正之政故退晚也子曰其事也如有政雖不吾以吾其與聞之者孔子言女之所謂政者但凡行常事耳設如有大政非常之事我為大夫雖不見任用必當與聞之也○註周曰謂罷朝於魯君○正義曰周氏以為夫子云雖不吾以吾其與聞皆論君朝之事故云罷朝於魯君鄭玄以冉有臣於季氏故以朝為季氏之朝少儀云朝廷曰退謂於朝廷之中若欲

故還則稱曰退以近君爲進還私遠君爲退朝此退朝謂朝也○註馬曰事者凡行常事○正義曰案昭二十五年左傳曰爲政事庸力行務以從四時杜預曰在君爲政在臣爲事社稷此文特刺子仕於季氏稱季氏有政孔子謂之爲事是在君爲政在臣爲事也何晏曰爲仲尼稱孝友是亦爲政明其政事通言但隨事大小異其名耳故不同鄭社之說而取周馬之言以朝爲魯君之朝以事爲君之凡行常事也

定公問一言而可以興邦有諸孔子對曰言不可以若是其幾也王曰以其大要一言不能正興國幾近也有近一言可以興國人之言曰爲君難爲臣不易如知爲君之難也不幾乎一言而興邦乎孔曰事不可以一言而成如知此則可近也曰一言而喪邦有諸孔子對曰言不可以若是其幾也人之言曰予無樂乎爲君唯其言而莫予違也孔曰言無樂於爲君所樂者唯樂其言而不見違如其

善而莫之違也不亦善乎如不善而莫之違也不幾乎一言而喪邦乎孔曰人君所言善無違之者則善也所言不善而無敢違之者則近一言而喪國

疏定公至邦乎○正義曰此章言爲君之道也定公問一言而可以興邦有諸者魯君定公問於孔子爲君之道有一言善而可以興其國有之乎孔子對曰言不可以若是其幾也者幾近也孔子以其大要一言不能正興國故云言不可以若是有近一言可以興國者故云其幾也人之言曰爲君難爲臣不易如知爲君之難也不幾乎一言而興邦乎者此孔子稱其近興國之一言也事不可以一言而成如人君知此爲君難此則可近也曰一言而喪邦有諸者定公又問曰人君一言不善而致亡國有之乎孔子對曰言不可以若是其幾也者亦言有近一言可以亡國也人之言曰予無樂乎爲君唯其言而莫予違也者此舉近亡國之一言也言我無樂於爲君所樂者唯樂其言而不見違也如其善而莫之違也不亦善乎如不善而莫之違也不幾乎一言而喪邦乎者此孔子又評其理言人君所言善無違之者則善也所言不善而無敢違之者則近一言而亡國也

葉公問政子曰近

者說遠者來疏葉者至者來○正義曰此章楚葉縣公問爲政之法於孔子也子曰當施惠於近者使之喜說則遠者當慕化而來也

子夏爲莒父宰問政鄭曰舊說云莒父魯下邑子曰無欲速無見小利欲速則不達見小利則大事不成孔曰事不可以速成而欲其速則不達矣小利妨大則大事不成疏子夏至不成○正義曰此章弟子子夏爲魯下邑莒父之宰問爲政之法於夫子也子曰無欲速無見小利者言事有程期無欲速成當存大體無見小利也欲速則不達見小利則大事不成者此又言其欲速見小利害政之意若事不可以速成者而欲其速則其事不達矣務見小利而行之則妨大政故大事不成也

葉公語孔子曰吾黨有直躬者孔曰直躬直身而行其父攘羊而子證之周曰有因而盜曰攘孔子曰吾黨之直者異於是父爲子隱子爲父隱直在其中矣疏葉公至中矣○正義曰此章明爲直之禮也葉公語孔子曰吾黨有直躬

者躬身也言吾鄉黨中有直身而行者其父攘羊而子證之者此所直行之事也有因而盜曰攘言因羊來入己家父即取之而子言於失羊之主證父之盜葉公以此子爲直行而誇於孔子也孔子曰吾黨之直者異於是父爲子隱子爲父隱直在其中矣者孔子言此以拒葉公也言吾黨之直者異於此證父之直也子苟有過父爲隱之則慈也父苟有過子爲隱之則孝也孝慈則忠忠則直也故曰直在其中矣今律大功以上得相容隱告言父祖者入十惡則典禮亦爾而葉公以證父爲直者江熙云葉公見聖人之訓動有隱諱故舉直躬欲以此言毀訾儒教抗衡中國夫子荅之辭正而義切荆蠻之豪喪其誇矣

樊遲問仁子曰居處恭執事敬與人忠雖之夷狄不可棄也包曰雖之夷狄無禮義之處猶不可棄去而不行

疏 樊遲至棄也○正義曰此章明仁者之行也弟子樊遲問仁於孔子子曰居處恭執事敬與人忠雖之夷狄不可棄也者言凡人居處多放恣執事則懈惰與人交則不盡忠唯仁者居處恭謹執事敬慎忠以與人也此恭敬及忠雖之適夷狄無禮義之處亦不可棄而不行也

子貢問曰何如斯可謂之士矣子

曰：行己有恥，孔曰：有恥者，有所不為。使於四方不辱君命，可謂士矣。曰：敢問其次。曰：宗族稱孝焉，鄉黨稱弟焉。曰：敢問其次。曰：言必信，行必果，硜硜然小人哉！抑亦可以為次矣。鄭曰：行必果，所欲行必果敢為之。硜硜者，小人之貌也。抑亦其次，言可以為次。曰：今之從政者何如？子曰：噫！斗筲之人，何足算也。鄭曰：噫，心不平之聲。筲，竹器，容斗二升。算，數也。

【疏】子曰至算也○正義曰：此章明士行也。子貢問曰何如斯可謂之士矣者，士，有德之稱，故子貢問於孔子曰：其行何如斯可謂之士矣？子曰行己有恥，使於四方不辱君命，可謂士矣者，此答士之高行也。言行己之道，若有不善恥而不為，為臣奉命出使，能遭時制宜，不辱君命，有此二行，可謂士矣。曰敢問其次者，子貢復問士之為行次於此二者云何。曰宗族稱孝焉，鄉黨稱弟焉，此孔子復為言其士行之次也。宗族，同宗族屬也。善事父母為孝，宗族內親見其孝而稱之；善事長上為弟，鄉黨差遠，見其弟而稱之也。曰敢問

其次者子貢又問更有何行可次於此也曰言必信行必果
硜硜然小人哉抑亦可以為次矣者孔子又為言其次也若
人不能信以行義而言必執信行不能相時度宜所欲行者
必果敢為之硜硜然者小人之皃也言此二行路非君子所
為乃硜硜然小人耳抑辭也抑亦其次言可以為次也曰今
之從政者何如者子貢復問今之從政之士其行何如也子
曰噫斗筲之人何足筭也者噫心不平之聲斗量名容十升
筲竹器容斗二升筭數也孔子見時從政者皆為士行唯小
器耳故心不平之而曰噫今斗筲小器之人何足數也言不足數故不述其行

子曰不得中行而與之必也狂狷乎包曰中行行能得其中者言不得中行則欲得狂狷者

狂者進取狷者有所不為也包曰狂者進取於善道狷者守節無為欲得此二人者以時多進退取其恒一

子曰至為也○正義曰此章孔子疾時人不純一也子曰不得中行而與之必也狂
狷乎者中行行能得其中者也言既不得中行之人而與之
同處必也得狂狷之人可也狂者進取狷者有所不為者此
說狂狷之行也狂者進取於善道知進而不知退狷者守節
無為應進而退也二者俱不得中而性恒一欲得此二人者

以時多進退取其恒一也子曰南人有言曰人而無恒不可以作巫醫孔曰南人南國之人鄭曰言巫醫不能治無恒之人善夫包曰善南人之言也不恒其德或承之羞孔曰此易恒卦之辭言德無常則羞辱承之子曰不占而已矣鄭曰易所以占吉凶無恒之人易所不占

疏子曰至已矣○正義曰此章病性行無恒之人也子曰南人有言曰人而無恒不可以作巫醫者南人南國之人也巫主接神除邪醫主療病南國之人嘗有言曰人而性行無恒不可以為巫醫言巫醫不能治無恒之人也善夫者孔子善南人之言有徵也不恒其德或承之羞者此易恒卦之辭孔子引之言德無恒則羞辱承之也子曰不占而已者孔子既引易文又言夫易所以占吉凶無恒之人易所不占也○註孔曰至承之○正義曰云此易恒卦之辭者謂此經所言是易恒卦九三爻辭也王弼云處二陽之中居下體之上處上體之下上不全尊下不全卑中不在體體在乎恒而分無所定無恒者也德行無恒自相違錯不可致詰故或承之羞也子曰君子和而不同小人同而不和君子心和然其所見

各異故曰不同小人所嗜好者同然各爭利故曰不和疏子曰君子和而不同小人同而不和○正義曰此章別君子小人志行不同之事也君子心和然其所見各異故曰不同小人所嗜好者則同然各爭利故曰不和子貢問曰鄉人皆好之何如子曰未可也鄉人皆惡之何如子曰未可也不如鄉人之善者好之其不善者惡之孔曰善人善已惡人惡已是善善明惡惡著疏子貢至惡之○正義曰此章別好惡子貢問曰鄉人皆好之何如者言有一人爲一鄉之所愛好此人何如可謂善人乎子曰未可也者言未可爲善或一鄉皆惡此人與之同黨故爲衆所稱是以未可鄉人皆惡之何如者此子貢又問夫子既鄉人皆好未可爲善若鄉人衆共憎惡此人何如可謂善人乎子曰未可也者言亦未可爲善或一鄉皆善此人獨惡故爲衆所疾是以未可不如鄉人之善者好之其不善者惡之者孔子既皆不可其問自爲說其善人也言鄉之善人善之惡人惡之眞善人也○註孔曰至惡著○正義曰言鄉人皆好之是善善不明鄉人皆惡之是惡惡不著若鄉人之善者善之惡者惡之則

是善善分明惡惡顯著也子曰君子易事而難說也孔曰不責備於一人故易事說之不以道不說也及其使人也器之孔曰度才而官之小人難事而易說也說之雖不以道說也及其使人也求備焉疏子曰至備焉○正義曰此章論君子小人不同之事也子曰君子易事而難說也者言君子不責備於一人故易事不受妄說故難說也說之不以道不說也及其使人也器之者此覆明難說易事之理言君子有正德若人說己不以道而妄說則不喜說也是以難說度人才器而官之不責備故易事小人難事而易說也者小人反君子故也說之雖不以道說也及其使人也求備焉者此覆明易說難事之理以小人為人說媚雖不以道而妄說之亦喜說故易說也及其使人也責備於一人焉故難事也子曰君子泰而不驕小人驕而不泰君子自縱泰似驕而不驕小人拘忌而實自驕矜疏子曰君子泰而不驕小人驕而不泰○正義曰此章論君子小人禮皃不同之事也君子自縱泰似驕而實不驕小人實自驕

矜而強自拘忌不能寬泰也子曰剛毅木訥近仁王曰剛無欲毅果敢木質樸訥遲鈍有斯四者近於仁疏子曰剛毅木訥近仁○正義曰此章言有此四者之性行近於仁道也仁者靜剛無欲亦靜故剛近仁也仁者必有勇毅者果敢故毅近仁也仁者不尚華飾木者質樸故木近仁也仁者其言也訒訥者遲鈍故訥近仁也子路問曰何如斯可謂之士矣子曰切切偲偲怡怡如也可謂士矣朋友切切偲偲兄弟怡怡馬曰切切偲偲相切責之貌怡怡和順之貌疏子路至怡怡○正義曰此章問士行也子路問曰何如斯可謂之士矣者問士之行何如也子曰切切偲偲怡怡如也可謂士也者此答士行也朋友切切偲偲兄弟怡怡者此覆明其所施也切切偲偲相切責之貌朋友以道義切磋琢磨故施於朋友也怡怡和順之貌兄弟天倫當相友恭故怡怡施於兄弟也子曰善人教民七年亦可以即戎矣包曰即就也戎兵也言以攻戰疏子曰善人教民七年亦可以即戎矣○正義曰此章言善人為政之法也善人

謂君子也即就也戎兵也言君子爲政教民至於七年使民知禮義與信亦可以就兵戎攻戰之事也言七年者夫子以意言之耳

子曰：以不教民戰，是謂棄之。馬曰：言用不習之民使之攻戰必破敗，是謂棄之。

【疏】子曰以不教民戰是謂棄之○正義曰：此章言用不習之民使之攻戰，必致破敗，是謂棄之，若棄擲也。

論語註疏解經卷第十三

論語註疏解經卷第十四

憲問第十四　何晏集解　邢昺疏

疏 正義曰此篇論三王二霸之迹諸侯大夫之行爲仁知恥脩己安民皆政之大節也故以類相聚次於問政也

憲問恥子曰邦有道穀孔曰穀祿也邦有道當食祿邦無道穀恥也孔曰君無道而在其朝食其祿是恥辱克伐怨欲不行焉可以爲仁矣馬曰克好勝人伐自伐其功怨忌小怨欲貪欲也子曰可以爲難矣仁則吾不知也包曰四者行之難未足以爲仁

疏 憲問恥至知也○正義曰此章明恥辱及仁德也憲謂弟子原憲問於夫子曰人之行何爲可恥辱也子曰邦有道穀邦無道穀恥也者穀祿也孔子荅言邦有道當食祿君無道而在其朝食其祿是恥辱也克伐怨欲不行焉可以爲仁矣者克好勝人也伐自伐其功也怨忌小怨也欲貪欲也原憲復問曰若此四者不行焉可以爲仁人矣乎子曰可以爲難矣仁則吾不知也者孔子荅言不行四

者可以爲難未足以爲仁也○注憲曰至欲也○正義曰云克好勝人者克訓勝也左傳僖九年秦伯將納晉惠公謂其大夫公孫枝曰夷吾其定乎對曰言多忌克難哉公曰忌則多怨又焉能克是顏曰其言雖多忌適足以自害不能勝人也是克爲好勝人也云伐自伐其功者書曰汝惟不伐天下莫與汝爭功老子曰自伐者無功言人有功誇示之則人不與乃無功也是伐去其功若伐去樹木然故經傳謂誇功爲伐謂自伐其功也

子曰士而懷居不足以爲士矣士當志道不求安而懷其居非士也

疏子曰士而懷居不足以爲士矣○正義曰此章言士當志於道不求安居而懷安其居則非士也

子曰邦有道危言危行包曰危厲也邦有道可以厲言行也邦無道危行言孫孫順也厲行不隨俗順言以遠害

疏子曰邦有道危言危行邦無道危行言孫○正義曰此章教人言行之法也危厲也孫順也言邦有道可以厲言行幷無道則厲其行不隨俗順言辭以避當時之害也

子曰有德者必有言德不可以億中故必有言有言者不必有德仁者必有勇

勇者不必有仁〔疏〕子曰至有仁。○正義曰此章論有德有仁者之行也子曰有德者必有言者德不可以無言億中故必有言也有言者不必有德者辯佞口給不必有德也仁者必有勇者見危授命殺身以成仁是必有勇也勇者不必有仁者若暴虎馮河之勇不必有仁也

南宮适孔曰适南宮敬叔魯大夫問於孔子曰羿善射奡盪舟孔曰羿有窮國之君篡夏后相之位其臣寒浞殺之因其室而生奡奡多力能陸地行舟為夏后少康所殺俱不得其死然孔曰此二子者皆不得以壽終禹稷躬稼而有天下夫子不荅馬曰禹盡力於溝洫稷播百穀故曰躬稼禹及其身稷及後世皆王适意欲以禹稷比孔子孔子謙故不荅也南宮适出

子曰君子哉若人尚德哉若人孔曰賤不義而貴有德故曰君子

〔疏〕南宮适至若人。○正義曰此章賤不義而貴有德也南宮适者魯大夫南宮敬叔也問於孔子曰羿善射奡盪舟俱不得其死然禹稷耕稼而有天下者羿有窮國之君以其善射篡夏后相之位其臣寒浞殺之奡寒浞之子多力盪

猶也能陸地推舟而行爲夏后少康所殺然猶焉也此二子者皆不得其壽終而死焉禹盡力於溝洫洪水既除烝民乃粒稷后稷也名弃周之始祖播種百穀皆以身親稼穡故曰禹稷躬稼也禹受舜禪稷及后世至文武皆王天下故曰而有天下也夫子不荅者适意欲以禹稷比孔子孔子謙故不荅也南宮适出者既問而退也子曰君子哉若人尚德哉若人者以其賤羿奡而貴禹稷之有德故美之曰君子哉若此人也尚德哉若此人也○註孔曰适南宮敬叔魯大夫

正義曰此即南宮縚也字子容鄭註檀弓云敬叔魯孟僖子之子仲孫閱是也○註孔曰至所殺○正義曰云羿有窮國之君者羿居窮石之地故以窮爲國號以有配之猶言有周有夏也窮國之君曰羿羿是有窮君之名號也孔註尚書云羿諸侯名杜註左傳云羿有窮君之號則與孔不同也說文云羿帝嚳射官也賈逵云羿之先祖世爲先王射官故帝嚳賜羿弓矢使司射淮南子云堯時十日並生堯使羿射九日而落之楚辭天問云羿焉彈日烏解羽歸藏易亦云羿彈十日說文云彈射也此三者言雖不經難以取信要言帝嚳時有羿堯時亦有羿則羿是善射之號非復人之名字信如彼言則不知此羿名爲何也云篡夏后相之位者襄四年左傳曰昔有夏之方衰也后羿自鉏遷於窮石因夏民以代夏

政杜註云禹孫大康淫於失國夏人立其弟仲康仲康亦微弱仲康卒子相立羿遂伐相號曰有窮是也云其臣寒浞殺之因其室而生奡者傳又曰寒浞伯明氏之讒子弟也伯明后寒棄之夷羿收之信而使之以為己相浞行媚于內而施賂于外愚弄其民而虞羿于田樹之詐慝以取其國家內外咸服羿猶不悛將歸自田家衆殺而亨之浞因羿室生澆及豷是也澆即奡也聲轉字異故彼此不同云奡多力能陸地行舟者以此文云奡盪舟盪訓推也故知多力能陸地推舟而行也云為夏后少康所殺者哀元年左傳曰昔有過澆殺斟灌以伐斟鄩滅夏后相后緡方娠逃出自竇歸于有仍生少康焉為仍牧正其心澆能戒之澆使椒求之逃奔有虞為之庖正以除其害虞思於是妻之以二姚而邑諸綸有田一成有衆一旅能布其德而兆其謀以收夏衆撫其官職使女艾諜澆使季杼誘豷遂滅過戈復禹之績是也過澆國戈豷國如彼傳文當是羿逐出后相乃自立為天子相依斟灌斟鄩夏祚猶尚未滅蓋與羿並稱王也及寒浞殺羿因羿室而生澆澆已長大自能用師始滅后相相死之後始生少康少康生杼杼又年長已堪誘豷方始滅浞而立少康計太康失邦反少康紹國向有百載乃滅有窮而夏本紀云仲康崩子相立相崩子少康立都不言羿浞之事是馬遷之疏也○註

馬曰至荅也○正義曰云禹盡力於溝洫者泰伯篇文云稷
播百穀者舜典文也又益稷云暨稷播奏庶艱食鮮食懋遷
有無化居烝民乃粒故揔曰躬稼云禹及其身稷及後世皆
王者禹受舜禪是及身也稷後十五世至文王受命武王誅
討是及後世也皆王有天下而爲王也云适意欲以禹稷比
孔子者言孔子勤行道德亦當王有天下也孔子持謙不敢
以巳比於禹稷故不荅其言也子曰君子而不仁者有矣夫未有
小人而仁者也孔曰雖曰君子猶未能備【疏】子曰君子而不仁者有矣夫未有小人而
仁者也○正義曰此章言仁道難備也雖曰君子猶未能備而有時不仁也若管仲九合諸侯不以兵車可謂仁矣而鏤
簋朱紘山節藻梲是不仁也小人性不及仁道故未有仁者子曰愛之能勿勞乎
忠焉能勿誨乎孔曰言人有所愛必欲勞來之有所忠必欲教誨之【疏】子曰愛之能勿
勞乎忠焉能勿誨乎○正義曰此章論忠愛之心也言人有所愛必欲勞來之有所忠必欲教誨之也子曰
爲命裨諶草創之孔曰裨諶鄭大夫氏名也謀於野則獲於國則否鄭國將有諸侯之

事則使乘車以適野而謀作盟會之辭世叔討論之行人子羽脩飾之東里子產潤色之馬曰世叔鄭大夫游吉也討治也裨諶既造謀世叔復治而論之詳而審之行人掌使之官子羽公孫揮子產居東里因以爲號更此四賢而成故鮮有敗事

【疏】子曰至色之正義曰此章論鄭國大夫之善也子曰爲命裨諶草創之者裨諶鄭大夫也命謂政命盟會之辭也言鄭國將有諸侯之事作盟會政命之辭則使裨諶適草野以創制之世叔討論之者世叔即子大叔鄭大夫游吉也討治也裨諶既造謀世叔復治而論之詳而審之也行人子羽脩飾之者行人掌使之官子羽公孫揮亦鄭大夫也世叔既討論復令公孫揮脩飾之也東里子產潤色之者東里鄭城中里名子產居東里因以爲號脩飾潤色皆謂增脩使華美也既更此四賢而成故鮮有敗事也〇註孔曰至之辭〇正義曰云謀於野則獲於國則否者襄三十一年左傳文此及下註皆出於此案彼傳云子產之從政也擇能而使之馮簡子能斷大事子大叔美秀而文公孫揮知四國之爲而辨於大夫之族姓班位貴賤能否而又善爲辭令裨諶能謀謀於野則獲謀於邑則否鄭國將有諸侯之事子產問四國之爲於子羽且使多爲辭令與裨諶乘

以適野使謀可否而告馮簡子使斷之事成乃授子大叔使行之以應對賓客是以鮮有敗事是也○註馬曰至敗事○正義曰云行人掌使之官者周禮秋官有大行人小行人皆大夫也掌諸侯朝覲宗廟會同之禮儀及時聘問之事則諸侯之行人亦然故云掌使之官謂掌其爲使之官也

或問子產子曰惠人也孔曰惠愛也子產古之遺愛問子西曰彼哉彼哉馬曰子西鄭大夫彼哉彼哉言無足稱或曰楚令尹子西問管仲曰人也猶詩言所謂伊人奪伯氏駢邑三百飯疏食沒齒無怨言孔曰伯氏齊大夫駢邑地名齒年也伯氏食邑三百家管仲奪之使至疏食而沒齒無怨言以其當理也

【疏】或問至怨言○正義曰此章歷評子產子西管仲之爲人也或問子產者或人問於夫子曰鄭大夫子產何如人也子曰惠人也者惠愛也言子產仁恩被物愛人之人也問子西者或人又問鄭大夫子西之行曰彼哉彼哉者彼指子西也言如彼人哉如彼人哉無足可稱也問管仲者或人又問齊大夫管夷吾也曰人也奪伯氏駢邑三百飯疏食沒齒無怨言者此答言管仲是當理之人也人也指管仲猶云此人也

伯氏齊大夫駢邑地名沒齒謂終沒齒年也伯氏食邑於邑三百家管仲奪之使貧但飯疏食至於終年亦無怨言以其管仲當理故也○註孔曰至遺愛○正義曰惠愛釋註文云子產古之遺愛者昭二十年左傳曰子產卒仲尼聞之出涕曰古之遺愛也杜註云子產見愛有古人之遺風○註馬曰至子西○正義曰云子西鄭大夫者案左傳子駟之子公孫夏也或曰楚令尹子西者案左傳公子申也楚囊瓦為令尹為白公勝所殺者也○註猶詩言所謂伊人○正義曰詩秦風蒹葭文也毛傳云伊維也鄭箋云伊當作繄繄猶是也伊人若言是人也

子曰貧而無怨難富而無驕易【疏】子曰貧而無怨難富而無驕易○正義曰此章言人之貧乏多所怨恨而無怨為難江熙云顏淵無怨不可及也人若豐富好生驕逸而無驕為易江熙云子貢不驕猶可能也

子曰孟公綽為趙魏老則優不可以為滕薛大夫孔曰公綽魯大夫趙魏皆晉卿家臣稱老公綽性寡欲趙魏貪賢家老無職故優滕薛小國大夫職煩故不可為【疏】子曰孟公綽為趙魏老則優不可以為滕薛大夫○正義曰此章評魯大夫孟公綽之才性也趙魏皆晉卿所食采邑名

也家臣稱老公綽性寡欲趙魏貪賢家老無職若公綽爲之則優游有餘裕也滕薛乃小國而大夫職煩則不可爲也

子路問成人子曰若臧武仲之知馬曰魯大夫臧孫紇公綽之不欲馬曰孟公綽卞莊子之勇周曰卞邑大夫冉求之藝文之以禮樂孔曰加之以禮樂文成亦可以爲成人矣曰今之成人者何必然見利思義馬曰義然後取不苟得見危授命久要不忘平生之言亦可以爲成人矣孔曰久要舊約也平生猶少時

【疏】子路至人矣○正義曰此章論成人之行也子路問成人者問於夫子行何德行謂之成人子曰若臧武仲之知公綽之不欲卞莊子之勇冉求之藝文之以禮樂亦可以爲成人矣者此荅成人之行也必也知如武仲廉如公綽勇如卞莊子藝如冉求既有知廉勇藝復以禮樂文成之雖未足多亦可以爲成人矣曰今之成人者何必然者夫子鄉言成人者是古之人也又言今之成人不必能備如此也見利思義見危授命久要不忘平生之言亦可以

爲成人矣者比方之成人行也見得利思合義然後取之見君親有危難當致命以救之久要舊約也平生猶少時言與人少時有舊約雖年長貴富而不忘其言能此三事亦可以爲成人也○注馬曰魯大夫臧孫紇○正義曰案春秋襄二十三年左氏傳以阿順季氏出奔邾又以防求爲後於魯致防而奔齊齊侯將爲臧紇田臧孫聞之見齊侯與之言伐晉對曰多則多矣抑君似鼠夫鼠晝伏夜動不穴於寢廟畏人故也今君聞晉之亂而後作焉寧將事之非鼠如何乃弗與田仲尼曰知之難也有臧武仲之知杜注云謂能避齊禍是武仲之知也

子問公叔文子於公明賈曰信乎夫子不言不笑不取乎孔曰公叔文子衛大夫公孫拔文謚公明賈對曰以告者過也夫子時然後言人不厭其言樂然後笑人不厭其笑義然後取人不厭其取子曰其然豈其然乎馬曰美其得道嫌不能悉然

疏子問至然乎○正義曰此章言衛大夫公孫拔之德行也子問公叔文子於公明賈曰信乎夫子不言不笑不

取乎者，夫子指文子也。孔子舊聞文子有此三行，疑而未信，故問於公明賈曰信實乎。公明賈對曰以告者過也者，過，誤也。賈對孔子言，以告者誤云不言不笑不取耳。夫子時然後言，人不厭其言；樂然後笑，人不厭其笑；義然後取，人不厭其取者，賈言文子亦有言笑及取，但中時然後言，無游言也，故人不厭弃其言；可樂然後笑，不苟笑也，故人不厭惡其笑也；見得思義，合宜然後取之，不貪取也，故人不厭倦其取也。子曰其然，豈其然乎者，然，如此也。孔子聞賈之言，嘉而美之也。美其得道，故曰其如是；又嫌不能悉然，故曰豈可盡能如此者乎。○註孔曰公叔文子，衛大夫公孫拔，文謚。○正義曰：案世本云：獻公生成子當，當生文子拔，拔生朱，爲公叔氏。謚法：慈惠愛民曰文。

子曰：臧武仲以防求爲後於魯，雖曰不要君，吾不信也。孔曰：防，武仲故邑。爲後，立後也。魯襄公二十三年，武仲爲孟氏所譖，出奔邾，自邾如防，使爲以大蔡納請曰：紇非能害也，知不足也，非敢私請，苟守先祀，無廢二勳，敢不辟邑。乃立臧爲，致防而奔齊。此所謂要君。

【疏】子曰臧武仲以防求爲後於魯，雖曰不要君，吾不信也。○正義曰：此章論臧孫紇要君之事。防，武仲故邑。爲後，猶立後也。武仲據防邑求立後於魯，雖人謂曰武仲不是要君吾不信也言實是要君○註孔曰至要君○正義曰云魯襄公二十三年武仲為孟氏所譖出奔邾者此及下至致防而奔齊皆左氏傳文也案彼傳云季武子無適子公彌長而愛悼子欲立之防於臧紇紇為立之公彌即公鉏也孟孫惡臧孫季孫愛之孟氏之御騶豐點好羯也孟莊子疾豐點謂公鉏苟立羯請讎臧氏孟孫卒遂立羯孟氏閉門告於季孫曰臧氏將為亂不使我葬季孫不信臧孫聞之戒冬十月孟氏將辟藉除於臧氏臧孫使正夫助之除於東門甲從己而視之孟氏又告季孫季孫怒命攻臧氏乙亥臧紇斬鹿門之關以出奔邾是也云自邾如防使為以大蔡納請者傳又曰初臧宣叔娶于鑄生賈及為而死繼室以其姪穆姜之姨子也生紇長於公宮姜氏愛之故立之臧賈臧為出在鑄臧武仲自邾使告臧賈且致大蔡焉曰紇不佞失守宗祧敢告不弔紇之罪不及不祀子以大蔡納請其可賈曰是家之禍也非子之過也賈聞命矣再拜受龜使為以納請遂自為也臧孫如防使來告是也杜預曰大蔡大龜云紇非敢害也知不足也者此下皆彼傳又言使甲從己但慮事淺耳云非敢私請者言為其先人請也云苟守先祖無廢二勳者二勳文仲宣叔云敢不辟邑乃立臧為紇致防而奔齊此所謂要君若據邑請後故孔子以為要君

子

晉文公譎而不正鄭曰譎者詐也謂召天子而使諸侯朝之仲尼曰以臣召君不可以訓故書曰天王狩於河陽是譎而不正也齊桓公正而不譎馬曰伐楚以公義責苞茅之貢不入問昭王南征不還是正而不譎也【疏】子曰晉文公譎而不正齊桓公正而不譎。正義曰此章論二霸之事也譎詐也謂晉文公召天子而使諸侯朝之是詐而不正也齊桓公伐楚實因侵蔡而遂伐楚乃以公義責苞茅之貢不入問昭王南征不還是正而不詐也。註鄭曰至正也。正義曰云謂召天子而使諸侯朝之者案左傳僖二十八年冬會于溫是會也晉侯召王以諸侯見且使王狩是也云仲尼曰以臣召君不可以訓故書曰天王狩於河陽者亦彼傳文也云是譎而不正也者晉侯本意欲大合諸侯之師共尊事天子以爲臣之名義實無覬覦之心但於時周室既衰天子微弱忽然帥九國之師將數千萬衆入京師以臨天子以有篡奪之謀恐爲天子拒逆或復天子怖懼棄位出奔則晉侯□實盡誠無辭可解故自嫌彊大不敢朝王故召諸侯來會于溫溫去京師路近因加謂諭令王就會受朝天子不可以受朝爲辭欲令假稱出狩諸侯因會遇王遂共朝王得盡君臣之禮皆孔子所謂譎而不正之事聖人作法所以貽訓

後世以臣召君不可以爲教訓故改正舊史舊史當依實而
書言晉侯召王且使王狩仲尼書曰天王狩于河陽言天
王自來狩獵于河陽之地使若獵失其地故書之以譏王然
譏焉曰至譎也○正義曰云以伐楚以公義責苞茅之貢不入
問昭王南征不還者案左傳僖四年春齊侯以諸侯之師侵
蔡蔡潰遂伐楚楚子使與師言曰君處北海寡人處南海唯
是風馬牛不相及也不虞君之涉吾地也何故管仲對曰昔召
康公命我先君大公曰五侯九伯女實征之以夾輔周室賜
我先君履東至于海西至于河南至于穆陵北至于無棣爾
貢苞茅不入王祭不共無以縮酒寡人是徵昭王南征而不
復寡人是問是也杜註云包裹束也茅菁茅也束而灌之以
酒爲縮酒尚書包匭菁茅茅之爲異未審昭王成王之孫南
征狩涉漢船壞而溺周人諱而不赴諸侯不知其故故問之
案禹貢荆州包匭菁茅孔安國云其所包裹而致者匭匣也
菁以爲菹茅以縮酒郊特牲云縮酌用茅鄭玄云泲之以茅
縮去滓也周禮甸師祭祀共蕭茅鄭興云蕭字或爲莤莤讀
爲縮束茅立之祭前沃酒其上酒滲下去若神飲之故謂之
縮縮滲也故齊桓公責楚不貢苞茅王祭不共無以縮酒杜
預用鄭興之說孔安國以菁與茅別杜云茅菁茅則以菁茅
爲一特令荆州貢茅以當異於餘處但更無傳說故云茅之

爲異未審也沈氏云大史公封禪書云江淮之間一茅三脊杜云未審者以三脊之茅比目之魚比翼之鳥皆是靈物不可常貢故杜云未審也舊說皆言漢濱之人以膠膠舡故得水而壞昭王溺焉不知本出何書

子路曰桓公殺公子糾召忽死之管仲不死曰未仁乎孔曰齊襄公立無常鮑叔牙曰君使民慢亂將作矣奉公子小白出奔莒襄公從弟公孫無知殺襄公管夷吾召忽奉公子糾出奔魯齊人殺無知魯伐齊納子糾小白自莒先入是爲桓公乃殺子糾召忽死之

子曰桓公九合諸侯不以兵車管仲之力也如其仁如其仁孔曰誰如管仲之仁

〔疏〕子路至其仁○正義曰此章論齊大夫管仲之行也子路曰桓公殺公子糾召忽死之管仲不死曰未仁乎者召忽管仲皆事子糾及桓公殺公子糾召忽致死而管仲獨不死復臣桓公故子路言管仲未得爲仁乎子曰桓公九合諸侯不以兵車管仲之力也如其仁如其仁者孔子聞子路言管仲未仁故爲說其行仁之事言桓公九會諸侯不以兵車謂衣裳之會也存亡繼絶諸夏乂安皆管仲之力也足得爲仁餘更有誰如其管仲之仁再言之者

所以拒子路美管仲之深也　言九合者史記云兵車之會三乘車之會六穀梁傳云衣裳之會十有一范甯註云十三年會北杏十四年會鄄十五年又會鄄十六年會幽二十七年又會幽僖元年會檉二年會貫三年會陽穀五年會首戴七年會甯毋九年會葵丘凡十一會不取北杏及陽穀爲九也

註孔曰至死之　○正義曰云襄公立無常至出奔莒皆莊八年左傳文也杜注云政令無常鮑叔牙小白傅小白僖公庶子云襄公從弟公孫無知殺襄公者春秋莊八年冬十有一月癸未齊無知弒其君諸兒是也云管夷吾召忽奉公子糾出奔魯者亦莊八年左傳文云齊人殺無知魯伐齊納子糾者莊九年經文也云小白自莒先入是爲桓公者九年傳文也云殺子糾召忽死之者案莊九年傳云夏公伐齊納子糾桓公自莒先入秋師及齊師戰于乾時我師敗績鮑叔帥師來言曰子糾親也請君討之管召讎也請受而甘心焉乃殺子糾于生竇召忽死之管仲請囚鮑叔受之及堂阜而稅之歸而以告曰管夷吾治於高傒使相可也公從之是也

子貢曰管仲非仁者與桓公殺公子糾不能死又相之子曰管仲相桓公霸諸侯一匡天下　馬曰匡正也天下

子微弱桓公帥諸侯以尊周室一正天下民到于今受其賜受其賜者為不被髮左衽之惠

微管仲吾其被髮左衽矣馬曰微無也無管仲則君不君臣不臣皆為夷狄○豈若匹夫匹婦之為諒也自經於溝瀆而莫之知也王曰經經死於溝瀆中也管仲召忽之於公子糾君臣之義未正成故死之未足深嘉不死未足多非死事既難亦在於過厚故仲尼但美管仲之功亦不言召忽不當死

疏子貢至知也○正義曰此章亦論管仲之行子貢曰管仲非仁者與者子貢言齊大夫管仲不仁疑而未定故云與桓公殺公子糾不能死又相之者子貢既言非仁遂言非仁之事管仲與召忽同事公子糾則有君臣之義理當授命致死而齊桓公使魯殺公子糾召忽則死管仲不能致死復為桓公之相是無仁心於子糾故子貢非之也子曰管仲相桓公霸諸侯一匡天下者此下孔子為子貢說管仲之仁也匡正也霸把也諸侯把天子之政也言時周天子微弱管仲相桓公帥諸侯以尊周室一匡天下也民到於今受其賜若謂受不被髮左衽之惠賜也微管仲吾其被髮左衽矣者微無也衽謂衣衿衣衿向左謂之左衽夷狄之人被

髮左衽言無管仲則君不君臣不臣中國皆爲夷狄故云吾其被髮左衽也豈若匹夫匹婦之爲諒也自經於溝瀆而莫之知也者自經謂經死於溝瀆中也諒信也匹夫匹婦謂庶人也無別妾媵唯夫婦相匹而已言管仲志在立功創業豈肯若庶人之爲小信自經死於溝瀆中而使人莫知其名也且管仲召忽之於公子糾君臣之義未正成故召忽死之未足深嘉管仲不死未足多非死事既難亦在於過厚故仲尼但美管仲之功亦不言召忽不當死○註馬曰至天下○正義曰云匡正也釋言文云天子微弱桓公帥諸侯以尊周室一正天下者成二年左傳云五伯之霸也杜預云夏伯昆吾商伯大彭豕韋周伯齊桓晉文是三代有五伯矣伯者長也言爲諸侯之長也鄭玄云天子衰諸侯興故曰霸霸者把也言把持王者之政教故其字或作伯或作霸也是天子微弱桓公帥諸侯以尊周室一正天下故曰霸諸侯也

公叔文子之臣大夫僎與文子同升諸公孔曰大夫僎本文子家臣薦之使與己並爲大夫同升在公朝子聞之曰可以爲文矣孔曰言行如是可謚爲文

【疏】公叔至文矣○正義曰此章論衛大夫公孫拔之行也公叔文子之臣大夫僎與文子同升諸公者諸於

也大夫僎本文子家臣文子薦之使與己並爲大夫同升在於公朝也子聞之曰可以爲文矣者孔子聞其行如是故稱之曰可以謚爲文矣以謚法錫民爵位曰文故也

子言衛靈公之無道也康子曰夫如是奚而不喪孔子曰仲叔圉治賓客祝鮀治宗廟王孫賈治軍旅夫如是奚其喪孔曰言雖無道所任者各當其才何爲當亡

疏子言至其喪○正義曰此章言治國在於任材也子言衛靈公之無道也康子曰夫如是奚而不喪者喪亡也奚何也夫子因言衛靈公之無道季康子乃問之曰夫靈公無道如是何爲而國不亡乎孔子曰仲叔圉治賓客祝鮀治宗廟王孫賈治軍旅夫如是奚其喪者言君雖無道有此三人所任者各當其才何爲當亡

子曰其言之不怍則爲之也難馬曰怍慙也內有其實則言之不慙積其實者爲之難

疏子曰其言之不怍則爲之也難○正義曰此章疾時人內無其實而辭多慙怍慙也人若內有其實則其言之不慙然則內積其實者爲之也甚難

陳成子弒簡公孔

子沐浴而朝，告於哀公曰：「陳恒弒其君，請討之。」馬曰：「成子，齊大夫陳恒也。將告君，故先齊。齊必沐浴。」公曰：「告夫三子。」孔曰：「謂三卿也。」孔子曰：「以吾從大夫之後，不敢不告也。君曰『告夫三子』者。」馬曰：「我禮當告君，不當告三子。君使我往，故復往。」之三子告，不可。孔子曰：「以吾從大夫之後，不敢不告也。」馬曰：「孔子由君命之二子告，不可，故復以此辭語之而止。」

疏　「陳成」至「告也」。○正義曰：此章記孔子惡無道之事也。陳成子弒簡公者，春秋哀十四年「齊人弒其君壬」是也。「孔子沐浴而朝，告於哀公曰：陳恒弒其君，請討之」者，孔子在魯，聞齊弒其君，故齋戒沐浴而朝，告於魯君哀公曰：「齊大夫陳恒弒其君，請往討伐之。」「公曰：告夫三子」者，哀公使孔子告夫季孫、孟孫、叔孫三卿也。「孔子曰：以吾從大夫之後，不敢不告也」者，嘗爲大夫而去，故云從大夫之後。聞夫不義，禮當告君，故云不敢不告。「君曰告夫三子者」者，言我禮當告君，不當告三子，君使我往，故復往也。「之三子告，不可」者，之，往也。往三子所告之，三子不肯討齊也。

子曰以吾從大夫之後不敢不告也者孔子以君命往告三子三子不可其請故孔子復以此辭語之而止案左傳記此事與此小異此云沐浴而朝彼云齊而請此云公曰告夫三子彼云公曰子告季孫禮齊必沐浴三子季孫為長各記其一說不同耳此又云之三子告彼無文者傳是史官所録記其與君言耳退後別告三子唯弟子知之史官不見其告故事無文也

子路問事君子曰勿欺也而犯之孔曰事君之道義不可欺當能犯顔諫爭疏子路問事君子曰勿欺也而犯之。正義曰此章言事君之道義不可欺而當能犯顔諫爭之

子曰君子上達小人下達本為上末為下疏子曰君子上達小人下達。正義曰此章言君子小人所曉達不同也本為上謂德義也末為下謂財利也言君子達於德義小人達於財利

子曰古之學者為己今之學者為人孔曰為己履而行之為人徒能言之疏子曰古之學者為己今之學者為人。正義曰此章言古今學者不同也古人之學則履而行之是為己也今人之學空能為人言說之已不能行是為人也范曄云為人者憑譽以顯物為己者因心以會道也

伯玉使人於孔子孔子與之坐而問焉孔曰伯玉衛大夫蘧
瑗曰夫子何爲對曰夫子欲寡其過而未能也
言夫子欲寡其過而未能無過使者出子曰使乎使乎陳曰再言使乎者善之也
言使得其人【疏】蘧伯至使乎。正義曰此章論衛大夫蘧瑗之德蘧伯玉使人於孔子孔子與之坐而問焉曰
夫子何爲者夫子指蘧伯玉也蘧伯玉有君子之名故孔子問其使人曰夫子何所云爲而得此君子之名譽乎對曰夫
子欲寡其過而未能也者言夫子常自脩省欲寡少其過而未能無過也使者出子曰使乎使乎者孔子善其使得其人
故重言使乎所以善之者顏回尚不能無過況伯玉乎而使者云未能是伯玉之心不見欺也子曰不在
其位不謀其政曾子曰君子思不出其位孔曰不越其職
【疏】子曰不在其位不謀其政曾子曰君子思不出其位。正義曰此章戒人之僭濫侵官也言君已不在此位則
不得謀議此位之政事也曾子遂曰君子思謀當不出己位言思慮所及不越其職子曰君子恥

其言而過其行（疏）子曰君子恥其言而過其行。正義曰此章勉人使言行相副也君子言行相顧若言過其行謂有言而行不副君子所恥也子曰君子道者三我無能焉仁者不憂知者不惑勇者不懼子貢曰夫子自道也（疏）子曰至道也。正義曰此章論君子之道子曰君子道者三我無能焉者言君子之道有三我皆不能也仁者不憂知者不惑勇者不懼者此其三也仁者樂天知命內省不疚故不憂也知者明於事故不惑勇者折衝禦侮故不懼夫子言我皆不能此三者子貢曰夫子自道也者子貢言夫子實有仁知及勇而謙稱我無故曰夫子自道說也所謂謙尊而光子貢方人孔曰比方人也子曰賜也賢乎哉夫我則不暇孔曰不暇比方人也（疏）子貢至不暇。正義曰此章抑子貢也子貢方人者謂比方人也子貢多言嘗舉其人倫以相比方子曰賜也賢乎哉夫我則不暇者夫知人則哲堯舜猶病而子貢輒比方人恐其輕易故曰賜也賢乎哉所以抑之也夫我則不暇比方人也子曰不患人之不

已知患其不能也王曰徒患己之無能疏子曰不患人之不己知患其不能也。正義曰此章勉人脩德也言不患人不知己但患己之無能

子曰不逆詐不億不信抑亦先覺者是賢乎[redacted]覺人情者是寧乎或時反怨人疏子曰不逆詐不億不信抑亦先覺者是賢乎。正義曰此章戒人不可逆料人之詐不可億度人之不信也抑語辭也言先覺人者具信之人[redacted]以非賢者以詐偽不故先覺者非為賢也

微生畝謂孔子曰丘何為是栖栖者與無乃為佞乎包曰微生姓畝名孔子曰非敢為佞也疾固也包曰疾世固陋欲行道以化之疏微生至疾固也。正義曰此章記孔子疾世固陋之事也微生畝謂孔子曰丘何為是栖栖者與無乃為佞乎者栖栖猶皇皇也微生畝隱士之姓名也以言謂孔子曰丘呼孔子名也何為如是東西南北而栖栖皇皇者與無乃為佞說之事於世乎孔子曰非敢為佞也疾固也者孔子荅言不敢為佞但疾世固陋欲行道以化之

子

曰驥不稱其力稱其德也鄭曰德者調良之謂疏子曰驥不稱其力稱其德也。正義曰此章疾時尚力取勝而不重德驥是古之善馬名人不稱其任重致遠之力但稱其調良之德也馬尚如是人亦宜然或曰以德報怨何如子曰何以報之德恩惠之德以直報怨以德報德疏或曰至報德。正義曰此章論酬恩報怨之法也或曰以德報怨何如者或人之意欲人犯而不校故問孔子曰以恩德報讎怨何如子曰何以報德者孔子荅言若欲報怨既用其德若受人恩惠之德不知何以報之也以直報怨以德報德者既不許或人以德報怨故陳其正法言當以直道報讎怨以恩德報德也。註德恩惠之德。正義曰謂德加於彼彼荷其恩故謂荷恩為德左傳云然則德我乎又曰王德狄人皆是也子曰莫我知也夫子貢曰何為其莫知子也子貢怪夫子言何為莫知已故問子曰不怨天不尤人馬曰孔子不用於世而不怨天人不知己亦不尤人下學而上達孔曰下學人事上知天命知我者其天聖人與天地合其德故曰唯天知已【疏】子曰至天乎○正義曰此章孔子自明其志也子曰莫我知也夫者言無人知我志者也子貢曰何爲其莫知子也者子貢怪夫子言故問何爲莫知己子曰不怨天不尤人者尤非也孔子言己不用於世而不怨天人不知己亦不非人也下學而上達者言己下學人事上知天命時有否泰故用有行藏是以不怨天尤人也知我者其天乎者言唯天知己志也○註聖人與天地合其德○正義曰此易乾卦文言文也合其德者謂覆載也引之者以證天知夫子者以夫子聖人與天地合德故也

公伯寮愬子路於季孫馬曰愬譖也伯寮魯人弟子也子服景伯以告孔曰魯大夫子服何忌也告告孔子曰夫子固有惑志孔曰季孫信讒恚子路於公伯寮吾力猶能肆諸市朝鄭曰吾勢力猶能辨子路之無罪於季孫使之誅寮而肆之有罪旣刑陳其尸曰肆子曰道之將行也與命也道之將廢也與命也公伯寮其如命何【疏】公伯寮至命何○正義曰此章言道之廢行皆由天命也公伯寮愬子

路於季孫者愬譖也伯寮子路皆臣於季孫伯寮譖子路以罪而譖於季孫也子服景伯以告者以其事告孔子也曰夫子固有惑志者夫子謂季孫言季孫堅固已有疑惑之志謂信讒恚子路也於公伯寮吾力猶能肆諸市朝者有罪既刑陳其尸曰肆景伯言吾勢力猶能辨子路之無罪於季孫使之誅寮而肆之子曰道之將行也與命也道之將廢也與命也公伯寮其如命何者孔子不許其告故言道之廢行皆由天命雖公伯寮之譖其能違天而興廢子路乎○註伯寮魯人弟子也○正義曰史記弟子傳云公伯寮字子周魯人愬子路於季孫者○註孔曰魯大夫子服何忌也○正義曰案左傳哀十二年吳人將以公見晉侯子服景伯對使者吳人乃止既而悔之將囚景伯景伯曰何也立後於魯矣杜註云何景伯名然則景伯單名何而此註云何忌誤也○註有罪既刑陳其尸曰肆○正義曰秋官鄉士職云協日刑殺肆之三日鄭玄曰肆猶申也陳也是言有罪既殺陳其尸曰肆也言市朝者應劭曰大夫已上於朝士已下於市

子曰賢者辟世孔曰世主莫得而臣其次辟地馬曰去亂國適治邦其次辟色孔曰色斯舉矣其次辟言孔曰有惡言乃去子曰作者七人矣包曰

作爲也爲之者凡七人謂長沮桀溺丈人石門荷蕢儀封人楚狂接輿

疏 子曰至人矣○正義曰此章言自古隱遯賢者之行也子曰賢者辟世者謂天地閉則賢人隱高路塵外枕流漱石天子諸侯莫得而臣也其次辟地者未能高栖絕世但擇地而處去亂國適治邦者也其次辟色者不能豫擇治亂但觀君之顏色若有厲己之色於斯舉而去之也其次辟言者不能觀色斯舉矣有惡言乃去之也子曰作者七人矣者作爲也言爲此行者凡有七人○註孔曰色斯舉矣○正義曰此鄉黨篇文也○註包曰至接輿○正義曰作爲釋言文云爲之者凡七人謂長沮桀溺丈人石門荷蕢儀封人楚狂接輿者謂長沮一桀溺二荷蓧丈人三石門晨門四荷蕢五儀封人六楚狂接輿七也王弼云七人伯夷叔齊虞仲夷逸朱張柳下惠少連鄭康成云伯夷叔齊虞仲辟世者荷蓧長沮桀溺辟地者柳下惠少連辟色者荷蕢楚狂接輿辟言者七當爲十字之誤也

子路宿於石門晨門曰奚自晨門者閽人也

子路曰自孔氏曰是知其不可而爲之者與包曰言孔子知世不可爲而強爲之

疏 子路至者與○正義曰此章記隱者晨門之言也子路宿於石門晨門曰奚自者石門地

名也晨門掌晨昏開閉門者謂閽人也自從也奚何也時子路宿於石門夙興為門人所問曰汝何從來乎子路曰自孔氏者子路答閽人言自孔氏處來也曰是知其不可而為之者與者晨門聞子路云從孔氏未審孔氏為誰又舊知孔子之行故問曰是知其世不可為而周流東西彊為之者此孔氏與意非孔子不能隱遯辟世也

子擊磬於衛有荷蕢而過孔氏之門者曰有心哉擊磬乎蕢草器也有心謂契契然既而曰鄙哉硜硜乎莫己知也斯已而已矣此硜硜者徒信己而已言亦無益深則厲淺則揭包曰以衣涉水為厲揭揭衣也言隨世以行己若過水必以濟知其不可則當不為子曰果哉末之難矣未知己志而便譏己所以為果末無也無難者以其不能解己之道

疏子擊至難矣○正義曰此章記隱者荷蕢之言也子擊磬於衛者時孔子在衛而自擊磬為聲也有荷蕢而過孔氏之門者曰有心哉擊磬乎者荷擔揭也蕢草器也有心謂契契然當孔子擊磬之時有擔揭草器之人經於孔氏之門聞其磬聲乃言曰有心契契然憂苦哉此擊磬之

聲乎既而曰鄙哉硜硜乎莫已知也斯已而已矣者既已也硜硜鄙賤貌莫無也斯此也荷蕢者既言有心哉擊磬乎又察其聲聲已而言曰可鄙賤哉硜硜乎無人知已此硜硜者徒信已而已言無益也深則厲淺則揭者此衛風匏有苦葉詩以衣涉水為厲揭揭衣也荷蕢者引之欲令孔子隨世以行已若過水深則當厲不當揭淺則當揭而不當厲以喻行已知其不可則不當為也子曰果哉末之難矣者孔子聞荷蕢者譏已故發此言果謂果敢末無也言未知已志而便譏已所以為果敢無難者以其不能解已之道不以為難故云無難也○注蕢草器也有心謂契契然○正義曰蕢草器見說文小雅大東云契契寤歎毛傳云契契憂苦也○注包曰至不為○正義曰云以衣涉水為厲揭揭衣也者爾雅釋水文也孫炎曰揭衣褰裳也衣涉濡褌也

子張曰書云高宗諒陰三年不言何謂也孔曰高宗殷之中興王武丁也諒信也陰猶默也子曰何必高宗古之人皆然君薨百官總已馬曰已百官以聽於冢宰三年孔曰冢宰天官卿佐王治者三年喪畢然後王自聽政

疏子張至三年○正義曰此章論天子

諸侯居喪之禮也子張曰書云高宗諒陰三年不言何謂也者高宗諒陰三年不言周書無逸篇文也高宗殷王武丁也諒信也陰默也言武丁居父憂信任冢宰默而不言三年矣子張未達其理而問於夫子也子曰何必高宗古之人皆然君薨百官總已以聽於冢宰三年者孔子荅言何必獨高宗古之人皆如是諸侯死曰薨言君既薨新君即位使百官各總已職以聽使於冢宰三年喪畢然後王自聽政○注孔曰至默也○正義曰云高宗殷之中興王武丁也者孔安国云盤庚弟小乙子名武丁德高可尊故號高宗喪服四制引書云高宗諒陰三年不言善之也王者莫不行此禮何以獨善之也曰高宗者武丁武丁者殷之賢王也繼世即位而慈良於喪當此之時殷衰而復興禮廢而復起故載之於書中而高之故謂之高宗三年之喪君不言也是說不言之意也云諒信也陰默也者謂信任冢宰默而不言也禮記作諒闇鄭玄以為凶廬非孔義也今所不取○註孔曰至聽政○正義曰云冢宰天官卿佐王治者考案周礼天官太宰之職掌建邦之六典以佐王治邦国叙官云乃立天官冢宰使帥其屬而掌邦治以佐王均邦国治官之屬大宰卿一人鄭注引此又云君薨百官總已以聽於冢宰言冢宰於百官無所不主爾雅曰冢大也冢宰大宰也變冢言大進退異名也百官總

焉則謂之冢列職於王則稱大冢大之上也山頂曰冢故云
冢宰天官卿佐王治者也云三年喪畢然後王自聽政者謂
卒哭除服之後三年心喪已畢然後王自聽政也亦非衰麻
三年者晉書杜預傳云太始十年元皇后崩依漢魏舊制既
葬帝及群臣皆除服疑皇太子亦應除否詔諸尚書會僕射
盧欽論之唯預以爲古者天子諸侯三年之喪始服齊斬既
葬除喪服諒闇以居心喪終制不與士庶同禮於是盧欽魏
舒問預證據預曰春秋晉侯享諸侯子產相鄭伯時簡公未
葬請免喪以聽命君子謂之得禮宰咺歸惠公仲子之賵傳
曰弔生不及哀此皆既葬除服諒陰之證也書傳之說既多
學者不思之耳喪服諸侯爲天子亦斬衰豈可謂終服三年
也預又作議曰周景王有后世子之喪既葬除喪而宴樂晉
叔向譏之曰三年之喪雖貴遂服禮也王雖不遂宴樂以早
此亦天子喪事見於古也稱高宗不言喪服三年而云諒陰
三年此釋服心喪之文也譏景王不譏其除喪而譏其宴樂
早則既葬應除而違諒闇之節也堯喪舜諒闇三年故稱遂
密八音由此言之天子居喪齊斬之制菲杖絰帶當遂其服
既葬而除諒闇以終之三年無改於父之道故曰百官總已
以聽冢宰喪服既除故更稱不言之美明不復寢苦枕由以
荒大政也禮記云三年之喪自天子達又云父母之喪無貴

體一也又云常襄喪事皆無等此通謂天子居喪衣服之制同於凡人心喪之禮終於三年亦無服喪三年之文天子之位至尊萬機之政至大羣臣之衆至廣不得同之於凡人故大行既葬祔祭於廟則因疏而除之已不除則羣臣莫敢除故亟已以除之而諒闇以終制天下之人皆曰我王之仁也亟已以從宜也曰我王之孝也既除而心喪我王猶若此之篤也凡我臣子亦安得不自勉以崇禮此乃聖制移風易俗之本也議奏皇太子遂除衰麻而諒闇喪終是知三年喪畢謂心喪畢然後王自聽政也

子曰上好禮則民易使也民莫敢不敬故易使

疏子曰上好禮則民易使也○正義曰此章言君上好禮則民莫敢不敬故易使也

子路問君子子曰脩己以敬孔曰敬其身曰如斯而已乎曰脩己以安人孔曰人謂朋友九族曰如斯而已乎曰脩己以安百姓脩己以安百姓堯舜其猶病諸孔曰病猶難也

疏子路問君子至病諸○正義曰此章論君子之道也子路問於孔子爲行何如可謂之君子也子曰脩己以敬者言君子當敬

其身也曰如斯而已乎者子路嫌其少故曰君子之道豈如此而已曰脩己以安人者人謂朋友九族孔子更爲廣之言當脩己又以恩惠安於親族也曰如斯而已乎者子路猶嫌其少故又言此曰脩己以安百姓者百姓謂衆人也言當脩己以安天下之衆人也脩己以安百姓堯舜其猶病諸者病猶難也諸之也孔子恐其未已故々說此言言此脩己以安百姓之事雖堯舜之聖其猶難之况君子乎

原壤夷俟馬曰原壤魯人孔子故舊夷踞俟待也踞待孔子

子曰幼而不孫弟長而無述焉老而不死是爲賊賊謂賊害**以杖叩其脛**孔曰叩擊也脛脚脛

【疏】原壤夷俟至其脛○正義曰此章記孔子責原壤之辭原壤魯人孔子故舊夷踞也俟待也原壤聞孔子來乃申兩足箕踞以待孔子也子曰幼而不孫弟長而無述焉老而不死是爲賊者孔子見其無禮故以此言責之孫順也言原壤幼少不順弟於長上及長無德行可稱述今老而不死不脩禮敬則爲賊害以杖叩其脛者叩擊也脛脚脛既責之復以杖擊其脚脛令不踞也○注馬曰至孔子○正義曰原壤魯人孔子故舊者檀弓云孔子之故人曰原壤是也云夷踞俟待也踞待孔子者說文云踞

蹲也蹲即坐也禮揖人必違其位今原壤坐待孔子故孔子責之也

闕黨童子將命馬曰闕黨之童子將命者傳賓主之語出入或問之曰益者與子曰吾見其居於位也童子隅坐無位成人乃有位見其與先生並行也非求益者也欲速成者也包曰先生成人也並行不差在後違禮欲速成人者則非求益也

疏闕黨至者也○正義曰此章戒人當行少長之禮也闕黨童子將命者闕黨黨名童子未冠者之稱將命謂傳賓主之語出入時闕黨之童子能傳賓主之命也或問之曰益者與者或人見其童子能將命故問孔子曰此童子是自求進益之道也與子曰吾見其居於位也見其與先生並行也非求益者也欲速成者也者孔子答或人言此童子非求進益者也乃是欲速成人者也知者禮童子隅坐無位成人乃有位今吾見此童子其居於成人之位禮父之齒隨行兄之齒鴈行今吾見此童子其與先生成人者並行不差在後違謙越禮故知欲速成人者非求益也

論語註疏解經卷第十四

論語註疏解經卷第十五

衛靈公第十五　何晏集解　邢昺疏

疏正義曰此篇記孔子先禮後兵去亂就治幷明忠信仁知勸學爲邦無所毀譽必察好惡志士君子之道事君相師之儀皆有恥且格之事故次前篇也

衛靈公問陳於孔子孔曰軍陳行列之法孔子對曰俎豆之事則嘗聞之矣孔曰俎豆禮器軍旅之事未之學也鄭曰萬二千五百人爲軍五百人爲旅軍旅末事本未立不可教以末事疏衛靈至學也○正義曰此章記孔子先禮後兵之事也衛靈公問陳於孔子者問軍陳行列之法於孔子也孔子對曰俎豆之事則嘗聞之矣軍旅之事未之學也者俎豆禮器萬二千五百人爲軍五百人爲旅孔子之意治國以禮義爲本軍旅爲末本未立則不可教以末事今靈公但問軍陳故對曰俎豆行禮之事則嘗聞之軍旅用兵之事未之學也左傳哀十一年孔文子之將攻大叔也訪於仲尼

仲尼曰胡簋之事則嘗學之矣甲兵之事未之聞也其意亦與此同軍旅甲兵亦治國之具也彼以文子非禮欲國內用兵此以靈公空問軍陳故並不荅非輕甲兵也○註俎豆禮器○正義曰案明堂位云俎有虞氏以梡夏后氏以嶡殷以椇周以房俎鄭註云梡斷木爲四足而已嶡之言蹷也謂中足爲橫距之象周禮謂之距椇之言枳椇也謂曲橈之也房謂足下跗也上下兩間有似於堂房魯頌曰籩豆大房又曰夏后氏以楬豆殷玉豆周獻豆鄭註云楬無異物之飾也獻疏刻之齊人謂無髮爲禿楬其麥曲制度備在禮圖○註鄭曰萬二千五百人爲軍五百人爲旅○正義曰皆司馬序官文也

明日遂行在陳絕糧從者病莫能興

孔曰從者弟子興起也孔子去衛如曹曹不容又之宋宋遭匡人之難又之陳會吳伐陳陳亂故乏食

子路慍見曰君子亦有窮乎子曰君子固窮小人窮斯濫矣

濫溢也君子固亦有窮時但不如小人窮則濫溢爲非

疏明日至濫矣○正義曰此章記孔子阨於陳也明日遂行者既荅靈公之明日也遂去衛國而之於他邦也在陳絕糧從者病莫能興者從者弟子也興起也孔子適在陳會

其伐陳陳亂故乏絕糧食弟子從者困病莫能興起也子路
慍見曰君子亦有窮乎者慍怒也子路以爲君子學則祿在
其中不當有窮困今乃窮困故慍怒而見問於夫子曰君子
豈亦如常人有窮困邪子曰君子固窮小人窮斯濫矣者濫
溢也言君子固亦有窮困時但不好小人窮則濫溢爲非○
注孔曰至之食○正義曰云孔子去衛如曹曹不容又之宋
宋遭匡人之難又之陳會吳伐陳陳亂故乏食者皆
以孔子世家文而知也如之皆訓往 子曰賜也女以予
爲多學而識之者與對曰然孔曰然謂多學而識之非與孔曰問今不然
曰非也予一以貫之善有元事有會天下殊塗而同歸百慮而一致知其元則
衆善舉矣故不待多學而一知之 疏 子曰至貫之○正義曰一章言善道
有統也子曰賜也女以予爲多學而
識之者與者孔子問子貢女意以我爲多其學問記識之者
與與語辭對曰然者子貢意以爲然是夫子多學而識之也
非與者子貢又言今乃非多學而識之者與曰非也予一以
貫之者孔子荅言已之善道非多學而識之也我但用一理以
以通貫之以其善有元事有會知其元則衆善舉矣故不待
多學一以知之○注天下殊塗而同歸百慮而一致○正義

曰周易下繫辭文也子曰由知德者鮮矣王曰君子固窮而子路慍見故謂之少於知德

疏子曰由知德者鮮矣○正義曰此一章言子路鮮於知德鮮少也由子路名言君子固窮而子路慍見故謂之少於知德也

子曰無為而治者其舜也與夫何為哉恭己正南面而已矣言任官得其人故無為而治

疏子曰無為而治者其舜也與夫何為哉恭己正南面而已矣○正義曰此一章美帝舜也帝王之道貴在無為清靜而民化之然後之王者以罕能及故孔子曰無為而天下治者其舜也與所以無為者以其任官得人夫舜何必有為哉但恭敬己身正南面嚮明而已○註言任官得其人故無為而治○正義曰案舜典命禹宅百揆棄后稷契作司徒皐陶作士垂共工益作朕虞伯夷作秩宗夔典樂教胄子龍作納言并四岳十二牧凡二十二人皆得其人故舜無為而治也

子張問行子曰言忠信行篤敬雖蠻貊之邦行矣言不忠信行不篤敬雖州里行乎哉鄭曰萬二千五百家為州五家為鄰五鄰為里行乎

哉言不可行立則見其參於前也在輿則見其倚於衡也夫然後行包曰衡軛也言思念忠信立則常想見參然在目前在輿則若倚車軛子張書諸紳孔曰紳大帶疏子張至諸紳○正義曰此一章言可常行之行也子張問行者問於夫子何如則可常行子曰言忠信行篤敬雖蠻貊之邦行矣言不忠信行不篤敬雖州里行乎哉者孔子答言必當言盡忠誠不欺於物行惟敦厚而常謹敬則雖蠻貊遠國其道行矣反此雖州里近處而行乎哉言不可行也立則見其參於前也在輿則見其倚於衡也夫然後行者輿是車輿也衡軛也言常思念忠信篤敬立則想見參然在目前在輿則若倚車軛夫能如是而後可行子張書諸紳者紳大帶也子張以孔子之言書之紳帶意其佩服無忽忘也○註鄭曰至為里○正義曰周禮大司徒職云五家為比五比為閭四閭為族五族為黨五黨為州是二千五百家為州也今云萬二千五百家為州誤也云五家為鄰五鄰為里遂人職文也○註紳大帶○正義曰以帶束要垂其餘以為飾謂之紳玉藻說帶云大夫大帶是一名大帶也不云繅爾天子素帶朱裏於辟諸侯素帶不朱裏而終辟大夫素帶辟垂士練帶率下辟

居士錦帶弟子縞帶并紐約用組三寸長齊於帶紳長制士三尺有司二尺有五寸子游曰參分帶下紳居二焉紳韠結三齊大夫大帶四寸雜帶君朱綠大夫玄華士緇辟二寸再繚四寸凡帶有率無箴功此紳帶之制也

子曰直哉史魚孔曰衛大夫史鰌邦有道如矢邦無道如矢孔曰有道無道行直如矢言不曲君子哉蘧伯玉邦有道則仕邦無道則可卷而懷之包曰卷而懷謂不與時政柔順不忤於人

【疏】子曰至懷之○正義曰此章美衛大夫史鰌蘧瑗之行也直哉史魚者美史魚之行正直也邦有道如矢邦無道如矢者此其直之行也矢箭也史鰌之德其性惟直國之有道無道行直如箭言不隨世變曲也君子哉蘧伯玉者美伯玉有君子之德也邦有道則仕邦無道則可卷而懷之者此其君子之行也国若有道則肆其聰明而在仕也国若無道則韜光晦迹不與政故亦常柔順不忤逆於人是以謂之君子也

子曰可與言而不與之言失人不可與言而與之言失言知者不失人亦不失

言【疏】子曰可與言而不與言失人不可與言而與之言失言知者不失人亦不失言○正義曰此章戒其知人也若中人以上可以語上是可與言而不與言是失於彼人也若中人以下不可以語上而已與之言則失於已言也惟知者明於事二者俱不失

子曰：志士仁人，無求生以害仁，有殺身以成仁。孔曰無求生以害仁死而後成仁則志士仁人不愛其身也【疏】子曰志士仁人無求生以害仁有殺身以成仁○正義曰此章言志善之士仁愛之人無求生而害仁若身死而後成仁則志士仁人不愛其身有殺其身以成其仁者也若伯夷叔齊及比干是也

子貢問為仁。子曰：工欲善其事，必先利其器。居是邦也，事其大夫之賢者，友其士之仁者。孔曰言工以利器為用人以賢友為助【疏】子貢至仁者○正義曰此章明為仁之法也子貢問為仁者子貢欲為仁未知其法故問之子曰工欲善其事必先利其器者將答為仁先為設譬也若百工欲善其所為之事當先脩利所用之器居是邦也事其大夫之賢者友其士之仁者此答譬也言工以利

器爲用人以賢友爲助大夫尊故言事士卑故言友大夫言賢士言仁互文也顏淵問爲邦子曰行夏之時據見萬物之生以爲四時之始取其易知乘殷之輅馬曰殷車曰大輅左傳曰大輅越席昭其儉也服周之冕包曰冕礼冠周之礼文而備取其黈纊塞耳不任視聽樂則韶舞韶舜樂也盡善盡美故取之放鄭聲遠佞人鄭聲淫佞人殆孔曰鄭聲佞人亦俱能惑人心與雅樂賢人同而使人淫亂危殆故當放遠之疏顏淵至人殆○正義曰此章言治國之法也顏淵問爲邦者爲猶治問治國之禮法於孔子也子曰行夏之時者此下孔子荅以爲邦所行用之禮樂車服也夏之時謂以建寅之月爲正也據見萬物之生以爲四時之始取其易知故使行之乘殷之輅者殷車曰大輅謂木輅也取其儉素故使乘之服周之冕者冕禮冠也周之禮文而備取其黈纊塞耳不任視聽故使服之樂則韶舞者韶舜樂名也以其盡善盡美故使取之放鄭聲遠佞人鄭聲淫佞人殆者又當放棄鄭衛之聲遠離辟佞之人以鄭聲佞人亦俱能惑人心與雅樂賢人同然而使人淫亂危殆故使放遠之○注馬曰至儉也正義曰云殷車

曰大輅者明堂位曰大輅殷輅也鄭註云大路木路也漢祭
天乘殷之路今謂之桑根車者是也路訓大也君之所在以
大爲號門曰路門寢曰路寢車曰路車故人君之車通以路
爲名周禮巾車掌王之五路鄭玄云玉在焉曰路彼爾天子
之車故云王在耳其實諸侯之車亦稱爲路云左傳曰大輅
越席昭其儉也昔栝二作文也越席結蒲爲席置於路中以
茵藉示其儉也服虔云大路木路引之者以證殷路一名大
路也杜元凱以大路爲玉路今所不取○註包曰至視聽玉
義曰云冕禮冠周之禮文而備首冠者首服之大名冕者冠
中之別號故云冕禮冠也世本云黃帝作冕宋仲子云冕冠
之有旒者蓋文殘缺形制難詳周禮弁師掌王之五冕皆玄
冕朱裏止言玄朱而已不言所用之物子罕篇云麻冕禮也
蓋以木爲幹而用布衣之上玄下朱取天地之色其長短廣
狹則經傳無文阮諶三禮圖漢禮器制度云冕制皆長尺六
寸廣八寸天子以下皆同沈引董巴輿服志云廣七寸長尺
二寸旒爵漢官儀云廣七寸長八寸沈又云廣八寸長尺六
寸者天子之冕廣七寸長尺二寸者諸侯之冕廣七寸長八
寸者大夫之冕但古禮殘缺未知孰是故備載焉司馬彪漢
書輿服志云孝明帝永平二年初詔有司采周官禮記尚書
之文制冕皆前圓後方朱裏玄上前垂四寸後垂三寸天子

曰玉朱十二旒三公諸侯青玉珠七旒卿大夫黑玉珠五旒
皆有□無後此則漢法耳其古禮鄭玄註弁師云天子衮冕
以五采繅前後十二斿斿有五采玉十有二鷩冕前後九斿
毳冕前後七斿希冕前後五斿玄冕前後三斿斿皆五采玉
十有二上公衮冕三采繅前後九斿斿有三采玉九侯伯鷩
冕三采繅前後七斿斿有三采玉七子男毳冕三采繅前後
五斿斿有三采玉五孤卿以下皆二采繅二采玉焉蓋以繅
采玉其斿又王名依命數耳闕之冕者冕俛也以其後高前
下有俛俯之形故因名焉蓋以在上位者失於驕矜欲令位
彌高而志彌下故制此服令貴者下賤也云所其黈纊塞耳
不任視聽者黈纊黄緜也案令禮圖衮冕以下皆有充耳天
子以黈纊諸侯以青纊以其冕旒垂目黈纊塞耳欲使無爲
清靜以化其民故不任視聽也**子曰人無遠慮必有近憂**王曰君子當思
患而預防之 疏 子曰人無遠慮必有近憂○正義曰此章戒人
備豫不虞也○註王曰君子當慮患而預防之
○正義曰此周易既濟象辭也王
弼云存不忘亡既濟不忘未濟也**子曰已矣乎吾未見**
好德如好色者也 疏 子曰已矣乎吾未見好德如好
色者也○正義曰此章疾時人

好色而不好德也。子曰臧文仲其竊位者與知柳下惠之賢而不與立也孔曰柳下惠展禽也知其賢而不舉是為竊位疏子曰臧文仲其竊位者與知柳下惠之賢而不與立也○正義曰此章勉人舉賢也竊盜也魯大夫臧文仲知賢不舉偷安於位故曰竊位以其知柳下惠之賢不稱舉與立於朝廷也○注柳下惠展禽也○正義曰案魯語展禽對臧文仲云獲聞之是其人氏展名獲字禽柳下惠是其所食之邑名謚曰惠列女傳柳下惠死門人將謚之妻曰夫子之謚宜為惠乎門人從以為謚莊子云柳下季者季是五十字禽是二十字子曰躬自厚而薄責於人則遠怨矣孔曰責己厚責人薄所以遠怨咎疏子曰躬自厚而薄責於人則遠怨矣○正義曰此章戒人責己也躬身也言凡事自責厚薄責於人則所以遠怨咎也子曰不曰如之何孔曰不曰如之何者猶言不曰奈是何如之何者吾末如之何也已矣孔曰如之何者言禍難已成吾亦無如之何疏子曰不曰如之何如之何者吾末如之何也已矣○正義曰此

章戒人豫防禍難也如柰也不曰如之何猶言不曰柰是何
末無也君曰柰是何者則是禍難已成不可救藥吾亦無柰
之何

子曰羣居終日言不及義好行小慧難矣哉

鄭曰小慧謂小小之才知難矣哉言終無成、疏子曰羣居終日言不及義好行小慧難矣哉○正義曰此章責
義小慧謂小小才知言人羣朋共居終竟一日所言不及義
事但好行小小才知以陵誇於人難有所成矣哉言終無成
也

子曰君子義以爲質禮以行之孫以出之信以成之君子哉

鄭曰義以爲質謂操行孫以出之謂言語疏子曰君子義以爲質禮以
行之孫以出之信以成之君子哉○正義曰此章論君子之
行也義以爲質謂操執以行者當以義爲體質文之以禮節
優行之孫順其言語以出之守信
以成之能此四者可謂君子哉

子曰君子病無能焉不病人之不已知也

包曰君子之人但病無聖人之道不病人之不知已疏子曰
君子病無能焉不病人之不已知也○正義曰此章戒人脩
己也病猶患也言君子之人但患己無聖人之道不患人之

不知己也子曰君子疾沒世而名不稱焉疾猶病也疏曰君子疾沒世而名不稱焉○正義曰此章勸人脩德也疾猶病也言君子病其終世而善名不稱也子曰君子求諸己小人求諸人君子責己小人責人疏子曰君子求諸己小人求諸人○正義曰此章言君子責於己小人責於人也求責也諸於也子曰君子矜而不爭包曰矜矜莊也羣而不黨孔曰黨助也君子雖衆不相私助義之與比疏子曰君子矜而不爭君子矜而不黨○正義曰此章言君子貌雖矜莊而不爭鬭君子雖衆而不私相黨助義之與比也子曰君子不以言舉人包曰有言者不必有德故不可以言舉人不以人廢言王曰不可以無德而廢善言疏子曰君子不以言舉人不以人廢言○正義曰此章言君子用人取其善節也有言者不必有德故不可以言舉人當察言觀行然後舉之夫婦之愚可以與知故不可以無德而廢善言也子貢問曰有一言而可以終身行之者乎子曰其

恕乎己所不欲勿施於人言己之所惡勿加施於人疏子貢至於人○正義曰此章言人當恕己不及物也子貢問曰有一言可以終身行之者乎者問於孔子求脩身之要道也子曰其恕乎己所不欲勿施於人者孔子答言唯仁恕之一言可終身行之也己之所惡勿欲施於人即是恕也 子曰吾之於人也誰毀誰譽如有所譽者其有所試矣包曰所譽者輒試以事不虛譽而已 斯民也三代之所以直道而行也馬曰三代夏殷周用民如此無所阿私所以云直道而行疏子曰至行也○正義曰此章論正直之道也子曰吾之於人也誰毀誰譽者毀謂譖害譽謂稱揚言我之於人於誰毀於誰譽無私毀譽也如有所譽者其有所試矣者言所稱譽者輒試以事不虛譽而已也斯民也三代之所以直道而行也者斯此也三代夏殷周也言如此用民無所阿私夏殷周三代之令王所以得稱直道而行也 子曰吾猶及史之闕文也包曰古之良史於書字有疑則闕之以待知者 有馬者借人乘之今亡矣夫

包曰有馬不能調良則借人乘習之孔子自謂及見其人如此至今無有矣言此者以俗多穿鑿

疏 子曰至矣夫○正義曰此章疾時人多穿鑿也子曰吾猶及史之闕文也者史是掌書之官也文字也古之良史於書字有疑則闕之以待能者不敢穿鑿孔子言我尚及見此古史闕疑之文有馬者借人乘之者此舉喻也喻己有馬不能調良當借人乘習之也今亡矣夫者亡無也孔子自謂及見其人如此闕疑至今則無有矣言此者以俗多穿鑿

子曰巧言亂德小不忍則亂大謀 孔曰巧言利口則亂德義小不忍則亂大謀

疏 子曰則言亂德小不忍則亂大謀○正義曰此章戒人慎口忍事也有言者不必有德故巧言利口則亂德義山藪藏疾國君含垢故小事不忍則亂大謀

子曰衆惡之必察焉衆好之必察焉 王曰或衆阿黨比周或其人特立不羣故好惡不可不察也

疏 子曰衆惡之必察焉衆好之必察焉○正義曰此章論知人之事也夫知人未易設有一人爲衆所惡不可即從雷同而惡之或其人特立不羣故必察焉又設有一人爲衆所好亦不可即從衆而好之或此人行惡衆乃阿黨比周故不可不察○注王曰衆或阿黨比

周○正義曰此解衆好之也謂衆多惡人黨相阿曲朋黨比近周密也文十八年左傳言渾敦之惡云頑嚚不友是與比周杜註云比近也周密也言比是相近也周是親密也唯是親愛之義非爲善惡之名爲政篇子曰君子周而不比小人比而不周孔曰忠信爲周阿黨爲比以君子小人相對故觀文爲說也

子曰人能弘道非道弘人王曰才大者道隨大才小者道隨小故不能弘人疏子曰人能弘道非道弘人○正義曰此章論道也弘大也道者通物之名虛無妙用不可須臾離但仁者見之謂之仁知者見之謂之知是人才大者道隨之大也故曰人能弘道百姓則日用而不知是人才小者道亦隨小而道不能大其人也故曰非道弘人

子曰過而不改是謂過矣疏子曰過而不改是謂過矣○正義曰此章戒人改過也人誰無過過而能改善莫大焉過而不改是謂過矣

子曰吾嘗終日不食終夜不寢以思無益不如學也疏子曰吾嘗終日不食終夜不寢以思無益不如學也○正義曰此章勸人學也

子曰君子謀道不謀食耕也餒

在其中矣學也祿在其中矣君子憂道不憂貧鄭曰餒餓也言人雖念耕而不學故飢餓學則得祿雖不耕而不餒此勸人學【疏】子曰君子謀道不謀食耕也餒在其中矣學也祿在其中矣君子憂道不憂貧○正義曰此章亦勸人學也人非道不立故必先謀於道道高則祿來故不假謀於食餒餓也言人雖念耕而不學則無知歲有凶荒故飢餓學則得祿雖不耕而不餒是以君子但憂道德不成不憂貧乏也然耕也未必皆餓學也未必皆得祿大判而言故云耳子曰知及之仁不能守之雖得之必失之包曰知能及治其官而仁不能守雖得之必失之知及之仁能守之不莊以涖之則民不敬包曰不嚴以臨之則民不敬從其上知及之仁能守之莊以涖之動之不以禮未善也王曰動必以禮然後善【疏】子曰至善也○正義曰此章論居官臨民之法也子曰知及之仁不能守之雖得之必失之者得位由知守位在仁若人知能及治其官而仁不能守雖得祿位必將失之知及之仁能

守之不莊以涖之則民不敬者莊嚴也涖臨也言雖知及其官仁能守位不嚴以臨之則民不敬從其上知及之仁能守之莊以涖之動之不以禮未善也者言動必以禮然後善李充云夫知及以動得其失也蕩仁守以靜其失也寬莊涖以威其失也猛故必須禮然後和之以禮制知則精而不傷以禮輔仁則溫而不寬以禮御莊則威而不猛故安上治民莫善於禮頗特進云知以通其變仁以安其性莊以安其慢禮以安其情化民之善必備此四者

子曰君子不可小知而可大受也小人不可大受而可小知也王曰君子之道深遠不可小了知而可大受小人之道淺近可小了知而不可大受也

疏子曰君子不可小知而可大受也小人不可大受而可小知也○正義曰此章言君子小人道德深淺不同之事也言君子之道深遠仰之彌高鑽之彌堅故不可小了知也使人饜飫而已是可大受也小人之道淺近易爲窮竭故不可大受而可小了知也

子曰民之於仁也甚於水火馬曰水火及仁皆民所仰而生者仁最爲甚水火吾見蹈而死者矣未見蹈仁而死者

也馬曰蹈水火或時殺人蹈仁未嘗殺人疏子曰至者也○正義曰此章勸人行仁道也子曰民之於仁也甚於水火者言水火飲食所由仁者善行之長皆民所仰而生者也若較其三者所用則仁最爲甚也水火吾見蹈而死者矣未見蹈仁而死者也者此明仁甚於水火之事也蹈循履也水火雖所以養人若履蹈之或時殺人若履行仁道未嘗殺人也王弼云民之遠於仁甚於水火見有蹈水火者未嘗見蹈仁者也雖與馬意不同亦得爲一義

子曰當仁不讓於師孔曰當行仁之事不復讓於師言行仁急疏子曰當仁不讓於師正義曰此章言行仁之急也弟子之法爲事雖當讓於師若當行仁之事不復讓於師也

子曰君子貞而不諒孔曰貞正諒信也君子之人正其道耳言不必小信疏子曰君子貞而不諒○正義曰此章貴正道而輕小信也貞正也諒信也君子之人正其道耳言不必小信案昭七年左傳云子產爲豐施歸州田於韓宣子曰日君以夫公孫段爲能任其事而賜之州田今無祿早世不獲久享君德其子弗敢有不敢以聞於君私致諸子宣子辭子產曰古人有言曰其父析薪其子弗克負荷施將懼不能任其先人之祿其況能任大國之賜縱吾子爲政而可後

之人若屬有疆埸之言敝邑獲戾而豐氏受其大討吾子取
州是免敝邑於戾而建置豐氏也敢以為請杜注云傳言子
產貞而不諒言段受晉邑卒而歸之是正也知宣子
欲之而言畏懼後禍是不信故杜氏引此文為證也子曰
事君敬其事而後其食孔曰先盡力而後食祿疏子曰事君敬其事而
後其食○正義曰此章言其為臣事君之法也
言當先盡力敬其職事必有勳績而後食祿也子曰有教
無類馬曰言人所在見教無有種類疏子曰有教無類○正義曰此章
言教人之法也類謂種類言人
所在見教無有
貴賤種類也子曰道不同不相為謀疏子曰道不同不
相為謀○正義曰此章言人之為事必須先謀若道同
者共謀則情審不誤若道不同而相為謀則事不成也子
曰辭達而已矣孔曰凡事莫過於實辭達則足矣不須文豔之辭疏子曰辭達而已
矣○正義曰此章明言語之法也凡事
莫過於實辭達則足矣不須文豔也師冕見孔曰師樂人盲者名
及階子曰階也及席子曰席也皆坐子告之

曰某在斯某在斯孔曰歷告以坐中人姓字所在處師冕出子張問曰與師言之道與子曰然固相師之道也馬曰相導也

【疏】師冕見至道也。正義曰此章論相師之禮也師冕見者師樂人盲者名冕見謂來見孔子也及階子曰階也及席子曰席也者師冕及階及席孔子並告之使師冕知而升階登席也皆坐子告之曰某在斯某在斯者孔子見瞽者必起弟子亦起冕既登席而坐孔子及弟子亦皆坐孔子歷以坐中人姓字所在處告師冕使知之也師冕出子張問曰與師言之道與者道謂禮也子張見孔子歷告之未嘗知此禮既師冕出去而問孔子曰此是與師言之禮與子曰然固相師之道也者相猶導也孔子然答子張言此固是相導樂師之禮也

大四十

論語註疏解經卷第十五

論語註疏解經卷第十六

何晏集解　邢昺疏

季氏第十六

疏 正義曰此篇論天下無道政在大夫故孔子陳其正道揚其衰失稱損益以教人舉詩禮以訓子明君子之行正夫人之名以前篇首章記衛君靈公失禮此篇首章言魯臣季氏專恣故以次之也

季氏將伐顓臾冉有季路見於孔子曰季氏將有事於顓臾 孔曰顓臾伏羲之後風姓之國本魯之附庸當時臣屬魯季氏貪其土地欲滅而取之冉有與季路為季氏臣來告孔子 孔子曰求無乃爾是過與 孔曰冉求為季氏宰相其室為之聚斂故孔子獨疑求教之 夫顓臾昔者先王以為東蒙主 孔曰使主祭蒙山 且在邦域之中矣 孔曰魯七百里之封顓臾為附庸在其域中 是社稷之臣也何以伐為 孔曰已屬魯為社稷之臣何用滅之為

有曰夫子欲之吾二臣者皆不欲也孔曰歸咎於季氏孔
子曰求周任有言曰陳力就列不能者止馬曰周任
古之良史言當陳其才力度已所任以就其位不能則當止危而不持顛而不扶
則將焉用彼相矣包曰言輔相人者當能持危扶顛若不能何用相為且爾言
過矣虎兕出於柙龜玉毀於櫝中是誰之過與
馬曰柙檻也櫝匱也失虎毀玉豈非典守之過邪冉有曰今夫顓臾固而近
於費馬曰固謂城郭完堅兵甲利也費季氏邑今不取後世必為子孫
憂孔子曰求君子疾夫孔曰疾如女之言舍曰欲之而
必為之辭孔曰舍其貪利之說而更作他辭是所疾也丘也聞有國有家
者不患寡而患不均孔曰國諸侯家卿大夫不患土地人民之寡少患政理之不均

寡不患貧而患不安孔曰憂不能安民耳民安則國富蓋均無貧和無寡安無傾包曰政教均平則不貧矣上下和同不患寡矣小大安寧不傾危矣夫如是故遠人不服則脩文德以來之既來之則安之今由與求也相夫子遠人不服而不能來也邦分崩離析而不能守也孔曰民有異心曰分欲去曰崩不可會聚曰離析而謀動干戈於邦内孔曰干楯也戈戟也吾恐季孫之憂不在顓臾而在蕭牆之内也鄭曰蕭之言肅也牆謂屏也君臣相見之禮至屏而加肅敬焉是以謂之蕭牆後季氏家臣陽虎果囚季桓子

【疏】季氏至内也 ○正義曰此章論魯卿季氏專恣征伐之事也季氏將伐顓臾者顓臾伏羲之後風姓之國本魯之附庸當時臣屬於魯而季氏貪其土地欲滅而取之也冉有季路見於孔子曰季氏將有事於顓臾者冉有季路為季氏臣來告孔子言季氏將有征伐之

事於顓臾也孔子曰求無乃爾是過與者無乃也爾女也雖二子同來告以冉求爲季氏宰相其室爲之聚斂故孔子獨疑求教之言將伐顓臾乃女是罪過與與疑辭也夫顓臾昔者先王以爲東蒙主者言昔者先王始封顓臾爲附庸之君使主祭蒙山蒙山在東故曰東蒙且在邦域之中矣者魯之封域方七百里顓臾爲附庸在其域中也是社稷之臣也何以伐爲者言顓臾已屬魯爲社稷之臣何用伐滅之爲冉有曰夫子欲之吾二臣者皆不欲也者夫子謂季氏也冉有歸其咎惡於季氏也故言季氏欲伐我二人皆不欲也孔子曰求周任有言曰陳力就列不能者止者周任古之良史也夫子見冉有歸咎於季氏故呼其名引周任之言以責之言爲人臣者當陳其才力度已所任以就其列位不能則當自止退也危而不持顛而不扶則將焉用彼相矣者相謂輔相焉何也言輔相人者當持其主之傾危扶其主之顛躓若其不能何用彼相爲曰爾言過矣者爾汝也汝爲季氏輔相而歸咎於季氏是汝之言罪過矣虎兕出於柙龜玉毀於櫝中是誰之過與者此又爲輔相之人作譬也柙檻也櫝匱也虎兕皆猛獸故設檻以制之龜玉皆大寶故設匱以藏之若虎兕失出於檻龜玉損毀於匱中是誰之過與言是典守者之過也以喻前主君有闕是輔相者之過也冉有曰今夫顓臾

固而近於費今不取後世必爲子孫憂者此冉有乃自言欲伐顓臾之意也固謂城郭〔完〕堅兵甲利也費季氏邑言今夫顓臾城郭甲兵堅固而又近於費邑若今不伐而取之後世必爲季氏子孫之憂也孔子曰求君子疾夫舍曰欲之而必爲之辭者孔子見冉有言將伐顓臾之意故又呼冉有名而責之如彼之言君子所惜疾夫以舍其貪利之說而更作他辭是所疾也丘也聞有國有家者不患寡而患不均者此下孔子又爲言其正治之法以示非虛說故云丘也聞國謂諸侯家謂卿大夫言爲諸侯卿大夫者不患土地人民之寡少但患政理之不均平也不患貧而患不安者言不憂國家貧但憂不能安民耳民安則國富也蓋均無貧和無寡安無傾者孔子既陳其所聞更爲言其理蓋言政教均平則不貧矣上下和同不患寡矣小大安寧不傾危矣如上所聞此應云均無寡安無貧而此乃云均無貧和無寡安無傾者欲見政教均平又須上下和睦然後國富民多而社稷不傾危也故衍其文耳夫如是故遠人不服則修文德以來之既來之則安之者言夫政教能均平和安如此故遠方之人有不服者則當修文德使遠人慕其德化而來遠人既來當以恩惠安存之今由與求也相夫子者謂冉有季路輔相季氏也遠人不服而不能來也者謂不修文德也邦分崩離析而不能守

也者民有異心曰分欲去曰崩不可會聚曰離析言國内之民叚不能以恩惠安撫致有異心不可會聚莫能固守也而謀動干戈於邦内者謂將伐顓臾也吾恐季孫之憂不在顓臾而在蕭牆之内也蕭牆謂屏也蕭之言肅也君臣相見之禮至屏而加肅敬焉是以謂之蕭牆孔子聖人有先見之明見季氏家臣擅命必知將爲季氏之禍因冉有言顓臾後世必爲子孫憂故言吾恐季孫之憂不遠在顓臾而近在蕭牆之内後季氏家臣陽虎果囚季桓子○註孔曰至孔子○正義曰云顓臾伏羲之後風姓之國者僖二十一年左傳云任宿須句顓臾風姓也實司太皞與有濟之祀杜註云太皞伏義四國伏羲之後故主其祀顓臾在泰山南武陽縣東北是也云本魯之附庸當時臣屬魯者王制云公侯田方百里伯七十里子男五十里不能五十里者不合於天子附於諸侯曰附庸鄭註云不合謂不朝會也小城曰附庸附庸者以國事附於大國未能以其名通也言此顓臾始封爲附庸之君以國事附於魯耳猶不爲魯臣故曰魯之附庸春秋之世强陵弱衆暴寡故當此季氏之時而顓臾已屬魯爲臣故曰當時臣屬魯也○註使主祭蒙山○正義曰禹貢徐州云蒙羽其藝地理志云泰山蒙陰縣蒙山在西南有祠顓臾國在蒙[illegible]七百里之封顓臾爲附庸在其域中○正義

曰明堂位曰成王以周公爲有勲勞於天下是以封周公於曲阜地方七百里革車千乘鄭註云曲阜魯地上公之封地方五百里加魯以四等之附庸方百里者二十四并五五二十五積四十九開方之得七百里言其顓臾爲附庸在此七百里封域之中也○註周任古之良史○正義曰周大夫也與史佚臧文仲並古人立言之賢者也○馬曰至過邪○正義曰云柙檻也者說文云柙檻也檻櫳也一曰圈以藏虎兕爾雅云兕野牛郭璞云一角青色重千斤說文云兕如野牛青色其皮堅厚可制鎧交州記曰兕出九德有一角角長三尺餘形如馬鞭柄是也云櫝匵也者亦說文云也○註孔曰干楯也戈戟也○正義曰干一名楯今謂之旁牌方言云楯自關而東或謂之楯或謂之干關西謂之楯是干楯爲一也施紛以持之孔註尚書費誓云施乃楯紛紛如授而小繫於楯以持之且以爲飾也干扞也並之以扞敵故敿誓云叱爾干也戈者考工記云戈柲六尺有六寸其刃廣二寸內倍之胡三之援四之鄭玄註云戈今句孑戟也或謂之鷄鳴或謂之擁頸內謂胡以內接柲者也長四寸胡六寸援八寸鄭司農云援直刃也胡其孑

孔子曰天下有道則禮樂征伐自天子出天下無道則禮樂

征伐自諸侯出自諸侯出蓋十世希不失矣孔曰希少也周幽王爲犬戎所殺平王東遷周始微弱諸侯自作禮樂專行征伐始於隱公至昭公十世失政死於乾侯矣自大夫出五世希不失矣孔曰季文子初得政至桓子五世爲家臣陽虎所囚陪臣執國命三世希不失矣馬曰陪重也謂家臣陽虎爲季氏家臣至虎三世而出奔齊天下有道則政不在大夫孔曰制之由君天下有道則庶人不議孔曰無所非議

【疏】孔曰至不議○正義曰此一章論天下有道無道禮樂征伐所出不同及言衰失之世數也孔子曰天下有道則禮樂征伐自天子出者王者功成制禮治定作樂立司馬之官掌九伐之法諸侯不得制作禮樂賜弓矢然後專征伐是天下有道之時禮樂征伐自天子出也天下無道則禮樂征伐自諸侯出者謂天子微弱諸侯上僭自作禮樂專行征伐也自諸侯出蓋十世希不失矣者希少也言政出諸侯不過十世必失其位不失者少也若魯昭公出奔齊是也自大夫出五世希不失矣者言政在大夫不過五世必失其位不失

者少矣若魯大夫季桓子爲陽虎所囚是也陪臣執國命三世希不失矣者陪重也謂家臣也大夫已爲臣故謂家臣爲陪臣言陪臣擅權執國之政命不過三世必失其位不失者少矣若陽虎三世而出奔齊是也天下有道則政不在大夫者言爲政命制之由君也天下有道則庶人不議者議謂謗訕言天下有道則上酌民言以爲政教所行皆是則庶人無有非毁謗議也○註孔曰至乾侯○正義曰云周幽王爲犬戎所殺平王東遷者案周本紀云幽王三年嬖褒姒生伯服幽王欲廢太子太子母申侯女而爲后幽王得褒姒愛之欲廢申后并去太子用褒姒爲后以其子伯服爲太子幽王之廢后去太子也申侯怒乃與繒西夷犬戎共攻幽王幽王舉烽火徵兵兵莫至遂殺幽王驪山下虜褒姒盡取周賂而去隱六年左傳稱周桓公言於王曰我周之東遷晉鄭焉依周本紀又云於是諸侯乃即申侯而共立故幽王太子宜臼是爲平王也云周始微弱者地理志云幽王淫褒姒滅宗周子平王東居洛邑於是王室之尊與諸侯無異其詩不能復雅故其詩謂之王國風是周始微弱也云諸侯自作禮樂者謂僭爲天子之禮樂若魯昭公之比也案昭二十五年公羊傳云子家駒曰諸侯僭於天子大夫僭於諸侯久矣昭公曰吾何僭矣哉子家駒曰設兩觀乘大輅朱干玉戚以舞大夏八

佾以舞大武是也云專征伐者謂不由王命專擅行其征伐春秋之時諸侯皆是也云始於隱公至昭公十世失政死於乾侯者隱公名息姑伯禽七世孫惠公弗皇子聲子所生平王四十九年即位是王室微弱政在諸侯始於隱公隱公卒弟桓公允立卒子莊公同立卒子閔公開立卒兄僖公申立卒子文公興立卒子宣公俀立卒子成公黑肱立卒子襄公午立卒子昭公裯立是爲十世也春秋昭公二十五年公孫於齊三十二年卒於乾侯是也○註孔曰至所因○正義曰季文子初得政至桓子五世者謂文子武子悼子平子桓子爲五世也云爲家臣陽虎所囚者定五年左傳云九月乙亥陽虎囚季桓子及公父文伯是也○註陽虎至奔齊○正義曰魯伐陽虎陽虎出奔齊在定九年

孔子曰祿之去公室五世矣鄭曰言此之時魯定公之初魯自東門襄仲殺文公之子赤而立宣公於是政在大夫爵祿不從君出至定公爲五世矣政逮於大夫四世矣孔曰文子武子悼子平子故夫三桓之子孫微矣孔曰三桓謂仲孫叔孫季孫三卿皆出桓公故曰三桓也仲孫氏改其氏稱孟氏至哀公皆衰

疏孔子至微矣○正義曰此章言魯公室微弱政在大夫也

孔子曰祿之去公室五世矣者謂政在大夫爵祿[illegible]君出
始於宣公言此之時在魯定公之初故爲五世[illegible]逮於大
夫四世矣者逮及也言君之政令及於大夫至今四世矣謂
季文子武子悼子平子也故夫三桓之子孫微矣者三桓謂
仲孫叔孫季孫三卿皆出桓公故曰三桓也仲孫氏改其氏
稱孟氏以禮樂征伐自大夫出五世希不失故夫三桓子孫
至哀公時皆衰微也○註鄭曰至世矣○正義曰魯自東門
襄仲殺文公之子赤而立宣公者文十八年左傳云文公子
妃敬嬴生宣公敬嬴嬖而私事襄仲宣公長而屬諸襄仲欲
立之叔仲不可仲見于齊侯而請之齊侯新立而欲親魯許
之冬十月仲殺惡及視而立宣公是也公羊傳作子赤襄仲
居東門故曰東門襄仲云至定公爲五世矣者謂宣公成公
襄公昭公定公也○註孔曰文子武子悼子
平子○正義曰此據左傳及世家文也

孔子曰益者三友損者三友友直友諒友多聞益矣友便辟馬曰便辟巧辟人之所忌以求容媚友善柔馬曰面柔也友便佞損矣鄭曰便辯也謂佞而辯

疏孔子至損矣○正義曰此章戒人擇友也益者三友損者三友者以人爲友損益於已其類各三也友直

友諒友多聞益矣者直謂正直諒謂誠信多聞謂博學以此三種之人爲友則有益於己也友便辟友善柔友便佞損矣者便辟巧辟人之所忌以求容媚者也善柔謂面柔和顔說色以誘人者也便辯也謂佞而復辯以此三種之人爲友則有損於己也

孔子曰益者三樂損者三樂樂節禮樂動得禮樂之節樂道人之善樂多賢友益矣樂驕樂孔曰恃尊貴以自恣樂佚遊王曰佚遊出入不節樂宴樂損矣孔曰宴樂沈荒淫瀆三者自損之道

【疏】孔子至損矣○正義曰此章言人心樂好損益之事各有三種也樂節禮樂者謂凡所動作皆得禮樂之節也樂道人之善者謂好稱人之美也樂多賢友者謂好多得賢人以爲朋友也言好此三者於身有益也樂驕樂者謂恃尊貴以自恣也樂佚遊者謂好出入不節也樂宴樂者謂好沈荒淫瀆也言好此三者自損之道也○註沈荒淫瀆○正義曰云沈若書微子云沈酗於酒言人以酒亂若沈沒於水故以耽酒爲沈也荒者廢也謂有所好樂而廢所掌之職事也書云酒荒於厥邑内作色荒外作禽荒皆是淫訓過也言耽酒爲過差也瀆者媟慢也言無復禮節也　孔

子曰侍於君子有三愆孔曰愆過也言未及之而言謂之躁鄭曰躁不安靜言及之而不言謂之隱孔曰隱匿不盡情實未見顏色而言謂之瞽周曰未見君子顏色所趣嚮而便逆先意語者猶瞽也

疏孔子至之瞽○正義曰此章戒卑侍於尊審慎言語之法也侍於君子有三愆者愆過也言卑侍於尊有三種過失之事言未及之而言謂之躁者謂君子言事未及於已而輒先言是謂躁動不安靜也言及之而不言謂之隱者謂君子言論及已已應言而不言是謂隱匿不盡情實也未見顏色而言謂之瞽者瞽謂無目之人也言未見君子顏色所趣嚮而便逆先意語者猶若無目人也

孔子曰君子有三戒少之時血氣未定戒之在色及其壯也血氣方剛戒之在鬭及其老也血氣既衰戒之在得孔曰得貪得

疏孔子至在得○正義曰此章言君子之人自少及老有三種戒慎之事也少之時血氣未定戒之在色者少謂人年二十九以

下血氣猶弱筋骨未定貪色則自損故戒之及其壯也血氣方剛戒之在鬬者壯謂氣力方當剛強喜於爭鬬故戒之及其老也血氣既衰戒之在得者老謂五十以上得謂貪得血氣既衰多好聚斂故戒之

孔子曰君子有三畏畏天命順吉逆凶天之命也畏大人大人即聖人與天地合其德畏聖人之言深遠不可易知測聖人之言也小人不知天命而不畏也恢疏故不知畏狎大人直而不肆故狎之侮聖人之言不可小知故侮之

疏孔子至之言○正義曰此章言君子小人敬慢不同也君子有三畏者心服曰畏言君子心所畏服有三種之事也畏天命者謂作善降之百祥作不善降之百殃順吉逆凶天之命也故君子畏之畏大人者大人即聖人也與天地合其德故君子畏之畏聖人之言者聖人之言深遠不可易知測故君子畏之也小人不知天命而不畏也者言小人與君子相反天道恢疏故小人不知畏也狎大人者狎謂慣忽聖人直而不肆故小人忽之侮聖人之言者侮謂輕慢聖人之言不可小知故小人輕慢之而不行也○註順吉逆凶天之命也○正義曰虞書大禹謨云惠迪吉從逆凶惟影

響孔安國云惠迪吉從逆凶吉凶之報若影之隨形響之應
聲言不虛道即天命也天命無不報故可畏之○註大人即
聖人與天地合其德○正義曰易云利見大人即聖人也乾
卦文言云夫大人者與天地合其德注氏云謂覆載也與日
月合其明謂照臨也與四時合其序若賞以春夏刑以秋冬
之類也與鬼神合其吉凶若福善禍淫也此獨舉天地合其
德者舉一隅也○註恢疏故不知畏○正義曰案老子德經
云天網恢恢疏而不失言天之網羅恢恢疏遠刑淫賞善不
失毫分也○註直而不肆故狎之○正義曰肆謂
放肆言大人質直而不放肆故小人輕狎之也　孔子曰
生而知之者上也學而知之者次也困而學之
又其次也孔曰困謂有所不通困而不學民斯為下矣疏孔子
至下矣○正義曰此章勸人學也生而知之者上也者謂聖
人也學而知之者次也者言由學而知道次於聖人謂賢人
也困而學之又其次也者人本不好學因其行事有所困[illegible]
不通發憤而學之者復次於賢人也困而不學民斯為下矣
者謂知困而不能學此為下愚之民也○註孔曰困謂有所
不通○正義曰言於事不能通達者也左傳昭七年公如楚

孟僖子爲介不能相儀及楚不能荅郊勞九月公至自楚孟僖子病不能相禮乃講學之是其困而學之者也

孔子曰君子有九思視思明聽思聰色思溫貌思恭言思忠事思敬疑思問忿思難見得思義

疏孔子至思夫 正義曰此章言君子有九種之事當用心思慮使合禮義也視思明者目覩爲視見微爲明言君子覩視當思見微若離婁也聽思聰者耳聞爲聽聽遠爲聰言君子耳聽當思聞遠若師曠也色思溫者顏色不可嚴猛當思溫和也貌思恭者體皃接物不可驕亢當思恭遜也言思忠者凡所言論不可隱欺當思盡其忠心也事思敬者凡人執事多惰慢君子當思謹敬也疑思問者己有疑事不使在躬當思問以辨之也忿思難者謂人以非理忤己己必忿怒心雖忿怒不可輕易當思其後得患難也若一朝之忿忘其身以及其親是不思難者也見得思義者言若有所得當思義然後取不可苟也

孔子曰見善如不及見不善如探湯吾見其人矣吾聞其語矣孔曰探湯喻去惡疾隱居以求其志

行義以達其道吾聞其語矣未見其人也【疏】孔子至人也○正義曰此章言善人難得也見善如不及者言為善常汲汲也見不善如探湯者人之探試熱湯其去之必速以脩前見惡事去之疾也吾見其人矣吾聞其語矣者言今人與古人皆有能若此者也隱居以求其志者謂隱遯幽居以求遂其己志也行義以達其道者謂好行義事以達其仁道也吾聞其語矣未見其人也者言但聞其語說古有此行之人也今則無有故未見其人也

齊景公有馬千駟死之日民無德而稱焉孔曰千駟四千匹伯夷叔齊餓于首陽之下馬曰首陽山在河東蒲坂縣華山之北河曲之中民到于今稱之其斯之謂與王曰此所謂以德為稱【疏】齊景公至謂與○正義曰此章貴德也齊景公有馬千駟死之日民無德而稱焉者景公齊君景謚也馬四匹為駟千駟四千匹也言齊君景公雖富有千駟及其死也無德可稱伯夷叔齊餓于首陽之下民到于今稱之其斯之謂與者夷齊孤竹君之二子讓位適周遇武王伐紂諫之不入及武王既誅紂義不食周粟故于河東

郡蒲坂縣首陽山下采薇而食終餓死雖然窮餓民到于今稱之以爲古之賢人其此所謂以德爲稱者與

陳亢問於伯魚曰子亦有異聞乎馬曰以爲伯魚孔子之子所聞當有異對曰未也嘗獨立孔曰獨立謂孔子鯉趨而過庭曰學詩乎對曰未也不學詩無以言鯉退而學詩他日又獨立鯉趨而過庭曰學禮乎對曰未也不學禮無以立鯉退而學禮聞斯二者陳亢退而喜曰問一得三聞詩聞禮又聞君子之遠其子也

疏「陳亢至子也」○正義曰此章勉人爲詩爲禮也陳亢問於伯魚曰子亦有異聞乎者伯魚孔子之子鯉也弟子陳亢以爲伯魚是孔子之子所聞當有異於餘人故問之對曰未也者荅言未有異聞也嘗獨立鯉趨而過庭曰學詩乎對曰未也不學詩無以言鯉退而學詩者伯魚對陳亢言雖未有異聞有時夫子曾獨立於堂鯉疾趨而過其中庭夫子

謂已曰學詩乎已即對曰未也夫子又言不學詩無以言以古者會同皆賦詩見意若不學之何以為言也鯉於是退而遂學通於詩也他日又獨立鯉趨而過庭曰學禮乎對曰未也不學禮無以立鯉退而學禮者謂異日夫子又嘗獨立而伯魚趨過夫子訓之曰學禮乎荅言未也夫子又言若不學禮無以立身以禮者恭儉莊敬人有禮則安無禮則危故不學之則無以立其身也鯉於是退而學通於禮聞斯二者蓋言別無異聞但聞此詩禮二者也陳亢退而喜者既問伯魚退而喜悅也曰問一得三聞詩聞禮又聞君子之遠其子也者亢言始但問異聞是問一也今乃聞詩可以言禮可以立也且鯉也過庭方始受訓則知不常嘻嘻褻慢是又聞君子之疏遠其子也故為得三所以喜也

邦君之妻君稱之曰夫人夫人自稱曰小童邦人稱之曰君夫人稱諸異邦曰寡小君異邦人稱之亦曰君夫人

孔曰小君君夫人之稱對異邦謙故曰寡小君當此之時諸侯嫡妾不正稱號不審故孔子正言其禮也

【疏】邦君至夫人○正義曰此章正夫人之名稱也邦君之妻者諸侯之夫人也妻者齊也言與夫齊體上下

之通稱故曰邦君之妻也君稱之曰夫人者夫之言扶也能扶成人君之德也邦君自稱其妻則曰夫人也夫人自稱曰小童者自稱謙言已小弱之童稚也邦人稱之曰君夫人者謂國中之臣民言則繫君而稱之言是君之夫人故曰君夫人也稱諸異邦曰寡小君者諸於也謂已國臣民稱已君之夫人於他國之人則曰寡小君對異邦謙也以對異邦稱君曰寡君謙言寡德之君夫人對君為小故曰寡小君也異邦人稱之亦曰君夫人者謂稱他國君妻亦曰君夫人也以當此之時諸侯嫡妾不正稱號不審故孔子正言其禮也

論語註疏解經卷第十六

論語註疏解經卷第十七

陽貨第十七　何晏集解　邢昺疏

【疏】正義曰此篇論陪臣專恣因明性習知愚禮樂本末六蔽之惡二南之美君子小人爲行各異今之與古其疾不同以前篇首章言大夫之惡此篇首章記家臣之亂尊卑之差故以相次也

陽貨欲見孔子孔子不見孔曰陽貨陽虎也季氏家臣而專魯國之政欲見孔子使仕歸孔子豚孔曰欲使往謝故遺孔子豚孔子時其亡也而往拜之遇諸塗孔曰塗道也於道路與相逢謂孔子曰來予與爾言曰懷其寶而迷其邦可謂仁乎曰不可馬曰言孔子不仕是懷寶也知國不治而不爲政是迷邦也好從事而亟失時可謂知乎曰不可孔曰言孔子栖栖好從事而數不遇失時不得爲有知日月逝矣

歲不我與馬曰年老歲月已往當急仕孔子曰諾吾將仕矣

孔曰以順辭免【疏】陽貨至仕矣○正義曰此章論家臣專恣孔子遜辭遠害之事也陽貨欲見孔子者陽貨陽虎
也蓋名虎字貨為季氏家臣而專魯國之政欲見孔子將使
之仕也孔子不見者疾其家臣專政故不與相見歸孔子豚
者歸遺也豚豕之小者陽貨欲使孔子往謝因得從容見之
故遺孔子豚也孔子時其亡而往拜之者謂伺虎不在家時
而往謝之也遇諸塗者塗道也孔子既至貨家而反於道路
與相逢也謂孔子曰來予與爾言者貨呼孔子使來就已言
我誨汝有所言也曰懷其寶而迷其邦可謂仁乎者此陽貨
謂孔子之言也寶以喻道德言孔子不仕是懷藏其道德也
知國不治而不為政是使迷亂其國也仁者當拯弱興衰使
功被當世今汝乃懷寶迷邦可以謂之仁乎曰不可者此孔
子遜辭言如此者不可謂之仁也好從事而亟失時可謂知
乎者此亦陽貨謂孔子辭亟數也言孔子棲棲好從事而數
不遇失時可謂有知者乎不得為有知也曰不可者此亦孔
子遜辭言如此者不可謂之知也曰月逝矣歲不我與者此
陽貨勸孔子求仕之辭逝往也言孔子年老歲月已往不復
留待我也當急求仕孔子曰諾吾將仕矣者諾應辭也孔子

知其勸仕故應答之言我將求仕以順辭免去也

子曰性相近也習相遠也孔曰君子慎所習

子曰唯上知與下愚不移孔曰上知不可使爲惡下愚不可使強賢

疏子曰性相近也習相遠也子曰唯上知與下愚不移○正義曰此章言君子當慎其所習也性謂人所稟受以生而靜者也未爲外物所感則人皆相似是近也既爲外物所感則習以性成若習於善則爲君子若習於惡則爲小人是相遠也故君子慎所習然此乃是中人耳其性可上可下故遇善則升逢惡則墜也孔子又嘗曰唯上知聖人不可移之使爲惡下愚之人不可移之使強賢此則非如中人性習相近遠也

子之武城聞弦歌之聲孔曰子游爲武城宰夫子莞爾而笑莞爾小笑貌曰割雞焉用牛刀孔曰言治小何須用大道子游對曰昔者偃也聞諸夫子曰君子學道則愛人小人學道則易使也孔曰道謂禮樂也樂以和人人和則易使子曰二三子孔曰從行者偃之

論語疏　卷十七

言是也前言戲之耳　孔曰戲以治小而用大道

【疏】「子之」至「之耳」。○正義曰：此章論治民之道也。「子之武城，聞弦歌之聲」者，之，適也。武城，魯邑名。時子游爲武城宰，意欲以禮樂化導於民，故弦歌。孔子因適武城而聞其聲也。「夫子莞爾而笑曰：割雞焉用牛刀」者，莞爾，小笑皃。言雞乃小牲，割之當用小刀，何用解牛之大刀。以喻治小何須用大道。今子游治小用大，故笑之。「子游對曰：昔者偃也聞諸夫子曰：君子學道則愛人，小人學道則易使也」者，子游見孔子笑其治小用大，故稱名而引昔聞夫子之言以對之。道謂禮樂也。禮節人心，樂和人聲。言若在位君子學禮樂則愛養下人也，若在下小人學禮樂則人和而易使也。「子曰：二三子」者，呼其弟子從行者也。「偃之言是也，前言戲之耳」者，孔子語其從者，言子游之說是，我前言戲之，以治小而用大道，其實用大是也。

公山弗擾以費畔，召，子欲往。　孔曰：弗擾爲季氏宰，與陽虎共執季桓子，而召孔子。

子路不說，曰：「末之也已，何必公山氏之之也？」　孔曰：之，適也。無可之則止，何必公山氏之適。

子曰：「夫召我者而豈徒哉？如有用我者，吾

其爲東周乎興周道於東方故曰東周【疏】公山至周乎○正義曰此章論孔子欲不避亂
而興周道也公山弗擾以費畔召子欲往者弗擾即左傳公
山不狃也字子洩爲季氏費邑宰與陽虎共執季桓子據邑
以畔來召孔子孔子欲往從之也子路不說曰末之也已何
必公山氏之之也者上下二之俱訓爲適末無也已止也子
路以爲君子當去亂就治今孔子乃欲就亂故不喜說且曰
無可適也則止之何必公山氏之適也子曰夫召我者而豈
徒哉如有用我者吾其爲東周乎者孔子荅其欲往之意也
徒空也言夫人召我者豈空然哉必將用我道也如有用我
道者我則興周道於東方其使魯爲周乎吾是以不擇地而
欲往也○注弗擾爲季氏宰與陽虎共執季桓子○正義曰
案定五年左傳曰六月季平子行東野還未至丙申卒于房
陽虎將以璵璠斂仲梁懷弗與曰改步改玉陽虎欲逐之告
公山不狃不狃曰彼爲君也子何怨焉既葬桓子行東野及
費子洩爲費宰逆勞於郊桓子敬之勞仲梁懷仲梁懷弗敬
子洩怒謂陽虎子行之乎九月乙亥陽虎囚季桓子是其事
也至八年又與陽虎謀殺桓子陽虎敗而出至十二年季氏
將墮費公山不狃叔孫輒率費人以襲魯國人敗諸姑蔑二子奔齊

子張問仁於孔子孔

子曰能行五者於天下爲仁矣請問之曰恭寬信敏惠恭則不侮孔曰不見侮慢寬則得衆信則人任焉敏則有功孔曰應事疾則多成功惠則足以使人疏子張至使人○正義曰此章明仁也子張問仁於孔子者問何如斯可謂之仁也孔子曰能行五者於天下爲仁矣者言爲仁之道有五也請問之者子張復請問五者之目也曰恭寬信敏惠者此孔子略言爲仁五者之名也恭則不侮者此下孔子又歷説五者之事也言己若恭以接人人亦恭以待己故不見侮慢寬則得衆者言行能寬簡則爲衆所歸也信則人任焉者言而有信則人所委任也敏則有功者敏疾也應事敏疾則多成功也惠則足以使人者有恩惠則人忘其勞也佛肸召子欲往孔曰晉大夫趙簡子之邑宰子路曰昔者由也聞諸夫子曰親於其身爲不善者君子不入也孔曰不入其國佛肸以中牟畔子之往也如之何子曰然有

是言也不曰堅乎磨而不磷不曰白乎涅而不緇孔曰磷薄也涅可以染皁言至堅者磨之而不薄至白者染之於涅而不黑喻君子雖在濁亂濁亂不能汚吾豈匏瓜也哉焉能繫而不食匏瓠也言瓠瓜得繫一處者不食故也吾自食物當東西南北不得如不食之物繫滯一處

疏佛肸至不食○正義曰此章亦言孔子欲不擇地而治也佛肸召子欲往者佛肸爲晉大夫趙簡子之中牟邑宰以中牟畔來召孔子孔子欲往從之也子路曰昔者由也聞諸夫子曰親於其身爲不善者君子不入也者言君子不入不善之國也佛肸以中牟畔子之往也如之何者言今佛肸以中牟畔則是身爲不善而子欲往如前言何子曰然有是言也者孔子荅云雖有此不入不善之言也不曰堅乎磨而不磷不曰白乎涅而不緇者孔子之意雖言不入不善緣君子見幾而作亦有可入之理故謂之作譬磷薄也涅水中黑土可以染皁緇黑色也人豈不曰至堅者磨之而不薄至白者染之於涅而不黑以喻君子雖居濁亂濁亂不能汚也吾豈匏瓜也哉焉能繫而不食者孔子又爲言其欲往之意也匏瓠也瓠瓜得繫一處者不食故也吾自食物當東西南北

不得如不食之物繫滯一處江熙云夫子豈實之公山佛肸乎欲往之意以示無係以觀門人之意如欲居九夷乘桴浮于海耳子路見形而不及道故聞乘桴而喜聞之公山而不說升堂而未入室安得聖人之趣

子曰由也女聞六言六蔽矣乎六言六蔽者謂下六事仁知信直勇剛也對曰未也居吾語女孔曰子路起對故使還坐好仁不好學其蔽也愚孔曰仁者愛物不知所以裁之則愚好知不好學其蔽也蕩孔曰蕩無所適守好信不好學其蔽也賊孔曰父子不知相爲隱之輩好直不好學其蔽也絞好勇不好學其蔽也亂好剛不好學其蔽也狂孔曰狂妄抵觸人

【疏】子曰至也狂○正義曰此章勸學也子曰由也女聞六言六蔽矣乎者蔽謂蔽塞不自見其過也孔子呼子路而問之曰汝嘗聞六言不學而皆蔽塞者乎對曰未也者子路對言未曾聞也居吾語女者居由坐也禮君子問更端則起子路起對故使還坐吾將語女也好仁不好學其蔽也愚者此下

疏説六言六蔽之事也學者覺也所以覺寤未知也仁之[illegible]
行學則不固是以愛物好與曰仁若但好仁不知所以裁之
所蔽不當則如愚人也好知不好學其蔽也蕩者明照於事
曰知若不學以裁之則其蔽在於蕩逸無所適守也好信不
好學其蔽也賊者人言不欺爲信則當信義若但好信而不
學以裁之其蔽在於賊害父子不知相爲隱之輩也好直不
好學其蔽也絞者絞切也正人之曲曰直若好直不好學則
失於譏刺太切好勇不好學其蔽也亂者勇謂果敢當學以
知義若好勇而不好學則是有勇而無義則爲賊亂好剛不
好學其蔽也狂者狂猶妄也剛者無欲不爲曲求若好恃其
剛不學以制之則其蔽也妄抵觸人子曰小子何莫學夫詩包曰小子門人也
詩可以興孔曰興引譬連類可以觀鄭曰觀風俗之盛衰可以羣孔曰羣居
相切磋可以怨孔曰怨刺上政邇之事父遠之事君孔曰邇近也
多識於鳥獸草木之名子謂伯魚曰女爲周南
召南矣乎人而不爲周南召南其猶正牆面而

立也與馬曰周南召南國風之始樂得淑女以配君子三綱之首王教之端故人而不爲如向牆而立

【疏】子曰至也與○正義曰此章勸人學詩也子曰小子何莫學夫詩者小子門人也莫不也孔子呼門人曰何不學夫詩也詩可以興者又爲說其學詩有益之理也若能學詩詩可以令人能引譬連類以爲比興也可以觀者詩有諸國之風俗盛衰可以觀覽知之也可以羣者詩有如切如瑳可以羣居相切磋也可以怨者詩有君政不善則風刺之言之者無罪聞之者足以戒故可以怨刺上政邇之事父遠之事君者邇近也詩有凱風白華相戒以養是有近之事父之道也又有雅頌君臣之法是有遠之事君之道也言事父與君皆有其道也多識於鳥獸草木之名者言詩人多記鳥獸草木之名以爲比興則因又多識於此鳥獸草木之名也子謂伯魚曰女爲周南召南矣乎者爲猶學也孔子謂其子伯魚曰女學周南召南之詩矣乎人而不爲周南召南其猶正牆面而立也與者又爲說宜學周南召南之意也牆面面向牆也周南召南國風之始二綱之首王教之端故人若學之則可以觀興人而不爲則如面正向牆而立無所覩見也○注周南至而立正義曰云周南召南國風之始者詩序云然則關雎麟趾之化王者之風故繫之周公南言化自北而南也鵲巢騶

賢之德諸侯之風也先王之所以教故繫之召公周南召南
正始之道王化之基是以周南召南二十五篇謂之正國風
爲十五國風之始也云樂得淑女以配君子者亦詩關雎序
文也言二南皆是正始之道先美家内之化是以關雎之化
説后妃心之所樂樂得此賢善之女以配己之君子也云三
綱之首王化之端者白虎通云三綱者何謂謂君臣父子夫
婦也君爲臣綱父爲子綱夫爲妻綱有夫婦然後有父子有
父子然後有君臣二南之詩首論夫婦文王刑于寡妻至于
兄弟以御于家邦是故二國之詩以后妃夫人之德爲首終
以麟趾騶虞言后妃夫人有斯德興助其君子皆可以成功
至于致嘉瑞故爲三綱之首王教之端也

子曰禮云禮云玉帛云乎哉鄭曰玉圭璋之屬帛束帛之屬言禮非但崇此玉帛而已所貴者乃貴其安上治民

樂云樂云鐘鼓云乎哉馬曰樂之所貴者移風易俗非謂鐘鼓而已

【疏】子曰至乎哉○正義曰此章辨禮樂之本
也子曰禮云禮云玉帛云乎哉者玉圭璋之屬帛束帛之屬
皆行禮之物也言禮之所云豈在此玉帛云乎者哉言非但
崇此玉帛而已所貴者在於安上治民樂云樂云鐘鼓云乎
哉者鐘鼓樂之器也樂之所貴者貴其移風易俗非謂貴此

鍾鼓鏗鏘而已故孔子歎之重言之者深明樂之本不在玉帛鍾鼓也 子曰色厲而內荏孔曰荏柔也爲外自矜厲而內柔佞 譬諸小人其猶穿窬之盜也與孔曰爲人如此猶小人之有盜心穿穿壁窬窬牆【疏】子曰色厲而內荏譬諸小人其猶穿窬之盜也與○正義曰此章疾時人體與情反也厲矜莊也荏柔佞也穿穿壁窬窬牆也言外自矜厲而內柔佞爲人如此譬之猶小人外雖持正內常有穿壁窬牆竊盜之心也與 子曰鄉原德之賊也周曰所至之鄉輒原其人情而爲意以待之是賊亂德也一曰鄉向也古字同謂人不能剛毅而見人輒原其趣嚮容媚而合之言此所以賊德也【疏】子曰鄉原德之賊也○正義曰此章疾時人之詭隨也舊辭有二周曰所至之鄉輒原其人情而爲意以待之是賊亂德也何晏云一曰鄉向也古字同謂人不能剛毅而見人輒原其趣嚮容媚而合之言此所以賊德也 子曰道聽而塗說德之棄也馬曰聞之於道路則傳而說之【疏】子曰道聽而塗說德之棄也○正義曰此章疾時人不習而傳之也塗亦道也言聞之於道路則於道路傳而說之必多謬妄爲有

德者所棄也 子曰：鄙夫可與事君也與哉 孔曰：言不可與事君。其未得之也，患得之。患得之者，患不能得之，楚俗言。既得之，患失之。苟患失之，無所不至矣。鄭曰：無所不至者，言其邪媚無所不爲。

疏 子曰鄙夫至至矣○正義曰：此章論鄙夫之行也。子曰：鄙夫可與事君也與哉者，言凡鄙之人不可與之事君也。其未得之也患得之者，此下明鄙夫不可與事君之由也。患得之者，患不能得也，言其初未得事君也，時常患己不能得事君也。既得之患失之者，言不能任直守道，常憂患失其祿位也。苟患失之無所不至矣者，苟，誠也。若誠憂失之，則用心固惜寵位偷安，言其邪媚無所不爲也。以此故不可與事君也。

子曰：古者民有三疾，今也或是之亡也。包曰：言古者民疾與今時異。古之狂也肆，包曰：肆，極意敢言。今之狂也蕩；孔曰：蕩，無所據。古之矜也廉，馬曰：有廉隅。今之矜也忿戾；孔曰：惡理多怒。古之愚也直，今之愚也詐而已矣【疏】子曰至已矣。正義曰：此章論今人澆薄不如古人也。子曰古者民有三疾，今也或是之亡也者，亡，無也。言古者淳朴之時，民之行有三疾，今也澆薄，或是亦無也。言古者民疾與今時異。古之狂也肆者，此下歷言三疾也。肆，謂極意敢言，多抵觸人也。今之狂也蕩者，謂忿怒而多蠻戾，惡理多怒。古之愚也直者，謂心直而無邪曲。今之愚也詐而已矣者，謂多行欺詐自利也。子曰：巧言令色，鮮矣仁。王曰：巧言無實，令色無質。【疏】子曰巧言令色鮮矣仁。○正義曰：此章與學而篇同，弟子各記所聞，故重出之。子曰：惡紫之奪朱也，孔曰：朱，正色。紫，間色之好者。惡其邪好而奪正色。惡鄭聲之亂雅樂也，包曰：鄭聲，淫聲之哀者。惡其亂雅樂。惡利口之覆邦家者。孔曰：利口之人多言少實，苟能悅媚時君，傾覆國家。【疏】子曰至家者。○正義曰：此章記孔子惡邪奪正也。惡紫之奪朱也者，朱，正色。紫，間色之好者，惡其邪好而奪正色也。惡鄭聲之亂雅樂也者，鄭聲淫聲之哀者，惡其淫聲亂正樂也。惡利口之覆邦家者，利口之人多言少實，苟能說媚時君，傾覆國家也。○注孔曰至正色。○正義曰：云朱正色紫間色者，皇氏云：謂青赤黃白黑五方正色不正謂五方間色綠紅碧紫駵黃色是也青是東方正綠是東方間東爲木木色青木刻土土色黃並以所刻爲間故綠色青黃也朱是南方正紅是南方間南爲火火色赤火刻金金色白故紅色赤白也白是西方正碧是西方間西爲金金色白金刻木木色青故碧色青白也黑是北方正紫是北方間北方水水色黑水刻火火色赤故紫色赤黑也黃是中央正駵黃是中央間中央土土色黃土刻水水色黑故駵黃色黃黑也子曰予欲無言子貢曰子如不言則小子何述焉言之爲益少故欲無言子曰天何言哉四時行焉百物生焉天何言哉【疏】子曰至言哉○正義曰此章戒人慎言也子曰予欲無言者君子訥於言而敏於行以言之爲益少故欲無言子貢曰子如不言則小子何述焉者小子弟子也子貢聞孔子不欲言故告曰夫子若不言則弟子等何所傳述子曰天何言哉四時行焉百物生焉天何言哉者此孔子舉天亦不言而令行以爲譬也天何嘗有言語哉而四時之令遞行焉百物皆依時而生焉天何嘗有言語教命哉以喻人若無言但有其行不亦可乎孺悲欲見孔子孔子

辭以疾將命者出戶取瑟而歌使之聞之孺悲魯人也孔子不欲見故辭之以疾爲其將命者不已故歌令將命者悟所以令孺悲思之

疏孺悲至聞之○正義曰此章蓋言孔子疾惡也孺悲欲見孔子孔子辭以疾者孺悲魯人也來欲見孔子孔子不欲見故辭之以疾也將命者出戶取瑟而歌使之聞之者將猶奉也奉命者主人傳辭出入人也初將命者來入戶言孺悲求見夫子辭之以疾又爲將命者不已故取瑟而歌令將命者聞之而悟已無疾但不欲見之所以令孺悲思之

宰我問三年之喪期已久矣君子三年不爲禮禮必壞三年不爲樂樂必崩舊穀既沒新穀既升鑽燧改火期可已矣馬曰周書月令有更火之文春取榆柳之火夏取棗杏之火季夏取桑柘之火秋取柞楢之火冬取槐檀之火一年之中鑽火各異木故曰改火也子曰食夫稻衣夫錦於女安乎曰安女安則爲之夫君子之居喪食旨不

甘聞樂不樂居處不安故不爲也今女安則爲之孔曰旨美也責其無仁恩於親故再言女安則爲之宰我出子曰予之不仁也子生三年然後免於父母之懷馬曰子生於三歲爲父母所懷抱夫三年之喪天下之通喪也孔曰自天子達於庶人予也有三年之愛於其父母乎孔曰言子之於父母欲報之恩昊天罔極而予也有三年之愛乎

疏宰我至母乎○正義曰此章論三年喪禮也宰我問三年之喪期已久矣者禮喪服爲至親者三年宰我嫌其期月大遠故問於夫子曰三年之喪期已久矣乎君子三年不爲禮禮必壞三年不爲樂樂必崩者此宰我又說喪不可三年之義也言禮檢人迹樂和人心君子不可斯須去身檢在喪則皆不爲也不爲既久故禮壞而樂崩也舊穀既沒新穀既升鑽燧改火期可已矣者宰我又言三年之喪一期爲足之意也夫人之變遷本依天道一期之間則舊穀已沒新穀已成鑽木出火謂之燧言鑽燧者又已改變出火之木天道萬物既已改新則人情亦宜從舊故喪禮

但一期而除亦可已矣子曰食夫稻衣夫錦於女安乎者孔
子見宰我言至親之喪欲以期斷故問之言禮爲父母之喪
既殯食粥居倚廬斬衰三年期而小祥食菜果居堊室練冠
縓緣要絰不除今女既期之後食稻衣錦於女之心得安否
乎曰安者宰我言既期除喪即食稻衣錦其心安也女安則
爲之者孔子言女心安則自爲之夫君子之居喪食旨不甘
聞樂不樂居處不安故不爲也今女安則爲之者孔子又爲
說不可安之禮旨美也言君子之居喪也疾即飲酒食肉雖
食美味不以爲甘雖聞樂聲不以爲樂寢苫枕塊居處不求
安也故不爲食稻衣錦之事今女既心安則任自爲之責其
無仁恩於親故再言女安則爲之宰我出子曰予之不仁也
子生三年然後免於父母之懷者予宰我名宰我方當愚黜
夫子不欲面斥其過故宰我既問而出去孔子對二三子言
曰夫宰予不仁於父母也凡人子生未三歲常爲父母所懷
抱既三年然後免離父母之懷是以聖人制喪禮爲父母三
年夫三年之喪天下之通喪也者通達也謂上自天子下達
庶人皆爲父母三年故曰通喪也予也有三年之愛於其父
母乎者爲父母愛已故喪三年今予也不欲行三年之服是
有三年之恩愛於父母乎○註馬曰至火也○正義曰云周
書月令有更火之文者周書孔子所刪尚書百篇之餘也晉

大火中得之汲家有月令篇其辭今亡案周禮司爟掌行火之政令四時變國火以救時疾鄭玄註云行猶用也變猶易也鄭司農說以鄹子曰春取榆柳之火夏取棗杏之火季夏取桑柘之火秋取柞楢之火冬取槐檀之火其文與此正同釋者云榆柳青故春用之棗杏赤故夏用之桑柘黃故季夏用之柞楢白故秋用之槐檀黑故冬用之○註孔曰自天子達於庶人○正義曰禮記三年問云夫三年之喪天下之通喪也鄭玄云達謂自天子至於庶人喪服四制曰此喪之所以三年賢者不得過不肖者不得不及檀弓曰先王制禮也過之者俯而就之不至者跂而及之也聖人雖以三年為文其實二十五月而畢若駟之過隙然而遂之則是無窮也故先王為之立中制節壹使足以成文理則釋之矣喪服四制曰始死三日不怠三月不解期悲哀三年憂恩之殺也故孔子云子生三年然後免於父母之懷夫三年之喪天下之達喪也所以喪必三年為制也○註孔曰至愛乎○正義曰云欲報之德昊天罔極者小雅蓼莪文鄭箋云之猶是也我欲報父母是德昊天乎我心無極云予也有三年之愛乎者言宰予不欲服喪三年是無三年之愛也繆協云爾時禮壞樂崩三年不行宰我大懼其往以為聖人無微旨以戒將來故假時人之謂啓憤於夫子義在屈已以明道也

子

曰飽食終日無所用心難矣哉不有博奕者乎爲之猶賢乎已馬曰爲其無所據樂善生淫欲疏子曰至乎已○正義曰此章疾人之不學也子曰飽食終日無所用心難矣哉者言人飽食終日於善道無所用心則難以爲處矣哉不有博奕者乎爲之猶賢乎已者賢勝也已止也博說文作簙局戲也六箸十二棊也古者烏曹作簙圍棊謂之奕說文奕從廾言竦兩手而執之棊者所執之子以子圍而相殺故謂之圍棊圍棊稱弈者又取其落弈之義也夫子爲其飽食之之無所據樂善生淫欲故教之曰不有博弈之戲者乎若其爲之猶勝乎止也欲令據此爲樂則不生淫欲也子路曰君子尚勇乎子曰君子義以爲上君子有勇而無義爲亂小人有勇而無義爲盜疏子路至爲盜○正義曰此章抑子路也子路曰君子尚勇乎者子路有勇意謂勇可崇尚故問之夫子曰君子尚勇乎子曰君子義而爲上者言君子不尚勇而上義也上即尚也君子有勇而無義爲亂小人有勇而無義爲盜者君子指在位者合宜爲義言在位之人有勇而

無義則爲亂逆，在下小人有勇而無義必爲盜賊。

子貢曰：「君子亦有惡乎？」子曰：「有惡。惡稱人之惡者，包曰：好稱說人之惡，所以爲惡。惡居下流而訕上者，孔曰：訕，謗毁。惡勇而無禮者，惡果敢而窒者。」馬曰：窒，窒塞也。曰：「賜也亦有惡乎？」「惡徼以爲知者，孔曰：徼，抄人之意以爲己有。惡不孫以爲勇者，惡訐以爲直者。」包曰：訐謂攻發人之陰私。

疏 「子貢」至「直者」。○正義曰：此章論人有惡行可憎惡也。「子貢曰君子亦有惡乎」者，君子謂夫子也。子貢問夫子之意，亦有憎惡者乎？「子曰有惡」者，荅言有所憎惡也。「惡稱人之惡者」，謂好稱說人之惡，所以惡之。「惡居下流而訕上者」，訕，謗毁也，謂人居下位而謗毁在上，所以惡之也。「惡勇而無禮者」，勇而無禮義爲亂，所以惡之也。「惡果敢而窒者」，窒謂窒塞，謂好爲果敢窒塞人之善道，所以惡之也。「曰賜也亦有惡乎」者，子貢言賜也亦有所憎惡也。「惡徼以爲知者」，徼，抄也。禮毋勦說，若抄人之意以爲己有，所以惡之。「惡不孫以爲勇者」，孫，順也，君子義以爲勇，若以不順爲勇者，亦可惡也。「惡訐以

爲直者訐謂攻發人之陰私也人之爲直當自直己若攻發他人陰私之事以成己之直者亦可惡也

子曰唯女子與小人爲難養也近之則不孫遠之則怨【疏】子曰唯女子與小人爲難養也近之則不孫遠之則怨○正義曰此章言女子與小人皆無正性難畜養所以難養者以其親近之則多不孫順疏遠之則好生怨恨此言女子舉其大率耳若其稟性賢明若文母之類則非所論也

子曰年四十而見惡焉其終也已鄭曰年在不惑而爲人所惡終無善行【疏】子曰年四十而見惡焉其終也已○正義曰此章言人年四十猶爲惡行而見憎惡於人者則是其終無善行也已以其年在不惑而猶爲人所惡必不能追改故也

論語注疏解經卷第十七

論語註疏解經卷第十八

微子第十八　　何晏集解　邢昺疏

【疏】正義曰此篇論天下無道禮壞樂崩君子仁人或去或死否則隱淪巖野周流四方因記周公戒魯公之語四乳生八士之名以前篇言羣小在位則必致仁人失所故以此篇次之

微子去之箕子爲之奴比干諫而死馬曰微箕二國名子爵也微子紂之庶兄箕子比干紂之諸父微子見紂無道早去之箕子佯狂爲奴比干以諫見殺孔子曰殷有三仁焉仁者愛人三人行異而同稱仁以其俱在憂亂寧民【疏】微子至仁焉○正義曰此章論殷有三仁志同行異也微子去之箕子爲之奴比干諫而死者微子紂之庶兄箕子比干紂之諸父見紂無道微子去之箕子佯狂爲奴比干以諫見殺孔子曰殷有三仁焉者愛人謂之仁三人所行異而同稱仁以其俱在憂亂寧民也○註馬曰至見殺○正義曰云微箕二國名子爵也者孔安國云微圻內國名子爵爲紂卿士去無道鄭玄以爲微與箕俱在

圻內孔雖不言箕亦當在圻內王肅云微國名子爵入爲王卿士肅意蓋以微爲圻外故言入也微子名啓世家作開辟漢景帝名也微子紂之庶兄箕子比干紂之諸父者啓與其弟仲衍皆紂之同母庶兄也呂氏春秋仲冬紀云紂之母生微子啓與仲衍其時尤尚爲妾改而爲妻後生紂紂之父欲立微子啓爲太子太史據法而爭曰有妻之子不可立妾之子故立紂爲後徧檢書傳不見箕子之名惟司馬彪註莊子云箕子名胥餘不知出何書也家語曰比干是紂之親則諸父知比干是紂之諸父耳箕子則無文宋世家云箕子者紂之親戚也言親戚不知爲父爲兄也鄭玄王肅皆以箕子爲紂之諸父服虔杜預以爲紂之庶兄既無正文各以意言之耳云微子見紂無道早去之箕子佯狂爲奴比干以諫見殺者尚書微子篇備有去殷之事本紀云西伯既卒周武王之東伐至盟津諸侯叛殷會周者八百諸侯皆曰紂可伐矣武王曰爾未知天命乃復歸紂愈淫亂不止微子數諫不聽乃與太師謀遂去比干曰爲人臣者不得不以死爭廼強諫紂紂怒曰吾聞聖人心有七竅剖比干觀其心箕子懼乃佯狂爲奴紂又囚之是也

柳下惠爲士師孔曰士師典獄之官三黜人曰子未可以去乎曰直道

而事人焉往而不三黜孔曰苟直道以事人所至之國俱當復三黜枉道而事人何必去父母之邦疏柳下至之邦○正義曰此一章論柳下惠之行也柳下惠爲士師者士師典獄之官也三黜者時柳下惠爲魯典獄之官任其直道羣邪醜直故三被黜退人曰子未可以去乎者或人謂柳下惠曰吾子數被黜辱未可以去離魯乎曰直道而事人焉往而不三黜枉道而事人何必去父母之邦者荅或人不去之意也焉何也枉曲也時世皆邪已用直道以事於人則何往而不三黜乎言苟直道以事人所至之國俱當復三黜若舍其直道而曲以事人則在魯亦不見黜何必去父母所居之國也○注士師典獄之官○正義曰士師即周禮司寇之屬有士師鄉士皆以士爲官名鄭玄云士察也主察獄訟之事是士師爲典獄之官也

齊景公待孔子曰若季氏則吾不能以季孟之間待之孔曰魯三卿季氏爲上卿最貴孟氏爲下卿不用事言待之以二者之間曰吾老矣不能用也孔子行以聖道難成故云吾老不能用疏齊景至子行○正義曰此章

言孔子失所也齊景公待孔子者待遇也謂以禄位接遇孔
子也曰若季氏則吾不能以季孟之閒待之者魯三卿季氏
爲上卿最貴孟氏爲下卿不用事景公言我待孔子以上卿
之位若魯季氏則不能以其有田氏專政故也又不可使其
位卑若魯孟氏故欲待之以季孟二者之閒曰吾老矣不能
用也者時景公爲臣下所制雖説孔子之道而終不能用故
託云聖道難成吾老不能用也孔子行者去齊而歸魯也○
註以聖道難成故云吾老不能用○正義曰案世家云魯昭
公奔齊頃之魯亂孔子適齊景公數問政景公説將以尼谿
田封孔子晏嬰諫而止之異日景公止孔子曰奉子以季氏
吾不能以季孟之閒待之齊大夫欲害孔子孔子聞之
景公曰吾老矣弗能用也孔子遂行反乎魯是其事也齊
人歸女樂季桓子受之三日不朝孔子行孔曰桓子季孫
斯也使定公受齊之女樂君臣相與觀之廢朝禮三日疏齊人歸女樂季桓子受之三日不朝孔子行○正義
曰此章言孔子去無道也桓子季孫斯也使定公受齊之女
樂君臣相與觀之廢朝禮三日孔子遂行也案世家定公十
四年孔子年五十六由大司寇行攝相事於是誅魯大夫亂
政者少正卯與聞國政三月粥羔豚者弗飾賈男女行者別

於盜賊不拾遺四方之客至乎邑者不求有司皆予之以歸齊人聞之而懼曰孔子爲政必霸霸則吾地近焉我之爲先并矣盍致地黎鉏請先嘗沮之沮之而不可則致地庸遲乎於是選齊國中女子好者八十人皆衣文衣而舞康樂文馬三十駟遺魯君陳女樂文馬於魯城南高門外季桓子微服往觀再三將受乃語魯君爲周道游往觀終日怠於政事子路曰夫子可以行矣孔子曰魯今且郊如致膰乎大夫則吾猶可以止桓子卒受齊女樂三日不聽政郊又不致膰俎於大夫孔子遂行宿乎屯而師已送曰夫子則非罪孔子曰吾歌可夫歌曰彼婦之口可以出走彼婦之謁可以死敗蓋優哉游哉維以卒歲師已反桓子曰孔子亦何言師已以實告桓子喟然歎曰夫子罪我以羣婢故也孔子遂適衛矣

楚狂接輿歌而過孔子孔曰接輿楚人佯狂而來歌欲以感切孔子曰鳳兮鳳兮何德之衰孔曰比孔子於鳳鳥鳳鳥待聖君乃見非孔子周行求合故曰衰往者不可諫孔曰已往所行不可復諫止來者猶可追孔曰自今已來可追自止辟亂隱居已而已而今之從政者殆而孔曰已而已而者言世亂

已甚不可復治也再言之者傷之深也孔子下欲與之言趨而辟之不得與之言包曰下下車

疏楚狂至之言○正義曰此章記接輿佯狂感切孔子也楚狂接輿歌而過孔子者接輿楚人姓陸名通字接輿也昭王時政令無常乃被髮佯狂不仕時人謂之楚狂也時孔子適楚與接輿相遇而接輿行歌從孔子邊過欲感切孔子也曰鳳兮鳳兮何德之衰往者不可諫來者猶可追已而已而今之從政者殆而者此其歌辭也知孔子有聖德故比孔子於鳳但鳳鳥待聖君乃見今孔子周行求合諸國而每不合是鳳德之衰也諫止也言已往所行者不可復諫止也自今已來猶可追而自止欲勸孔子辟亂隱居也已而已而者言世亂已甚不可復治也再言之者傷之深也殆危也言今之從政者皆無德自將危亡無日故曰殆而而而皆語辭也孔子下欲與之言者下謂下車孔子感其言故下車欲與語趨而辟之不得與之言者趨謂疾行也疾行以辟孔子故孔子不得與之言也

長沮桀溺耦而耕孔子過之使子路問津焉鄭曰長沮桀溺隱者也耜廣五寸二耜爲耦津濟渡處長沮曰夫執輿者爲誰子

路曰爲孔丘曰是魯孔丘與曰是也曰是知津矣馬曰言數周流自知津處問於桀溺桀溺曰子爲誰曰爲仲由曰是魯孔丘之徒與對曰然曰滔滔者天下皆是也而誰以易之孔曰滔滔周流之貌言當今天下治亂同空舍此適彼故曰誰以易之且而與其從辟人之士也豈若從辟世之士哉士有辟人之法有辟世之法長沮桀溺謂孔子爲士從辟人之法已之爲士則從辟世之法耰而不輟鄭曰耰覆種也輟止也覆種不止不以津告子路行以告夫子憮然爲其不達己意而便非己也曰鳥獸不可與同羣孔曰隱於山林是同羣吾非斯人之徒與而誰與孔曰吾自當與此天下人同羣安能去人從鳥獸居乎天下有道丘不與易也言凡天下有道者丘皆不與易也己大而人小故也【疏】長沮至易也○

正義曰此章記孔子周流爲隱者所譏也長沮桀溺耦而耕孔子過之使子路問津焉者長沮桀溺隱者也耜耕器也二耜爲耦津濟渡之處也長沮桀溺並二耜而耕孔子適行於旁過之使子路往問濟渡之處也長沮曰夫執輿者爲誰若執輿謂執轡在車也時子路爲御既使問津孔子代之而執轡故長沮見而問子路曰夫執轡者爲誰人子路曰爲孔丘者子路以其師名聞於天下故舉師之姓名以答長沮也曰是魯孔丘與者長沮舊聞夫子之名見子路之答又恐非是故復問之曰是魯國之孔丘與與是疑而未定之辭曰是也者子路言是魯孔丘也曰是知津矣者長沮言既是魯孔丘是人數周流天下自知津處故乃不告問於桀溺者長沮不告津處故子路復問桀溺桀溺曰子爲誰者不識子路故問之曰爲仲由者子路稱姓名以答也曰是魯孔丘之徒與者桀溺舊聞魯孔丘之門徒有仲由有恐非是故復問之曰是與曰然者然尤是也子路言已是魯孔丘之徒也曰滔滔者天下皆是也而誰以易之者此譏孔子周流天下也滔滔周流之貌言孔子何事滔滔然周流者乎當今天下治亂同皆是無道也空舍此適彼誰以易之爲有道者也且而與其從辟人之士也豈若從辟世之士哉者士有辟人辟世之法謂孔子從辟人之法長沮桀溺自謂從辟世之法且而皆語助

[illegible]子也既言天下皆亂與以易之則賢者皆合隱辟目等其隱辟從辟人之法則有周流之勞從辟世之法則有安逸之樂意令孔子如已也耰耰而不輟者耰覆種也輟止也覆種不止不以津告子路行以告者子路以長沮桀溺之言告夫子夫子憮然者憮失意貌其不達己意而便非己也曰鳥獸不可與同羣者孔子言其不可隱居避世之意也山林多鳥獸不可與同羣若隱於山林是同羣也吾非斯人之徒與而誰與者與謂相親與我非天下人之徒衆相親與而更誰親與言吾自當與此天下人同羣安能去人從鳥獸居乎天下有道丘不與易也者言凡天下有道者我皆不與易也爲其已大而人小故也○註耜廣五寸二耜爲耦○正義曰此周禮考工記文也鄭註云古者耜一金兩人並發之今之耜岐頭兩金象古之耦也月令云脩耒耜鄭註云耜者耒之金

子路從而後遇丈人以杖荷蓧包曰丈人老人也蓧竹器子路問曰子見夫子乎丈人曰四體不勤五穀不分孰爲夫子包曰丈人云不勤勞四體不分殖五穀誰爲夫子而索之邪植其杖而芸孔曰植倚也除草曰芸子路拱而

立未知所以荅止子路宿殺雞爲黍而食之見其二子
焉明日子路行以告子曰隱者也使子路反見
之至則行矣孔曰子路反至其家丈人出行不在子路曰不仕無義
鄭曰留言以語丈人之二子長幼之節不可廢也君臣之義如
之何其廢之孔曰言女知父子相養不可廢反可廢君臣之義邪欲絜其身
而亂大倫包曰倫道理也君子之仕也行其義也道之
不行已知之矣包曰言君子之仕所以行君臣之義不必自己道得行孔子道不見用自已知
之

疏子路至之矣○正義曰此章記隱者與子路相識之
語也子路從而後遇丈人以杖荷蓧者子路隨從夫
子行不相及而獨在後逢老人以杖擔荷竹器子路問曰子
見夫子乎者夫子孔子也丈人曰四體不勤五穀不分孰爲
夫子者丈人責子路云不勤勞四體不分殖五穀誰爲夫子
而來問我求索之邪植其杖而芸者植倚立也芸除草也丈

人既責子路至於田上倚其荷蓧之杖而芸其苗子路拱而立者子路未知所以答故隨至田中拱手而立也止子路宿殺雞爲黍而食之見其二子焉者丈人留子路宿殺雞爲黍而食之丈人知子路賢故又以二子見於子路也明日子路行以告者既宿之明日子路行去遂及夫子以丈人所言及雞黍見子之事告之也子曰隱者也使子路反見之至則行矣夫子言此丈人必賢人之隱者也使子路反求見之欲語以已道子路反而至其家則丈人出行不在也子路曰不仕無義者丈人既不在留言以語丈人之二子令其父還則述之也下之言皆孔子之意言父子之道天性也君臣之義也人性則皆當有之若其不仕是無君臣之義也長幼之節不可廢也君臣之義如之何其廢之者言女知父子相養是知長幼之節不可廢也反可廢君臣之義而不仕濁世欲清絜其身則亂於君臣之義大道理也君子之仕也行其義也道之不行已知之矣者言君子之仕非苟利祿而已所以行君臣之義亦不必自已道得行孔子道不見用自已知之也○註蓧竹器○正義曰說文作莜芸田器也

逸民伯夷叔齊虞仲夷逸朱張柳下惠少連逸民者節行超逸也包曰此七人皆逸民之賢者子曰不降其

志不辱其身，伯夷叔齊與（鄭曰：言其直已之心不入庸君之朝）謂柳下惠少連降志辱身矣言中倫行中慮其斯而已矣（孔曰：但能言應倫理行應思慮如此而已）謂虞仲夷逸隱居放言（包曰：放置也不復言世務）身中清廢中權（馬曰：清純潔也遭世亂自廢棄以免患合於權也）我則異於是無可無不可（馬曰：亦不必進亦不必退唯義所在）

【疏】逸民至不可○正義曰此章論逸民賢者之行也逸民伯夷叔齊虞仲夷逸朱張柳下惠少連者逸民謂民之節行超逸者也此七人皆逸民之賢者也子曰不降其志不辱其身伯夷叔齊與者此下孔子論其逸民之行也言其直已之心不降志也不入庸君之朝不辱身也惟伯夷叔齊有此行也謂柳下惠少連降志辱身矣言中倫行中慮其斯而已矣者又論此二人食祿亂朝是降志辱身也倫理也中慮也但能言應倫理行應思慮如此而已不以世務嬰心故亦謂之逸民謂虞仲夷逸隱居放言身中清廢中權者放置也清純潔也遭反常合道也孔子又論此二人隱遯退居放置言語不復言

其世務其身不仕濁世應於純潔遭世亂自廢棄以免患應於權也我則異於是無可無不可者孔子言我之所行則與此逸民異亦不必進亦不必退唯義所在故曰無可無不可也不論朱張之行者王弼云朱張字子弓荀卿以此孔子言其行與孔子同故不論也大師摯適齊亞飯干適楚孔曰亞次也次飯樂師也摯干皆名三飯繚適蔡四飯缺適秦包曰三飯四飯樂章名各異師繚缺皆名也鼓方叔入於河包曰鼓擊鼓者方叔名入謂居其河內播鼗武入於漢孔曰播搖也武名也少師陽擊磬襄入於海孔曰魯哀公時禮壞樂崩樂人皆去陽襄皆名

疏大師至於海○正義曰此章記魯哀公時禮壞樂崩樂人皆去也大師摯適齊者大師樂官之長名摯去魯而適齊也亞飯干適楚者亞次也天子諸侯每食奏樂樂章各異各有樂師次飯樂師名干往楚三飯樂師名繚往蔡四飯樂師名缺往秦鼓方叔入于河者擊鼓者名方叔入於河內也播鼗武入于漢者播搖也鼗如鼓而小有兩耳持其柄搖之旁耳還自擊搖鼗鼓者名武入居於漢中也少師陽擊磬襄入於海者陽襄皆名二人

入居於海內也。周公謂魯公孔曰魯公周公之子伯禽封於魯曰君子不施其親孔曰施易也不以他人之親易己之親不使大臣怨乎不以孔曰以用也怨不見聽用故舊無大故則不棄也無求備於一人孔曰大故謂惡逆之事

疏周公至故舊無大故則不棄也無求備於一人○正義曰此一章記周公戒魯公之語也周公謂魯公者魯公周公之子伯禽封於魯將之國周公戒之也曰君子不施其親者施不易也言君子為國不以他人之親易己之親當行博愛廣敬也不使大臣怨乎不以者以用也既仕為大臣則當聽用之不得令大臣怨不見聽用故舊無大故則不棄者大故謂惡逆之事也故舊朋友無此惡逆之士則不有遺棄也無求備於一人者求責也任人當隨其才無得責備於一人也

周有八士伯達伯适仲突仲忽叔夜叔夏季隨季騧包曰周時四乳生八子皆為顯仕故記之爾

疏周有八士伯達伯适仲突仲忽叔夜叔夏季隨季騧○正義曰此章記異也周時有人四偏生子而乳之每乳

皆二子凡八子皆爲顯士故記之耳鄭玄以爲成王時劉向馬融皆以爲宣王時

論語註疏解經卷第十八

論語注疏解經卷第十九

子張第十九　何晏集解　邢昺疏

疏 正義曰此篇記士行交情仁人勉學或接聞夫子之語或辨揚聖師之德以其皆弟子所言故善次諸篇之後

子張曰士見危致命（孔曰致命不愛其身）見得思義祭思敬喪思哀其可已矣

疏 子張曰士見危致命見得思義祭思敬喪思哀其可已矣○正義曰此章言士行也士者有德之稱自卿大夫已下皆是致命謂不愛其身子張言為士者見君有危難不愛其身致命以救之見得利祿思義然後取有祭事思盡其敬有喪事當盡其哀有此行者其可以為士已矣

子張曰執德不弘信道不篤焉能為有焉能為亡（孔曰言無所輕重）

疏 子張曰執德不弘信道不篤焉能為有焉能為亡○正義曰此章言人行之不備者弘大也篤厚也亡無也言人執守其德不能弘大雖信善道不能篤厚人之若此雖存於世何能為有而重雖沒於世何能為無而輕言

恐泥難通也於世無所[illegible]學重也

子夏之門人問交於子張孔曰問與人交接之道子張曰子夏云何對曰子夏曰可者與之其不可者拒之子張曰異乎吾所聞君子尊賢而容衆嘉善而矜不能我之大賢與於人何所不容我之不賢與人將拒我如之何其拒人也包曰友交當如子夏汎交當如子張

【疏】子夏至人也○正義曰此章論與人結交之道子夏之門人問交於子張者門人謂弟子問交問與人交接之道子張曰子夏云何者子張反問子夏之門人汝師嘗說結交之道云何乎對曰子夏曰可者與之不可者拒之者子夏弟子對子張述子夏之言也子夏言結交之道若彼人賢可與交者即與之交若彼人不賢不可與之交者則拒之而不交子張曰異乎吾所聞者言已之所聞結交之道與子夏所說異也君子尊賢而容衆嘉善而矜不能者此所聞之異者也言君子之人見彼賢則尊重之雖衆多亦容納之人有善行者則嘉美之不能者則哀矜之我之大賢與於人何

所不容我之不賢與人將拒我如之何其拒人也有既隙其所聞又論其不可拒人之事誠如子夏所說可者與之不可者拒之設若我之大賢則所在見容也我若不賢則人將拒我不與已交又何暇拒他人乎然二子所言各是其見論交之道不可相非友交當如子夏況交當如子張子夏曰雖小道必有可觀者焉小道謂異端致遠恐泥包曰泥難不通是以君子不為也疏子夏曰雖小道必有可觀者焉致遠恐泥是以君子不為也○正義曰此章勉人學為大道正典也小道謂異端之說百家語也雖曰小道亦必有少理可觀覽者焉然致遠經久則恐泥難不通是以君子不學也子夏曰日知其所亡孔曰日知其所未聞月無忘其所能可謂好學也已矣疏子夏曰日知其所亡月無忘其所能可謂好學也已矣○正義曰此章勸學也亡無也舊無聞者當學之使日知其所未聞舊已能者當溫尋之使月無忘也能如此者可以謂之好學子夏曰博學而篤志孔曰廣學而厚識之切問而近思切問者切問於已所學未悟之事近思者思已

所未能及之事汎問所未學遠思所未達則於所習者不精所思者不解仁在其中矣【疏】子夏曰博學而篤志切問而近思仁在其中矣○正義曰此章論好學近於仁也博廣也篤厚也志識也言廣學而厚識之使不忘切問者親切問於已所學未悟之事不汎濫問之也近思者思已所未能及之事不遠思也若汎問所未學遠思所未達則於所習者不精所思者不解仁者之性純篤今學者既能篤志近思故曰仁在其中矣子夏曰百工居肆以成其事君子學以致其道包曰言百工處其肆則事成猶君子學以致其道【疏】子夏曰百工居肆以成其事君子學以致其道○正義曰此章亦勸人學舉百工以為喻也審曲面勢以飭五材以辨民器謂之百工五材各有工言百衆言之也肆謂官府造作之處也致至也言百工處其肆則能成其事猶君子勤於學則能至於道也子夏曰小人之過也必文孔曰文飾其過不言情實【疏】子夏曰小人之過也必文○正義曰此章言小人不能改過也言小人之有過也必文飾其過彊為辭理不言情實也子夏曰君子有三變望之儼然

即之也温聽其言也厲鄭曰厲嚴正【疏】子夏曰君子有三變望之儼然即之也温聽其言也厲○正義曰此章論君子之德也望之即之及聽其言也有此三者變易常人之事也厲嚴正也常人遠望之則多懈惰即近之則顏色猛厲聽其言則多佞邪唯君子則不然人遠望之則正其衣冠尊其瞻視常儼然也就近之則顏色温和及聽其言辭則嚴正而無佞邪也子夏曰君子信而後勞其民未信則以為厲已也王曰厲猶病也信而後諫未信則以為謗已也【疏】子夏曰君子信而後勞其民未信則以為厲已也信而後諫未信則以為謗已也○正義曰此章論君子使下事上之法也厲猶病也言君子若在上位當先示信於民然後勞役其民則民忘其苦也若未嘗施信而便勞役之則民以為從欲崇後妄加困病於已也若為人臣當先盡忠於君待君信已而後可諫君之失若君未信已而便稱君過失以諫諍之則君以為謗讟於已也子夏曰大德不踰閑孔子曰閑猶法也小德出入可也孔曰小德不能不踰法故曰出入可【疏】

子夏曰大德不踰閑小德出入可也○正義曰此章論人之德有小大而行亦不同也閑猶法也大德之人謂上賢也所行皆不越法則也小有德者謂次賢之人不能不踰法有時踰法而出旋能入守其法不責其備故曰可也 子游曰子夏之門人小子當灑埽應對進退則可矣抑末也本之則無如之何包曰言子夏弟子但當對賓客脩威儀禮節之事則可然此但是人之末事耳不可無其本故云本之則無如之何 子夏聞之曰噫孔曰噫心不平之聲言游過矣君子之道孰先傳焉孰後倦焉包曰言先傳業者必先厭倦故我門人先教以小事後將教以大道譬諸草木區以別矣馬曰言大道與小道殊異譬如草木異類區別言學當以次 君子之道焉可誣也馬曰君子之道焉可使誣言我門人但能洒掃而已 有始有卒者其唯聖人乎孔曰終始如一唯聖人耳

【疏】子游至人乎○正義曰此章論人學業有先後之法也子游曰子夏之門人小子當洒掃應對

進退則可矣抑末也本之則無如之何者子游言偃也門人小子謂弟子也應當也抑語辭也本謂先王之道言偃有時評論子夏之弟子但當對賓客脩威儀禮節之事則可然此但是人之末事耳不可無其本今子夏弟子於其本先王之道則無有不可奈何故云如之何也子夏聞之曰噫者噫心不平之聲子夏既聞子游之言中心不平之故曰噫言游過矣者謂言偃所説爲過失也君子之道孰先傳焉孰後倦焉者言君子教人之道先傳業者必先厭倦誰有先傳而後倦者乎子夏言我之意恐門人聞大道而厭倦故先教以小事後將教以大道也譬諸草木區以別矣者諸之也言大道與小道殊異譬之草木異類區別言學當以次也君子之道焉可誣也者言君子之道當知學業以次安可便誣罔言我門人但能洒掃而已有始有卒者其唯聖人乎者卒猶終也言人之學道靡不有初鮮克有終能終始如一不厭倦者其唯聖人耳

子夏曰仕而優則學馬曰行有餘力則以學文學而優則仕

疏 子夏曰仕而優則學學而優則仕○正義曰此章勸學也言人之仕官行己職而優閒有餘力則以學先王之遺文也若學而德業優長者則當仕進以行君臣之義也

子游曰喪致乎哀而止

孔曰毀不滅性【疏】子游曰喪致乎哀而止○正義曰此章言居喪之禮也言人有父母之喪當致極哀慼不得過
毀以至滅性滅性則非孝○註毀不滅性○正義曰此孝經文也註云不食三日哀毀過情滅性而死皆虧孝道故聖人
制禮施教不令至於隕滅**子游曰吾友張也為難能也**包曰言子張容儀之難及**然而未仁**【疏】子游曰吾友張也為難能也然而未仁○正義曰此章論子張材德也子游言
吾同志之友子張其容儀為難能及也然而其德未仁**曾子曰堂堂乎張也難與並為仁矣**鄭曰言子張容儀盛而於仁道薄也【疏】曾子曰堂堂乎張也難與並為仁矣
○正義曰此章亦論子張材德也堂堂容儀盛皃曾子言子張容儀堂堂然盛於仁道則薄故難與並為仁矣**曾子曰吾聞諸夫子人未有自致者也必有親喪乎**
馬曰言人雖未能自致盡於他事至於親喪必自致盡【疏】曾子曰吾聞諸夫子人未有自致者也必也親喪乎○正義曰此章論人致誠之事也諸之也曾子言我聞之夫子言人雖未能自致盡其誠於他事至於親喪必自致

蠹也曾子曰吾聞諸夫子孟莊子之孝也其他可能也其不改父之臣與父之政是難能也馬曰孟莊子魯大夫仲孫速也謂在諒陰之中父臣及父政雖有不善者不忍改也疏曾子曰吾聞諸夫子孟莊子之孝也其他可能也其不改父之臣與父之政是難能也○正義曰此章論曾大夫仲孫速之孝行也言其他哭泣之哀齊斬之情饘粥之食他人可能及之也其在諒陰之中父臣及父政雖有不善者不忍改之也是他人難能也孟氏使陽膚爲士師包曰陽膚曾子弟子士師典獄之官問於曾子曾子曰上失其道民散久矣如得其情則哀矜而勿喜馬曰民之離散爲輕漂犯法乃上之所爲非民之過當哀矜之勿自喜能得其情疏孟氏至勿喜○正義曰此章論典獄之法也孟氏使陽膚爲士師者陽膚曾子弟子士師典獄之官問於曾子者問其師求典獄之法也曾子曰工失其道民散久矣如得其情則哀矜而勿喜者言上失爲君之道民人離散爲輕易漂掠犯於刑法亦已久矣乃上之失

政所爲非民之過女若求得其情當哀矜之勿自喜也

子貢曰：紂之不善，不如是之甚也。是以君子惡居下流，天下之惡皆歸焉。孔曰紂爲不善以喪天下後世憎甚之皆以天下之惡歸之於紂疏子貢曰紂之不善不如是之甚也是以君子惡居下流天下之惡皆歸焉。○正義曰此章戒人爲惡也紂名辛字受德商末世之王也爲惡不道周武王所殺謚法殘義損善曰紂言商紂雖爲不善以喪天下亦不如此之甚也乃後人憎甚之耳下流者謂爲惡行而處人下若地形卑下則衆流所歸人之爲惡處下衆惡所歸是以君子常爲善不爲惡惡居下流故也紂爲惡行居下流則人皆以天下之惡歸之於紂也

子貢曰：君子之過也，如日月之食焉。過也，人皆見之；更也，人皆仰之。孔曰更改也疏子貢曰君子之過也如日月之食焉過也人皆見之更也人皆仰之正義曰此章論君子之過似日月之食也更改也言君子苟有過也則爲衆所知如日月正當食時則萬物皆觀也及其改過之時則人皆復仰其德如日月明生之後則萬物亦皆仰

其明

衛公孫朝馬曰公孫朝衛大夫問於子貢曰仲尼焉學子貢曰文武之道未墜於地在人賢者識其大者不賢者識其小者莫不有文武之道焉夫子焉不學孔曰文武之道未墜落於地賢與不賢各有所識夫子無所不從學而亦何常師之有孔曰無所不從學故無常師

疏衛公至之有　正義曰此章論仲尼之德也衛公孫朝者衛大夫也問於子貢曰仲尼焉學者問子貢仲尼何所從學而得成此聖也意謂孔子生知無師所從學也子貢曰文武之道未墜於地在人賢者識其大者不賢者識其小者莫不有文武之道焉夫子焉不學者焉猶安也言文武之道未墜落於地行之在人賢與不賢各有所識夫子皆從而學安得不學乎而亦何常師之有者言夫子無所不從學故無常師

孫武叔語大夫於朝馬曰魯大夫叔孫州仇武謚曰子貢賢於仲尼子服景伯以告子貢子貢曰譬之宮牆賜

之牆也及肩闚見室家之好夫子之牆數仞不得其門而入不見宗廟之美百官之富得其門者或寡矣包曰七尺曰仞夫子之云不亦宜乎包曰夫子謂武叔

疏叔孫至宜乎○正義曰此章亦明仲尼之德也叔孫武叔語大夫於朝曰子貢賢於仲尼者叔孫武叔魯大夫有時告語諸大夫於朝中曰子貢賢才過於仲尼子服景伯以告子貢者景伯亦魯大夫子服何也以武叔之言告之子貢也子貢曰譬之宮牆賜之牆也及肩闚見室家之好夫子之牆數仞不得其門而入不見宗廟之美百官之富者子貢聞武叔之言已賢於仲尼此由君子之道不可小知故致武叔有此言乃爲之舉喻曰譬如人居之宮四周各有牆牆卑則可闚見其在內之美猶小人之道可以小知也牆高則不可闚見在內之美猶君子之道不可小知也今賜之牆也纔及人肩則人闚見牆內室家之美好夫子之牆高乃數仞七尺曰仞若人不得其門而入則不見宗廟之美備百官之富盛也得其門者或寡矣者言夫聖閫非凡可及故得其門而入者或少矣夫子之云不亦宜乎者夫子謂武叔以此論之

郎武叔云子貢賢於中尼亦其宜也不足怪焉○註馬曰
大夫叔孫州仇武謚○正義曰案此本用仇公子叔此六出
孫叔孫不敢子也春秋定十年秋叔孫州仇仲孫何忌帥師
圍郈左傳曰武叔懿子圍郈是知叔孫武叔即州仇也謚法
云剛強直理曰武

叔孫武叔毁仲尼子貢曰無以爲也仲尼不可毁也他人之賢者丘陵也猶可踰也仲尼日月也無得而踰焉人雖欲自絶其何傷於日月乎多見其不知量也

言人雖自絶棄於日月其何能傷之乎適足自見其不知量也

叔孫至量也○正義曰此章亦明仲尼也叔孫武叔毁仲尼者訾毁孔子之德也子貢曰無以爲也仲尼不可毁也者言無用爲此毁訾者仲尼之德不可毁也他人之賢者丘陵也猶可

也仲尼日月也無得而踰焉者子貢又爲設譬也言他人之賢譬言如丘陵雖曰廣顯猶可越至於仲尼之賢則如日月

不可得而

也人欲自絶其何傷於日月乎者言

日月棄於日月其何能傷之乎

仲尼亦不

也多見其不知量也多猶適也皆化但不能毀仲尼又適足自見其不知量也○註言人至者也○正義曰云適足自見其不知量也者按此註意似訓多爲適亦以多得爲適者古人多祇同者多見其不知量猶襄二十九年左傳傳云多見疏也服虔本作祇見疏解云祇適也晉宋杜本皆作多張衡西京賦云多炮[redacted]多皇恩[redacted]洪德施施與多爲韻此類衆矣故以多爲適也[redacted]陳子禽謂子貢曰子爲恭也仲尼豈賢於子乎子貢曰君子一言以爲知一言以爲不知言不可不慎也夫子之不可及也猶天之不可階而升也夫子之得邦家者孔曰謂爲諸侯若卿大夫所謂立之斯立道之斯行綏之斯來動之斯和其生也榮其死也哀如之何其可及也孔曰綏安也言孔子爲政其立教則無不立道之則莫不興行安之則遠者來至動之則莫不和睦故[redacted]生則榮顯死則見哀痛[redacted]陳子至及

也○正義曰此章亦明仲尼之德也陳子禽謂子貢曰子爲
恭也仲尼豈賢於子乎者此子禽亦作陳亢當是同其姓字
貢見其子貢每事稱譽其師故謂子貢云當是子爲恭孫故
也其實仲尼才德豈賢於子乎子貢曰君子一言以爲知一
言以爲不知言不可不愼也者子貢謂子禽之言以此言拒
而非之也言君子出一言是則人以爲有知出一言非則人
以爲不知知與不知既由一言則其言不可不愼也今乃云
仲尼豈賢於子乎則是女不貴其言豈爲不知也夫子之不
可及也如天之不可階而升也者又爲設譬言夫子之德不
可及也他人之賢猶他物之高者可設階梯而升上之至於
仲尼之德猶天之高不可以階梯而升上之夫子之得邦家
者所謂立之斯立道之斯行綏之斯來動之斯和其生也榮
其死也哀如之何其可及也者又爲廣言仲尼爲政之德也
得邦謂爲諸侯得家謂爲卿大夫綏安也言孔子爲政其立
教則無不立道之則莫不興行安之則遠者來至動之則民
莫不和睦故能生則榮顯死則哀痛故如之何其可及也

論語註疏解經卷第十九

論語註疏解經卷第二十

堯曰第二十　何晏集解　邢昺疏

【疏】正義曰此篇記二帝三王及孔子之語明天命政化之美皆是聖人之道可以垂訓將來故殿諸篇非所次也

堯曰咨爾舜天之曆數在爾躬曆數謂列次也允執其中四海困窮天祿永終包曰允信也困極也永長也言爲政信執其中則能窮極四海天祿所以長終舜亦以命禹孔曰舜亦以堯命已之辭命禹曰予小子履敢用玄牡敢昭告于皇皇后帝孔曰履殷湯名此伐桀告天之文殷家尚白未變夏禮故用玄牡皇大后君也大大君帝謂天帝也墨子引湯誓其辭若此有罪不敢赦包曰順天奉法有罪者不敢擅赦帝臣不蔽簡在帝心言桀居帝臣之位罪過不可隱蔽以其簡在天心故朕躬有罪無以萬方萬方有罪罪在朕

躬孔曰無以萬方萬方不與也萬方有罪我身之過周有大賚善人是富周周家賚賜也言周家受天大賜富於善人有亂臣十人是也雖有周親不如仁人孔曰親而不賢不忠則誅之管蔡是也仁人謂箕子微子來則用之百姓有過在予一人謹權量審法度脩廢官四方之政行焉包曰權秤也量斗斛興滅國繼絕世舉逸民天下之民歸心焉所重民食喪祭孔曰重民國之本也重食民之命也重喪所以盡哀重祭所以致敬寬則得衆信則民任焉敏則有功公則說孔曰言政教公平則民說矣凡此二帝三王所以治也故傳以示後世

【疏】堯曰至則說〇正義曰此章明二帝三王之道凡有五節初自堯曰至天祿永終記堯命舜之辭也二舜亦以命禹一句舜亦以堯命已之辭命禹也三自曰予小子至罪在朕躬記湯伐桀告天之辭也四自周有大賚至在予一人言周家受天命及伐紂告天之辭也五自謹權量至一公則說總明二帝三王政化之法也

堯曰咨爾舜天之曆數在爾躬者此下是堯命舜以天命之辭也咨咨嗟也爾女也曆數謂列次也堯姓伊祁名放勳舜姓姚名重華謚法云翼善傳聖曰堯仁義盛明曰舜堯子丹朱不肖不堪嗣位虞舜側微堯聞之聰明將使嗣位故先咨嗟歎而命之欲使重其事言天位之列次當在女身故我今命授於女也允執其中四海困窮天祿永終者此堯戒舜以為君之法也允信也困極也永長也言為政信執其中則能窮極四海天之祿籍所以長終汝身舜亦以命禹者舜有子商均亦不肖禹有治水大功故舜禪位與禹故亦以堯命已之辭命禹也曰予小子履敢用玄牡敢昭告于皇皇后帝者此下湯伐桀告天辭也禹受舜禪傳位子孫至桀無道湯有聖德應天順人舉干戈而伐之遂放桀於南巢自立為天子而以此辭告天也履殷湯名稱小子謙也玄牡黑牡也殷尚白而用黑牲者未變夏禮故也昭明也皇大也后君也大大君帝謂天帝也謂殺牲明告天帝以伐桀之意有罪不敢赦者言已順天奉法有罪者不敢擅赦也帝臣不蔽簡在帝心者帝天也帝臣謂桀也桀是天子天子事天猶臣事君故謂桀為帝臣也言桀居帝臣之位罪過不可隱蔽以其簡閱在天心故也朕躬有罪無以萬方萬方有罪罪在朕躬者言我身有罪無用汝萬方萬方不與也萬方有罪過在我身自

賚化不至也周有大賚善人是富者周周家也文王武王居岐周而王天下故曰周家賚賜也周家受天大賜富於善人有亂臣十人是也雖有周親不如仁人百姓有過在予一人者此武王誅紂誓衆之辭湯亦傳位子孫至末孫帝紂無道周武王伐而滅之而以此辭誓衆言雖有周親不賢不忠則誅之若管蔡是也不如有仁德之人賢而且忠若箕子微子來則用之也百姓謂天下衆民也言若不教百姓使有罪過當在我一人之化不至也謹權量審法度脩廢官四方之政行焉者此下總言二帝三王所行政法也權秤也量斗斛也謹飭之使鈞平法度謂車服旌旂之禮儀也審察之使貴賤有別無僭偪也官有廢闕復脩治之使無曠也如此則四方之政化興行焉興滅國繼絕世舉逸民天下之民歸心焉者諸侯之國為人非理滅之者復興立之賢者當世祀為人非理絕之者則求其子孫使復繼之節行超逸之民隱居未往者則舉用之政化若此則天下之民歸心焉而不離析也所重民食喪祭者言帝王所重有此四事重民國之本也重食民之命也重喪所以盡哀重祭所以致敬寬則得衆信則民任焉敏則有功公則說者又言帝王之德務在寬簡示信敏速公平也寬則人所歸附故得衆信則民聽不惑皆為已任用焉敏則事無不成故有功政教公平則民說凡此上事二

帝三王所以治也故傳之以示後世此章有二帝三王之事
錄者採合以成章檢大禹謨湯誥與泰誓武成則此章其文
略矣。註曆數謂列次也。正義曰孔註尚書云謂天道謂
天曆運之數帝王易姓而興故言曆數謂天道鄭玄以曆數
在汝身謂有圖錄之名何云列次義得兩通。註孔曰至若
此正義曰云履殷湯名者案世本湯名天乙者安國意蓋以
湯受命之王依殷法以乙日生名天乙至將爲王改名履故
二名也亦可安國不信世本無天乙之名皇甫謐巧欲傳會
云以乙日生故名履字天乙又云祖乙亦云乙日生復名乙
引易緯孔子所謂天之錫命故可同名既以天乙爲字何云
同名乎斯又妄矣云墨子引湯誓其辭若此者以其尚書湯
誓無此文而湯誥有之又與此小異唯墨子引湯誓其辭與
此正同故言之所以證此爲伐桀告天之文也。註以其簡
在天心故。正義曰鄭國云簡閱在天心言天簡閱其善惡
也。註孔子至周之。正義曰云親而不賢不忠則誅之管
蔡是也者金縢云武王既喪管叔及其羣弟乃流言於國曰
公將不利於孺子周公乃致辟管叔于商因蔡叔于郭鄰所
謂殺管叔而放蔡叔也云仁人謂箕子微子來則用之若箕
子紂之諸父書洪範序云以箕子歸作洪範宋世家云微子
開者殷帝乙之首子而帝紂之庶兄周武王克殷微子乃持

其祭器造於軍門肉袒面縛左牽羊右把茅膝行而前以告於是武王乃釋微子復其位成王誅武庚乃命微子代殷之後於宋是言雖有管叔蔡叔爲周親不如箕子微子之仁人也案周書泰誓云雖有周親不如仁人是武王往伐紂次于河朔誓衆之辭也孔傳云周至也言紂至親雖多不如周家之少仁人此文與彼正同而孔註與此異者蓋孔意以彼爲伐紂誓衆之辭此泛言周家政治之法欲兩通其義故不同也○註權秤也量斗斛○正義曰漢書律曆志云權者銖兩斤鈞石也所以稱物平施知輕重也本起於黃鍾之重一龠容千二百黍重十二銖兩之爲兩二十四銖爲兩十六兩爲斤三十斤爲鈞四鈞爲石五權謹矣量者龠合升斗斛也所以量多少也本起於黃鍾之龠用度數審其容以子穀秬黍中者千有二百實其龠合龠爲合十合爲升十升爲斗十斗爲斛而五量加矣志又云度者分寸尺丈引也所以度長短也本起黃鍾之長以子穀秬黍中者一黍之廣爲一分十分爲寸十寸爲尺十尺爲丈十丈爲引而五度審矣而此不言度者從可知也

子張問於孔子曰何如斯可以從政矣子曰尊五美屏四惡斯可以從政矣孔曰屏除也子張

曰何謂五美子曰君子惠而不費勞而不怨欲而不貪泰而不驕威而不猛子張曰何謂惠而不費子曰因民之所利而利之斯不亦惠而不費乎王曰利民在政無費於財擇可勞而勞之又誰怨欲仁而得仁又焉貪君子無衆寡無小大無敢慢孔曰言君子不以寡小而慢也斯不亦泰而不驕乎君子正其衣冠尊其瞻視儼然人望而畏之斯不亦威而不猛乎子張曰何謂四惡子曰不教而殺謂之虐不戒視成謂之暴馬曰不宿戒而責目前成爲視成慢令致期謂之賊孔曰與民無信而虛刻期猶之與人也出納之吝謂之有司孔曰

謂財物俱當與人而吝嗇於出納惜難之此有司之任耳非人君之道（疏）子張至有司○正義曰此章論爲政之理也子張問於孔子曰何如斯可以從政矣子曰尊五美屏四惡斯可以從政矣者屏除也子張問其政術孔子荅曰當尊崇五種美事屏除四種惡事則可也子張曰何謂五美者未知其目故復問之子曰君子惠而不費勞而不怨欲而不貪泰而不驕威而不猛者此孔子爲述五美之目也子張曰何謂惠而不費者子張雖聞其目猶未達其理故復問之子曰因民之所利而利之斯不亦惠而不費乎者此孔子爲說其惠而不費之一美也民居五土所利不同山者利其禽獸渚者利其魚鹽中原利其五穀人君因其所利使各居其所安不易其利則是惠愛利民在政且不費於財也擇可勞而勞之曰誰怨者孔子知子張未能盡達故既荅惠而不費又須其問即爲陳其餘者此說勞而不怨者也擇可勞而勞之謂使民以時則又誰怨恨哉欲仁而得仁又焉貪此說欲而不貪也言常人之欲失在貪財我則欲仁而仁斯至矣又安得爲貪乎君子無衆寡無小大無敢慢斯不亦泰而不驕乎者此說泰而不驕也常人之情敬衆大而慢寡小君子則不以寡小而慢之也此不亦是君子安泰而不驕慢乎君子正其衣冠尊其瞻視儼然人望而畏之斯不亦威而不猛乎

者此說威而不猛也言君子常正其衣冠尊重其瞻視端居儼然人則望而畏之斯不亦雖有威嚴而不猛厲者乎子張曰何謂四惡者子張未聞四惡之義故復問之子曰不教而殺謂之虐者此下孔子歷荅四惡也爲政之法當先施教令於民猶復寧申勑之教令既治而民不從後乃誅也若未嘗教告而即殺之謂之殘虐不戒視成謂之暴者謂不宿戒而責目前成謂之卒暴慢令致期謂之賊者謂與民無信而虛刻期期不至則罪罰之謂之賊害猶之與人也出納之吝謂之有司者謂財物俱當與人而人君吝嗇於出納而惜難之此有司之任耳非人君之道

孔子曰不知命無以爲君子也孔曰命謂窮達之分不知禮無以立也不知言無以知人也馬曰聽言則別其是非也

疏孔子曰不知命無以爲君子也不知禮無以立也不知言無以知人也○正義曰此章言君子立身知人也命謂窮達之分言天之賦命窮達有時當待時而動若不知天命而妄動則非君子也禮者恭儉莊敬立身之本若其不知則無以立也聽人之言當別其是非若不能別其是非則無以知人之善惡也

論語註疏解經卷第二十終